全国高等院校财会专业规划教材

财经法规与会计职业道德

实训教程

主　编　聂延庆　卢　萌
副主编　赵春荣　穆香玲
　　　　马文君　张志宇
　　　　汪小华

中国商业出版社

图书在版编目(CIP)数据

财经法规与会计职业道德实训教程/ 聂延庆，卢萌主编. —北京：中国商业出版社，2014.7

ISBN 978 -7 -5044 -8488 -8

Ⅰ.①财… Ⅱ.①聂…②卢… Ⅲ.①财政法 - 中国 - 会计 - 资格考试 - 教材②经济法 - 中国 - 会计 - 资格考试 - 教材③会计人员 - 职业道德 - 资格考试 - 教材 Ⅳ.①D922.2②F233

中国版本图书馆 CIP 数据核字(2014)第 097552 号

责任编辑：蔡凯

中国商业出版社出版发行

010 -63180647 www.c -cbook.com

(100053 北京广安门内报国寺 1 号)

新华书店总店北京发行所经销

北京书林印刷有限公司印刷

* * * * *

开本：787 × 1092 毫米 1/16 印张：15.5 字数：370 千字

2014 年 7 月第 1 版 2014 年 7 月第 1 次印刷

* * * *

定价：35.00 元

(如有印装质量问题可更换)

前　言

《中华人民共和国会计法》规定:从事会计工作的人员必须取得会计从业资格证书，也就是规定了进入会计行业的“门槛”。

为适应新形势下财会工作的要求，财政部对会计从业资格的要求无论从形式还是内容都作了一些调整，陆续修订了相关管理办法和制度。2012 年 12 月 5 日财政部部务会议修订通过《会计从业资格管理办法》(中华人民共和国财政部令，第 73 号)并公布，自 2013 年 7 月 1 日起施行。同时，为了进一步完善会计从业资格考试大纲，促进会计从业资格考试的知识结构科学合理，充分发挥会计从业资格考试在会计市场准入中的作用，根据《会计从业资格管理办法》等有关规定，财政部对 2009 年修订的会计从业资格考试大纲再次进行了修订，新大纲自 2014 年 10 月 1 日起施行。

为了配合当前开展的会计从业资格考试，满足广大考生参加会计从业资格考试的实际需求，我们结合最新修订的会计从业资格考试大纲的要求，修订编写了《财经法规与会计职业道德实训教程》辅导教材。教材既考虑到当前职业教育中实训能力的目标要求，也注意到作为考试辅导书的应试要求。在编排上，首先明确目标，然后进行知识准备(将各项目的知识、内容以简洁明了的表格总结归纳)，再进行操作训练，最后进行综合技能训练，充分体现了职业技能的培养规律。同时，每个项目的训练内容都附有答案和详细的解析，让学生学起来得心应手。

本书是集体合作的成果，由秦皇岛职业技术学院聂延庆(项目一)、中国环境管理干部学院卢萌(项目二、项目三)担任主编，秦皇岛职业技术学院赵春荣(项目四的任务一和任务二)、秦皇岛职业技术学院穆香玲(项目四的任务三和项目五的任务一)、秦皇岛职业技术学院马文君(项目五的任务二)、秦皇岛职业技术学院张志宇(项目五的任务三)、南通农业职业技术学院汪小华(项目五的任务四)担任副主编。

本书在编写过程中,参考了一些同类教材和著作,吸收了许多有益的成果,在此表示诚挚的谢意。

由于编者水平有限,研究还不够深入,书中难免存在疏漏之处,恳请广大读者批评指正。

编者

2014年7月

目　录

项目一 会计法律制度应用

任务一 会计法律制度的构成认知

实训目标

☞ 能识别我国的会计法律，知道其构成。
☞ 能识别会计行政法规，知道其代表性法规。
☞ 能识别国家统一的会计制度，熟悉其构成及命名特征。

知识准备

	级次	概念	制定机构	主要内容	法律地位
会计法律制度（会计工作的规范性文件的总称）	会计法律	是指由全国人民代表大会及其常务委员会经过一定的立法程序制定的有关会计工作的法律	全国人大及其常委会	《会计法》，于1985年通过，是新中国第一部会计法律 《注册会计师法》，是我国中介行业的第一部法律	层次最高的法律规范，是制定其他会计法规的依据，是指导会计工作的最高准则
	会计行政法规	是指由国务院制定并发布，或者由国务院有关部门拟订并经国务院批准发布，调整经济生活中某些方面会计关系的法律规范	国务院	《企业财务会计报告条例》 《总会计师条例》	调整经济生活中某些方面会计关系，低于《会计法》

续表

	国家统一的会计制度	国家统一的会计制度，是指国务院财政部门根据《会计法》制定的关于会计核算、会计监督、会计机构和会计人员以及会计工作管理的制度	财政部（部长令形式，适用于部门规章）	《财政部门实施会计监督办法》 《会计从业资格管理办法》 《代理记账管理办法》 《企业会计准则——基本准则》	效力低于会计法律和会计行政法规
			财政部（文件形式，适用于规范性文件）	《企业会计准则第1号——存货》等39项具体准则及其应用指南 《小企业会计制度》 《行政单位会计制度》 《事业单位会计制度》 《会计基础工作规范》 《会计档案管理办法》等	制定依据：会计法律、会计行政法规和会计规章

◆ **小贴士：**

2014年1月28日，财政部发布《企业会计准则第39号——公允价值计量》。根据前面所学可知，《企业会计准则——基本准则》属于“部门规章”，而“企业会计准则——具体准则”属于“国家统一的会计制度”中的“规范性文件”范畴。很显然，《企业会计准则第39号——公允价值计量》是具体准则，因此，规范性文件也相应地增加了一项，这点一定要注意。

原有38项准则是：《企业会计准则第1号——存货》、《企业会计准则第2号——长期股权投资》、《企业会计准则第3号——投资性房地产》、《企业会计准则第4号——固定资产》、《企业会计准则第5号——生物资产》、《企业会计准则第6号——无形资产》、《企业会计准则第7号——非货币性资产交换》、《企业会计准则第8号——资产减值》、《企业会计准则第9号——职工薪酬》、《企业会计准则第10号——企业年金基金》、《企业会计准则第11号——股份支付》、《企业会计准则第12号——债务重组》、《企业会计准则第13号——或有事项》、《企业会计准则第14号——收入》、《企业会计准则第15号——建造合同》、《企业会计准则第16号——政府补助》、《企业会计准则第17号——借款费用》、《企业会计准则第18号——所得税》、《企业会计准则第19号——外币折算》、《企业会计准则第20号——企业合并》、《企业会计准则第21号——租赁》、《企业会计准则第22号——金融工具确认和计量》、《企业会计准则第23号——金融资产转移》、《企业会计准则第24号——套期保值》、《企业会计准则第25号——原保险合同》、《企业会计准则第26号——再保险合同》、《企业会计准则第27号——石油天然气开采》、《企业会计准则第28号——会计政策、会计估计变更和差错更正》、《企业会计准则第29号——资产负债表日后事项》、《企业会计准则第30号——财务报表列报》、《企业会计准则第31号——现金流量表》、《企业会计准则第32号——中期财务报告》、《企业会计准则第33号——合并财务报表》、《企业会计准则第34号——每股收益》、《企业会计准则第35号——分部报告》、《企业会计准则第36号——关联方披露》、《企业会计准则第37号——金融工具列报和披露》、《企业会计准则第38号——首次采用企业会计准则》。

操作练习

【训1-1·多选题】下列关于《会计法》的表述中，正确的是（ ）。

A.《会计法》是会计工作的最高准则

B.《会计法》是会计法律制度中层次最高的法律规范

C.《会计法》是制定其他会计法规的依据

D.《会计法》是国家宪法

【答案】ABC

【解析】《会计法》是会计法律制度中层次最高的法律规范，是制定其他会计法规的依据，是指导会计工作的最高准则，但不是宪法。

【训1-2·多选题】下列各项中，不属于会计法律的是（ ）。

A.《中华人民共和国会计法》

B.《总会计师条例》

C.《会计基础工作规范》

D.《企业会计制度》

【答案】BCD

【解析】我国目前有两部会计法律，即《中华人民共和国会计法》和《注册会计师法》。

【训1-3·单选题】《企业财务会计报告条例》属于我国会计法律制度体系中的（ ）。

A. 会计行政法规

B. 会计法律

C. 会计部门规章

D. 会计规范性文件

【答案】A

【解析】《企业财务会计报告条例》、《总会计师条例》都属于会计行政法规的范围。

【训1-4·多选题】国家统一的会计制度是指国务院财政部门根据《会计法》制定的关于会计核算、（ ）的制度，包括部门规章和规范性文件。

A. 会计监督

B. 会计机构和会计人员

C. 法律责任

D. 会计工作管理

【答案】ABD

【解析】国家统一的会计制度是指国务院财政部门根据《会计法》制定的关于会计核算、会计监督、会计机构和会计人员以及会计工作管理的制度，包括会计部门规章和会计规范性文件。

【训1－5·多选题】下列不属于国家统一的会计制度的是（　）。

A. 企业财务会计报告条例

B. 会计档案管理办法

C. 会计从业资格管理办法

D. 会计法

【答案】AD

【解析】选项A，《企业财务会计报告条例》属于会计行政法规；选项D，《会计法》属于会计法律。

【训1－6·判断题】在我国的会计法规体系中，法律效力最高的是会计规章。

【答案】×

【解析】在我国会计法律、法规体系中，法律效力最高的是会计法律，即《会计法》。

任务二　会计工作管理体制认知

实训目标

☞ 熟悉我国会计工作管理体制的构成，即会计工作的行政管理、自律管理和单位会计工作管理三个维度。

☞ 知道会计工作的行政管理的四个维度：会计准则制度及相关标准规范的制定和组织实施、会计市场管理、会计专业人才评价、会计监督检查。

☞ 知道会计工作的自律管理的两个组织：中国注册会计师协会和中国会计学会。

☞ 理解单位会计工作管理包括单位负责人及会计人员任用与管理。

项目一　会计法律制度应用

知识准备

<table>
<tr><td rowspan="7">会计工作的行政管理</td><td>总原则</td><td colspan="2">统一领导，分级管理。
统一领导:国务院财政部
分级管理:县级以上地方人民政府财政部门
【提示】审计、税务、人民银行、证券监管、保险监管等部门依照有关法律、行政法规规定的职责和权限，可以对有关单位的会计资料实施监督检查。</td></tr>
<tr><td>会计准则制度的制定和组织实施</td><td colspan="2">会计准则制度及相关标准规范的制定和组织实施是财政部门管理会计工作最基本的职能。
国家统一的会计制度由国务院财政部门根据本法制定并公布。
国务院有关部门和会计监督有特殊要求的行业实施国家统一的会计制度的具体办法或者补充规定，报国务院财政部门审核批准。
中国人民解放军总后勤部可以依照《会计法》和国家统一的会计制度制定军队实施国家统一的会计制度的具体办法，报国务院财政部门备案。</td></tr>
<tr><td rowspan="3">会计市场管理</td><td>准入管理</td><td>是指财政部门对会计从业资格的取得、代理记账机构的设立、注册会计师资格的取得及注册会计师事务所的设立等所进行的条件设定。
【提示】还包括培训市场的管理。</td></tr>
<tr><td>运行管理</td><td>是指财政部门对获准进入会计市场的机构和人员，是否遵守各项法律法规，依据相关准则、制度和规范执行业务的过程及结果所进行的监督和检查。</td></tr>
<tr><td>退出管理</td><td>是指财政部门对在执业过程中有违反《会计法》、《注册会计师法》行为的机构和个人进行处罚，情节严重的，吊销其执业资格，强制其退出会计市场。</td></tr>
<tr><td>会计专业人才评价</td><td colspan="2">会计从业资格，初级、中级、高级会计专业技术资格，正高级会计师资格（含全国会计领军人才）
【提示】不包括注册会计师也无总会计师。对会计人员的表彰奖励也属于会计人才评价范畴。</td></tr>
<tr><td>会计监督检查</td><td colspan="2">对会计信息质量的检查:对自我监督的再监督
对会计师事务所执业质量的检查:对社会监督的再监督</td></tr>
<tr><td rowspan="3">会计工作的自律管理</td><td>中国注册会计师协会</td><td colspan="2">1988 年 11 月 15 日成立;是一个行业性组织。</td></tr>
<tr><td>中国会计学会</td><td colspan="2">1980 年创立的行业性、非营利性社会组织
三大特征:学术性、专业性、非营利性</td></tr>
<tr><td>中国总会计师协会</td><td colspan="2">是经财政部审核同意，民政部正式批准的非营利性国家一级社团组织。</td></tr>
</table>

续表

<table>
<tr><td rowspan="4">单位会计工作管理</td><td rowspan="2">单位负责人</td><td>认定</td><td>(1)单位法定代表人(针对法人单位):公司制企业的董事长(执行董事或经理),国有企业的厂长(经理),国家机关最高行政长官;
(2)法律、行政法规规定代表单位行使职权的主要负责人(针对非法人单位):代表合伙企业的合伙人,个人独资企业的投资人。</td></tr>
<tr><td>职责</td><td>单位负责人负责单位内部的会计工作管理;不得授意、指使、强令会计机构和会计人员违法办理会计事项,对本单位的会计工作和会计资料的真实性、完整性负责。</td></tr>
<tr><td>会计人员的选拔任用</td><td colspan="2">会计:从业资格
会计机构负责人(会计主管):从业资格+三年以上经历或会计师职称</td></tr>
<tr><td colspan="3">【提示】单位负责人是本单位会计行为的责任主体,但不要求单位负责人事必躬亲办理具体会计事项。</td></tr>
</table>

操作练习

【训2-1·单选题】我国会计工作的行政管理实行(　)原则,国务院主管全国的会计工作,县级以上地方各级人民政府管理本行政区域内的会计工作。

A.统一领导、分级管理

B.统一管理、分级指导

C.分级管理、分级指导

D.统一管理、统一指导

【答案】A

【解析】我国会计工作的行政管理实行"统一领导、分级管理"原则,国务院财政部门主管全国的会计工作;县级以上地方各级人民政府财政部门管理本行政区域内的会计工作。

【训2-2·判断题】原铁道部可以依照《会计法》和国家统一的会计制度制定铁路行业实施国家统一的会计制度的具体办法或者补充规定,但须报国务院财政部门批准。(　)

【答案】√

【解析】原铁道部可以依照《会计法》和国家统一的会计制度制定铁路行业实施国家统一的会计制度的具体办法或者补充规定,应报国务院财政部门审核批准,而非备案。

【训2-3·单选题】财政部门对获准进入会计市场的机构和人员,是否遵守各项法律法规,依据相关准则、制度和规范执行业务的过程及结果所进行的监督和检查,称之为(　)。

A.会计市场运行管理

B.会计市场准入管理

C.会计市场退出管理

D.会计市场培训管理

【答案】A

【解析】会计市场管理包括会计市场准入管理、运行管理、退出管理,而对于财政部门对获准进入会计市场的机构和人员,是否遵守各项法律法规,依据相关准则、制度和规范执行业务的过程及结果所进行的监督和检查是属于会计市场运行管理。

【训2-4·多选题】下列关于中国会计学会的业务范围表述正确的有(　)。

A.组织协调全国会计科研力量

B.组织实施注册会计师全国统一考试

C.组织开展中高级会计人员培养

D.开展会计领域国际学术交流与合作

【答案】ACD

【解析】组织实施注册会计师全国统一考试是注册会计师协会的职责，非中国会计学会的业务范围。

【训2-5·单选题】单位负责人在内部会计监督中的职责，下列表述正确的是(　)。

A.单位负责人必须事必躬亲，严格把关

B.单位负责人对本单位会计资料的真实性、完整性负责

C.经领导批准，可以授意、指使、强令会计人员办理违法事项

D.应依法进行会计核算

【答案】B

【解析】单位负责人对本单位的会计工作和会计资料的真实性、完整性负责，所以选项A不正确;单位负责人不可以授意、指使、强令会计人员办理违法事项，所以选项C不正确;选项D是会计人员的职责。

【训2-6·多选题】下列公司人员中，(　)应当对本公司的会计工作和会计资料的真实性、完整性负责。

A.某有限责任公司的董事长

B.某个人独资企业的投资人

C.某有限责任公司的财务总监

D.某合伙企业的合伙事务执行人

【答案】ABD

【解析】单位负责人对单位会计工作和会计资料的真实性负责，单位负责人是指:(1)单位法定代表人，公司制企业的董事长(执行董事或经理)，国有企业的厂长(经理)，国家机关最高行政长官;(2)法律、行政法规规定代表单位行使职权的主要负责人:代表合伙企业的合伙人，个人独资企业的投资人。

【训2-7·多选题】亚太公司是一家国有工业企业，该公司2013年对内部会计岗位进行了一系列调整，其中符合法律规定的有(　)。

A.单位负责人任命原从事出纳工作的小张担任往来款项核算会计

B.单位负责人任命原从事总账会计工作的李某担任会计机构负责人，李某已在原岗位工作5年，并取得初级会计师资格

C.单位负责人任命原会计机构负责人老王担任总会计师，老王已取得高级会计师资格，并主管本单位会计机构工作10年

D.单位负责人任命原办公室职员小王担任出纳工作，小王已报名准备参加2014年度会计从业资格考试

【答案】AB

【解析】根据《总会计师条例》第十五条规定，企业的总会计师由本单位主要行政领导人

提名，政府主管部门任命或者聘任，而不是由单位负责人任命，故C项不对；小王准备参加2014年会计从业资格考试，说明其没有取得会计从业资格证，不能担任出纳工作，因此选项D不正确。

【训2-8·案例分析题】张某为安泰公司的董事长、单位负责人，为粉饰公司的业绩，他授意公司的副总经理、财务负责人采取虚提返利、推迟财务费用入账等手段，虚增利润5000多万元，造成极坏的社会影响。事发后，该公司的董事长以“会计工作应当由会计机构负责人承担责任、自己不懂会计”为由，推脱责任，能否成立？

【解析】不能成立。根据《会计法》的规定，单位负责人对本单位的会计工作和会计资料的真实性、完整性负责；应当保证财务会计报告真实、完整；应当保证会计机构和会计人员依法履行职责，不得授意、指使、强令会计机构和会计人员违法办理会计事项。

任务三　会计核算法律应用

实训目标

☞ 了解会计核算总体要求，知道会计核算的依据和对会计资料的基本要求。

☞ 了解会计凭证的概念、类型和作用，能正确地填制、审核和更正原始凭证和记账凭证。

☞ 熟悉会计账簿的概念、作用和类型，会正确地启用、登记会计账簿。

☞ 熟悉财务会计报告的构成，能在财务会计报告编制和对外提供过程中遵守《会计法》、《企业财务报告条例》的相关规定。

☞ 了解会计档案的概念和种类，能合法合规地完成会计档案的归档、保管、交接、销毁等工作。

一、会计信息质量要求

知识准备

可靠性	可靠性是对会计工作和会计信息质量最基本的要求。
相关性	要求企业提供的会计信息应当与财务报告使用者的经济决策需要相关。
可比性	横向可比、纵向可比（不得随意变更），同一企业不同时期可比，不同企业的相同会计期间可比。
经济实质重于形式	按照经济业务的经济实质进行会计确认、计量和报告，如售后回购、融资租赁。
重要性	区别经济业务对企业财务状况、经营成果、现金流量的重要程度，采用不同处理方式。
谨慎性	关注应收款项的可收回性、固定资产的使用寿命、无形资产的使用寿命、售出存货可能发生的退货或者返修等，不应高估资产或收益，不低估负债和费用。
及时性	不得提前或者延后。

操作练习

【训3－1·多选题】AS股份有限公司2012年9月销售商品一批，增值税发票已经开出，商品已经发出，并办妥托收手续，但此时得知对方企业在一次交易中发生重大损失，财务发生困难，短期内不能支付货款，为此AS股份有限公司本月未确认收入，这是根据（　　）会计核算质量要求。

A. 实质重于形式

B. 重要性

C. 谨慎性

D. 相关性

【答案】AC

【解析】实质重于形式要求必须按照交易或事项的经济实质核算，而不应仅仅按照它们的法律形式作为会计核算的依据。从法律形式看，AS股份有限公司增值税发票已经开出，商品已经发出，已经办妥托收手续，应该确认收入。但从经济实质看，对方企业在一次交易中发生重大损失，财务发生困难，短期内不能支付货款。所以，AS股份有限公司本月不确认收入。谨慎性要求企业对交易或者事项进行会计确认、计量和报告时应当保持应有的谨慎，不应高估资产或者收益、低估负债或者费用。

二、总体要求

知识准备

<table>
<tr><td rowspan="2">会计核算依据</td><td colspan="2">各单位必须根据实际发生的经济业务事项进行会计核算，以虚假的经济业务事项或资料进行会计核算是一种严重的违法行为。</td></tr>
<tr><td colspan="2">【提示】
(1)实际发生的经济业务事项包括引起或未引起资金增减变化的经济活动。
(2)以实际发生的经济业务事项为依据进行会计核算是保证会计信息质量的前提。
(3)并非所有实际发生的经济业务事项都需要进行会计记录和会计核算。</td></tr>
<tr><td rowspan="5">对会计资料的基本要求</td><td>会计资料</td><td>会计凭证、会计账簿、财务会计报告和其他会计资料。</td></tr>
<tr><td>基本要求</td><td>会计资料的真实性和完整性是会计资料最基本的质量要求，是会计工作的生命。</td></tr>
<tr><td rowspan="3">违法情形</td><td>(1)伪造会计资料，是以虚假的经济业务为前提的，即无中生有。</td></tr>
<tr><td>(2)变造会计资料，其手段是涂改、挖补，即篡改事实。</td></tr>
<tr><td>(3)提供虚假的财务会计报告，是指通过编造虚假的会计凭证、会计账簿及其他会计资料或直接篡改财务会计报告上的真实数据，使财务会计报告不真实、不完整地反映财务状况和经营成果，借以误导、欺骗财务会计报告使用者的行为，即以假乱真。</td></tr>
</table>

操作练习

【训3－2·单选题】采购员王某出差花去500元住宿费，却采用涂改手段，将500元改为5000元的住宿发票前来报销。王某的这种行为属于(　)的行为。

A. 伪造会计凭证

B. 变造会计凭证

C. 伪造会计账簿

D. 变造会计账簿

【答案】B

【解析】本题考核变造会计凭证的行为。王某的这种行为属于变造会计凭证的行为。

三、会计核算的其他要求

知识准备

<table>
<tr><td rowspan="2">会计年度</td><td>我国会计年度使用公历年度:1月1至12月31日</td></tr>
<tr><td>意义:有利于我国财政、计划、统计、税务等保持一致。</td></tr>
<tr><td>会计处理方法</td><td>会计处理方法一经确定，不得随意变更;确有必要变更的，应当按照规定进行变更，并将变更的原因、情况及影响在财务会计报告中说明。</td></tr>
<tr><td>财产清查的规定</td><td>各单位应定期将账簿记录与实物、款项及有关资料相互核对，保证账簿记录与实物及款项的实有数额相符。在编制年度财务报告之前，必须进行财产清查。</td></tr>
<tr><td rowspan="2">记账本位币</td><td>我国会计核算的记账本位币是人民币。</td></tr>
<tr><td>业务收支以人民币以外的货币为主的单位，可以选定其中一种货币为记账本位币，但编报的财务会计报告应当折算为人民币。</td></tr>
<tr><td>会计记录文字</td><td>(1)会计记录应当使用中文。
(2)在民族自治地方，会计记录可以同时使用当地通用的一种民族文字。
(3)在我国境内的外资企业、外国企业和其他外国组织的会计记录可以同时使用一种外国文字。
【提示】会计记录使用中文是前提、必须的、强制性的，使用其他文字是自愿性的、辅助性的。</td></tr>
<tr><td>会计电算化</td><td>(1)使用的会计核算软件必须符合国家统一的会计制度的规定。
(2)是用电子计算机软件生成的会计资料必须符合国家统一的会计制度的要求。</td></tr>
<tr><td>会计核算的内容</td><td>(1)款项和有价证券的收付
(2)财物的收发，增减和使用
(3)债权债务的发生和结算
(4)资本、基金的增减
(5)收入、支出、费用、成本的计算
(6)财务成果的计算和处理
(7)其他事项</td></tr>
</table>

操作练习

【训3－3・单选题】下列表述，符合《会计法》会计记录文字要求的有(　)。

A. 民族自治地区，会计记录可以只使用当地通用的一种民族文字

B. 在我国境内的外国企业，会计记录可以只使用其本国文字

C. 在我国境内的外国企业，会计记录在使用中文的同时，可以使用其本国文字

D. 我国在境外的企业，会计记录必须使用中文

【答案】C

【解析】本题考核会计法律制度中关于会计记录使用文字的规定。根据规定，在中国境内的外商投资企业，会计记录文字应当使用中文，同时可以选择一种外文。

四、会计凭证

知识准备

原始凭证	概念	是在经济业务发生时，由业务经办人员直接取得或者填制，用以表明某项经济业务事项已经发生或完成情况并明确有关经济责任的一种凭据。
	分类	原始凭证按来源不同分为自制原始凭证和外来原始凭证。
	内容	原始凭证名称；填制日期；填制单位名称或填制人姓名；接受单位名称；经济业务事项名称；经济业务事项的数量、单价和金额；经办人的签名或盖章。
	填制取得	从外单位取得的原始凭证，必须盖有填制单位的公章；从个人取得的原始凭证，必须有填制人员的签名或盖章。 自制原始凭证必须有经办单位领导人或者其指定的人员签名或盖章。 对外开出的原始凭证必须加盖本单位公章。
	审核	(1)对不真实、不合法的原始凭证有权不予接受，并向单位负责人报告。 (2)对记载不准确、不完整的原始凭证予以退回，并要求经办人员进行更正、补充。
	更正	(1)各项内容均不得涂改；(注意：是不得涂改，不是不得更正) (2)记载内容有误，应当由开具单位重开或更正，并在更正处加盖出具单位印章； (3)金额错误不得更正，只能由原出具单位重开； (4)原始凭证开具单位应当依法开具准确无误的原始凭证，对于填制有误的原始凭证，负有更正和重新开具的法律义务，不得拒绝。
	保管	(1)各种经济合同、存出保证金收据以及涉外文件等重要原始凭证，应当单独登记保管。 (2)原始凭证不得外借，其他单位如因特殊原因需要使用原始凭证时，经本单位会计机构负责人、会计主管人员批准，可以复制。向外单位提供的原始凭证复制件，应当在专设的登记簿上登记，并由提供人员和收取人员共同签名或者盖章。 (3)从外单位取得的原始凭证如有遗失，应当取得原开出单位盖有公章的证明，并注明原来凭证的号码、金额和内容等，由经办单位(理解为本单位)会计机构负责人、会计主管人员和单位负责人批准后，才能代作原始凭证。

续表

记账凭证	概念	是对经济业务事项按其性质加以归类、确定会计分录，并据以登记会计账簿的凭证。
	内容	记账凭证的日期;记账凭证的名称和编号;经济业务摘要;应记会计科目方向和金额;记账符号;记账凭证附原始凭证张数;记账凭证填制人员、稽核人员、记账人员和会计主管人员的签名或盖章。 【提示】收款和付款凭证还应当由出纳人员签名或者盖章。
	填制	(1)记账凭证应当根据经过审核的原始凭证及有关资料进行编制。 (2)记账凭证可以根据每一张原始凭证填制，或根据若干张同类原始凭证汇总编制，也可以根据原始凭证汇总表填制。但不得将不同内容和类别的原始凭证汇总填制在一张记账凭证上。 (3)记账凭证应连续编号。一笔经济业务需要填制两张以上记账凭证的，可以采用分数编号法编写。 (4)除部分转账业务以及结账和更正错误的记账凭证可以不附原始凭证外，其他记账凭证必须附有原始凭证。 (5)一张原始凭证所列的支出需要由几个单位共同负担时，应当由保存该原始凭证的单位开具原始凭证分割单给其他应负担的单位。
	审核	(1)审核是否附有原始凭证 (2)审核记账凭证内容是否填写齐全 (3)审核记账凭证会计科目是否正确

操作练习

【训3－4·单选题】单位在审核原始凭证时，发现外来原始凭证的金额有错误，应由(　)。

A. 接受凭证单位更正并加盖公章

B. 原出具凭证单位更正并加盖公章

C. 原出具凭证单位重开

D. 经办人员更正并报领导审批

【答案】C

【解析】本题考核原始凭证的审核。原始凭证金额出现错误的不得更正，只能由原始凭证开具单位重新开具。

五、会计账簿

知识准备

<table>
<tr><td rowspan="4">设置账簿</td><td>概念</td><td colspan="2">是按照会计科目设置账户、账页，以会计凭证为依据，来序时、分类登记有关经济业务的账簿。</td></tr>
<tr><td>作用</td><td colspan="2">设置会计账簿是会计核算的一种专门方法。</td></tr>
<tr><td>种类</td><td colspan="2">总账、明细账、日记账和其他辅助账簿。总账和日记账一般用订本账；明细账一般用活页账。</td></tr>
<tr><td>要求</td><td colspan="2">任何单位不得在法定会计账簿之外私设会计账簿。</td></tr>
<tr><td rowspan="2">登记账簿</td><td>依据</td><td colspan="2">会计账簿的登记必须以审核无误的会计凭证(原始凭证和记账凭证)为依据。</td></tr>
<tr><td>要求</td><td colspan="2">会计账簿应当按照连续的页码顺序登记。
登记错误或隔页、缺号、跳行的，应按国家统一会计制度规定的方法更正，并由会计人员和会计机构负责人(会计主管)在更正处盖章，以明确责任。
【提示】《会计基础》提到的是由会计人员在更正处盖章。
实行会计电算化的单位，其会计账簿的登记、更正，也应当符合国家统一的会计制度的规定。
禁止账外设账。(小金库)</td></tr>
<tr><td colspan="2" rowspan="2">账目核对</td><td colspan="2">账目核对要做到账实相符、账证相符、账账相符和账表相符。</td></tr>
<tr><td>注意</td><td>(1)《会计基础》教材中一般不提账表相符
(2)用账簿的记录去核对
(3)对账工作每年至少一次</td></tr>
<tr><td colspan="2" rowspan="3">结账</td><td colspan="2">结账可分月结、季结和年结三种。</td></tr>
<tr><td colspan="2">年度结账日为公历年度的每年12月31日，半年度、季度和月度结账日分别为公历年度每半年、每季、每月的最后一天。</td></tr>
<tr><td colspan="2">各单位应当按照规定定期结账，不得提前或者延迟。</td></tr>
</table>

操作练习

【训3－5·多选题】某单位出纳人员胡某设置的库存现金日记账采用活页式账簿，银行存款日记账采用订本式账簿。为了分清每天的经济业务，胡某登记银行存款日记账时，在每一张账页上登记完当天的经济业务后，次日的经济业务则在另一张账页上重新登记，并按10天一次结出余额。下列各项中，属于更正胡某错误做法正确的有(　)。

A. 库存现金日记账采用订本式账簿

B. 银行存款日记账逐日逐笔进行登记

C. 银行存款日记账每月结出一次余额

D. 银行存款日记账每日结出一次余额

【答案】ABD

【解析】本题考核会计账簿和结账的相关规定。根据《会计基础工作规范》的规定，库存现金日记账和银行存款日记账必须采用订本式账簿，不能采用活页式账簿。登记账簿时应当按经济业务发生和完成时间的顺序，逐日逐笔连续登记，不得跳行、隔页，并且必须每天结出余额。

六、财务会计报告

知识准备

<table>
<tr><td colspan="2">概念</td><td>财务会计报告，是指企业和其他有关单位对外提供的、反映单位某一特定日期财务状况和某一会计期间经营成果、现金流量等会计信息的文件。</td></tr>
<tr><td rowspan="5">构成</td><td rowspan="2">企业财务报告条例的规定</td><td>由会计报表、会计报表附注、财务情况说明书组成。</td></tr>
<tr><td>报表:资产负债表、利润表、现金流量表、相关附表。</td></tr>
<tr><td rowspan="2">企业会计准则的规定</td><td>由会计报表、会计报表附注、其他组成。</td></tr>
<tr><td>报表:资产负债表、利润表、现金流量表(小企业可以不包括现金流量表)。</td></tr>
<tr><td>注意</td><td>凭证、账簿、计划、审计报告都不属于财务会计报告的组成。</td></tr>
<tr><td>编制依据</td><td colspan="2">根据审核无误的会计账簿记录和其他有关资料编制，做到准确无误。</td></tr>
<tr><td rowspan="2">要求</td><td colspan="2">企业在编制年度财务会计报告前，应当按照规定进行全面清查资产、核实债务。企业清查、核实后，应当将清查、核实的结果及其处理办法向企业的董事会或者相应机构报告，并依法进行相应的会计处理。</td></tr>
<tr><td colspan="2">编制会计报告前要进行对账。</td></tr>
<tr><td rowspan="4">提供</td><td colspan="2">财务会计报告的提供对象，包括本单位、本单位的有关财务关系人(投资者、债权人)和政府管理部门。</td></tr>
<tr><td colspan="2">企业向有关各方提供的财务会计报告，其编制基础、编制依据、编制原则和方法应当一致。</td></tr>
<tr><td colspan="2">国有企业、国有控股的或者占主导地位的企业，应当至少每年一次向本企业的职工代表大会公布财务会计报告，并重点说明有关事项。</td></tr>
<tr><td colspan="2">“须”经注册会计师审计的，审计报告应当随同财务会计报告一并提供。</td></tr>
<tr><td>签章</td><td colspan="2">财务会计报告应由单位负责人、主管会计工作的负责人、会计机构负责人(会计主管人员)签名并盖章。设置总会计师的企业，还应由总会计师签名并盖章。
单位负责人是单位对外提供的财务会计报告的责任主体。</td></tr>
</table>

操作练习

【训3-6·单选题】《中华人民共和国会计法》规定，单位负责人、主管会计工作的负责人、会计机构负责人(会计主管人员)在财务会计报告上签章的下列做法中，符合规定的是(　)。

A. 签名

B. 签章

C. 签名或盖章

D. 签名并盖章

【答案】D

【解析】本题考核法律对于财务会计报告上签章人员的规定。单位负责人、主管会计工作的负责人、会计机构负责人(会计主管人员)在财务会计报告上签章是签名并盖章。

【训3－7·判断题】对于不同财务会计报告的使用者来说，会计人员所编制的会计报告的编制依据可以不一致。(　)

【答案】×

【解析】本题考核财务会计报告。对于不同财务会计报告的使用者来说，会计人员所编制的会计报告的编制依据应当一致。

七、会计档案管理的基本要求

知识准备

种类	(1)会计凭证类:原始凭证、记账凭证、汇总凭证，其他会计凭证。 (2)会计账簿类:总账、明细账、日记账、固定资产卡片、辅助账簿，其他会计账簿。 (3)财务报告类:月度、季度、年度财务报告，包括会计报表、附表、附注及文字说明，其他财务报告。 (4)其他类:银行存款余额调节表，银行对账单，其他应当保存的会计核算专业资料，会计档案移交清册，会计档案保管清册，会计档案销毁清册。 【注意】各单位的财务预算、计划、制度等文件材料属于文书档案，不属于会计档案。
管理部门	财政部门和档案行政管理部门
归档要求	(1)会计档案应由单位会计部门负责整理立卷装订成册。会计档案由单位会计机构负责整理归档，并保管一年期满后，移交单位的会计档案管理机构或指定专人继续保管;未设立档案机构的，应当在会计机构内部指定专人保管。 【注意】出纳人员不得兼管会计档案。 (2)会计机构在向单位档案部门移交会计档案时要编制移交清册，详细登记所移交档案的名称、卷号、册数、起止年度、应保管期限、已保管期限等内容，便于分清责任。 (3)档案部门接收的会计档案，原则上应当保持原卷册的封装，个别需要拆封重新整理的，应当会同会计部门和原经办人共同拆封整理，以分清责任。 (4)单位“会计档案”不得借出，如有特殊需要，经本单位负责人批准后可以提供查阅或者复制原件。 【提示】如题目表述为“原始凭证”不得外借，则按照会计基础工作规范的规定由“会计机构负责人(会计主管人员)”批准提供查阅和复制。

续表

保管期限	(1)会计档案保管期限分为永久和定期两类。 (2)定期保管期限分为3年、5年、10年、15年和25年5类。保管期限从会计年度终了后第一天算起。 (3)各类会计档案保管的期限: 永久:年度财务会计报告(决算)、会计档案保管清册、会计档案销毁清册; 25年:现金日记账、银行存款日记账; 5年:银行存款余额调节表、银行对账单、固定资产卡片账在固定资产报废清理后还需要保管5年; 3年:月度、季度财务会计报告; 15年:其他; 【注意】考试中不要漏掉"永久"。
销毁	会计档案保管期满需要销毁的,可以按照规定程序予以销毁。 1. 编制会计档案销毁清册。单位负责人在会计档案销毁清册上签署意见,由单位档案管理机构和会计机构共同派员监销。 2. 专人负责监销。销毁会计档案时,应当由单位的档案部门和会计部门共同派人监销;国家机关销毁会计档案时,还应当由同级财政、审计部门派人监销;财政部门销毁会计档案时,应当由同级审计部门派人监销。销毁后,监销人应当在会计档案销毁清册上签名盖章,并将监销情况报告本单位负责人。 3. 不得销毁的会计档案。 (1)对于保管期满但未结算的债权债务原始凭证和涉及其他未了事项的原始凭证,不得销毁,而应当单独抽出立卷,保管到未了事项完结时为止。 (2)正在项目建设期间的建设单位,其保管期满的会计档案也不得销毁,待项目办理竣工结算后移交给项目接受单位进行销毁。
会计电算化单位殊规定	(1)有关电子数据、会计软件资料等应当作为会计档案进行管理。 (2)采用电子计算机进行会计核算的单位,应当保存打印出的纸质会计档案。
交接	在单位发生合并、分立、终止等事项时,必须保证会计档案不致散失。

操作练习

【训3-8·单选题】共同负责会计档案工作的指导、监督和检查的部门是(　　)。

A. 各级人民政府财政部门和工商行政管理部门

B. 各级人民政府和金融管理部门

C. 各级人民政府财政部门和档案行政管理部门

D. 各级税务机关和档案行政管理部门

【答案】C

【解析】本题考核会计档案指导、监督、检查部门。根据规定,各级人民政府财政部门和档案行政管理部门共同负责会计档案工作的指导、监督和检查。

【训 3－9·多选题】某企业拟销毁一批保管期满的会计档案，其中包括两张未结清的债权债务原始凭证，主管会计工作的副厂长在会计档案销毁清册上签署销毁意见后，由该企业的档案管理部门负责对该批会计档案进行销毁，销毁后遂向单位负责人报告。下列销毁过程中做法错误的是（　）。

A. 销毁了会计档案中未结清的债权债务原始凭证

B. 销毁会计档案由副厂长在销毁清册上签署意见

C. 会计档案的销毁有档案管理部门负责

D. 会计档案销毁后向单位负责人报告

【答案】ABC

【解析】本题考核会计档案的销毁。根据《会计档案管理办法》的规定，未结清的债权债务原始凭证不得销毁，应抽出单独装订。

八、企业和其他组织会计档案保管期限

知识准备

序号	档案名称	保管期限	备注
一	会计凭证类		
1	原始凭证	15 年	
2	记账凭证	15 年	
3	汇总凭证	15 年	
二	会计账簿类		
4	总账	15 年	包括日记总账
5	明细账	15 年	
6	日记账	15 年	现金和银行日记账 25 年
7	固定资产卡片		固定资产报废清理后 5 年
8	辅助账簿		
三	财务报告类		包括各级主管部门
9	月、季度财务报告	3 年	包括文字分析
10	年度财务报告（决算）	永久	包括文字分析
四	其他类		
11	会计移交清册	15 年	
12	会计档案保管清册	永久	
13	会计档案销毁清册	永久	
14	银行余额调节表	5 年	
15	银行对账单	5 年	

操作练习

【训3－10·单选题】会计档案保管期限分为永久和定期两类，定期保管会计档案的最长期限是(　　)。

A. 10年　　B. 20年　　C. 25年　　D. 永久保管

【答案】C

【解析】定期保管期限分为3年、5年、10年、15年和25年5类。

【训3－11·多选题】下列会计档案的保管期限表述正确的为(　　)。

A. 财务会计报告应永久保管　　B. 固定资产卡片账保管5年

C. 固定资产购买发票保管15年　　D. 特种日记账保管25年

【答案】CD

【解析】A选项应为年度财务会计报告。B选项应为固定资产卡片账在固定资产报废清理后还需要保管5年。

【训3－12·判断题】会计档案保管期限分为3年、5年、10年、15年、25年。(　　)

【答案】×

【解析】会计档案保管期限分为永久和定期，定期保管会计档案期限分为3年、5年、10年、15年、25年。

九、财政总预算、行政单位、事业单位和税收会计档案保管期限

知识准备

序号	档案名称	财政总预算	行政事业单位	税收会计	备注
一	会计凭证类				
1	国家金库编送的各种报表及缴库退库凭证	10年		10年	
2	各收入机关编送的报表	10年			
3	行政单位和事业单位的各种会计凭证		15年		包括:原始凭证、记账凭证和传票汇总表
4	各种完税凭证和缴、退库凭证			15年	缴款书存根联在销号后保管2年
5	财政总预算拨款凭证及其他会计凭证	15年			包括:拨款凭证和其他会计凭证
6	农牧业税结算凭证			15年	
二	会计账簿类				
7	日记账		15年	15年	

续表

8	总账	15 年	15 年	15 年	
9	税收日记账（总账）和税收票证分类出纳账		25 年		
10	明细分类、分户账或登记簿		15 年	15 年	15 年
11	现金出纳账、银行存款账		25 年	25 年	
12	行政单位和事业单位固定资产明细账（卡片）				固定资产报废清理后保管 5 年
三	财务报告类				
13	财政总预算	永久			
14	行政单位和事业单位决算	10 年	永久		
15	税收年报（决算）	10 年	永久		
16	国家金库年报（决算）	10 年			
17	基本建设拨、贷款年报（决算）	10 年			
18	财政总预算会计旬报	3 年			所属单位报送的保管 2 年
19	财政总预算会计月、季度报表	5 年			所属单位报送的保管 2 年
20	行政单位和事业单位会计月、季度报表		5 年		所属单位报送的保管 2 年
21	税收会计报表（包括票证报表）			10 年	电报保管 1 年，所属税务机关报送的保管 3 年
四	其他类				
22	会计移交清册	15 年	15 年	15 年	
23	会计档案保管清册	永久	永久	永久	
24	会计档案销毁清册	永久	永久	永久	

操作练习

【训 3－13·案例分析题】2012 年末，盛润公司主管财务会计工作的副总经理王某召集财务部部长李某及相关人员开会，重点研究 2012 年财务决算的相关事宜，同时财务部汇报几项工作，由领导决定。以下是会议期间的部分发言：

王某：受金融危机的影响，公司今年的内销及外销均大幅度下滑，亏损已成定局。财务部正在准备编制 2012 年年报，希望李部长组织相关专业人员多想方法，尽量减少亏损，以完成上级年初下达的考核指标。李部长，你们现在有什么具体打算和措施？

李某：根据财务部的初步测算，今年的收入同比下降 21%，成本费用却上升 3%，要完成上级年初下达的减亏目标十分困难。目前只能采取一些技术处理，考虑可以采取三项措施：(1)宝灵公司是与我们有长期协作关系的大客户，可以与其协商，年末先向宝灵开销售发票 1020 万元，明年再用退货名义冲回，公司估计能减亏 5%；(2)可以延长固定资产折旧年限，从而减少折旧费用，估计能减亏 2%；(3)我们的长期借款离到期还有很长时间，今年情况特殊，可以暂不计提利息，使财务费用减少 125 万元，减亏 1%。如果综合采取上述三项措施，预计可以实现今年的减亏目标。

王某：我看李部长的三项措施很有效，就按李部长的方案执行吧。另外，关于出纳员小王辞职的事以及销毁会计档案的事，也顺便定一下，李部长再介绍一下情况。

李某：出纳员小王前一段时间跳槽到一外资企业，时间紧迫，走得十分匆忙，没来得及办理交接，但我已经看过账了，没有问题，现在出纳工作已有小张接替，工作过渡十分平稳。

王某：好的，没有问题，让小张好好干。

李某：最近档案科提出，档案科库房越来越紧张，准备将 10 年前的原始凭证、记账凭证和明细账全部销毁，但总账、日记账和年度财务报告继续保管。10 年前的档案都是原领导班子留下的，继续保管已没有意义，我觉得应该销毁。

王某：就这么定吧，明天通知档案科，请他们立即销毁。

要求：根据上述资料，回答下列问题。

1. 盛润公司年末向宝灵公司开具发票来完成减亏任务的行为属于(　)。

A. 变造会计凭证　B. 伪造会计凭证　C. 私设会计账簿　D. 隐匿会计账簿

【答案】B

【解析】所谓“伪造会计凭证、会计账簿及其他会计资料”，是指以虚假的经济业务事项为前提编造不真实的会计凭证、会计账簿和其他会计资料。

2. 下列说法中正确的有(　)。

A. 盛润公司调整固定资产折旧年限的行为属于正常的会计政策变更

B. 盛润公司调整固定资产折旧年限的行为属于随意变更会计方法

C. 盛润公司不计提长期借款利息违反了权责发生制

D. 盛润公司不计提长期借款利息符合《会计法》的要求

【答案】BC

3. 关于会计人员交接，下列说法中正确的有(　)。

A. 小王与小张不用办理交接手续

B. 小王与小张需要办理交接手续

C. 小王与小张之间的交接应由副总经理王某监交

D. 小王与小张之间的交接应由财务部长李某监交

【答案】BD

【解析】会计人员调动工作或者离职，必须与接管人员办清交接手续。一般会计人员办理交接手续，由会计机构负责人(会计主管人员)监交；会计机构负责人(会计主管人员)办理交接手续，由单位负责人监交，必要时主管单位可以派人会同监交。

4. 关于会计档案销毁，下列说法中正确的有(　)。

A. 档案部门提出的销毁会计档案事项，符合《会计档案管理办法》规定

B. 经副总经理王某批准后，档案科即可予以销毁会计档案

C. 销毁会计档案应由档案科和财务部共同派员监销

D. 总账和日记账应永久保管

【答案】C

【解析】对于保管期满的会计档案，需要销毁时，应由单位档案管理机构提出销毁意见，会同会计机构共同鉴定，严格审查，编造销毁清册，报单位负责人批准后，由单位档案管理机构和会计机构共同派员监销。

5. 假定财政部门在会计信息质量检查中发现并追究相关人员责任，下列说法中错误的有(　)。

A. 法人代表(总经理)没有参加会议因而不承担任何责任

B. 财务部长李某应承担全部责任

C. 财政部门可以根据情节，吊销王某和李某的会计从业资格证书

D. 参加销毁会计档案的人员均应负刑事责任

【答案】ABCD

【解析】(1)选项 AB:单位负责人对本单位的会计工作和会计资料的真实性、完整性负责；(2)选项 C:王某是主管财务工作的副总经理，不要求持有会计从业资格证书；(3)选项 D:隐匿或者故意销毁依法应当保存的会计凭证、会计账簿、财务会计报告，构成犯罪的，依法追究刑事责任。尚不构成犯罪的，由县级以上人民政府财政部门予以通报，可以对单位并处 5000 元以上 10 万元以下的罚款；对其直接负责的主管人员和其他直接责任人员，可以处 3000 元以上 5 万元以下的罚款；属于国家工作人员的，还应当由其所在单位或者有关单位依法给予撤职直至开除的行政处分；对其中的会计人员，并由县级以上人民政府财政部门吊销会计从业资格证书。

任务四　会计监督法律应用

实训目标

☞ 能够识别一个单位的会计监督的主体和对象，知道单位内部会计监督的主体是各单位的会计机构和会计人员，内部会计监督的对象是单位的经济活动。

☞ 熟悉单位内部会计监督制度的基本要求，能按照内部会计监督制度进行机构和人员

设置。

☞ 熟悉会计机构和会计人员在单位内部会计监督中的职责，能依法开展会计核算和监督，对违反《会计法》和国家统一的会计制度规定的会计事项，会依法拒绝办理或者按照职权予以纠正；能对单位内部的会计资料和财产物资实施监督。

☞ 知道财政部门会计监督检查的主要内容包括对单位依法设置会计账簿的检查、对单位会计资料真实性和完整性的检查、对单位会计核算情况的检查、对单位会计人员从业资格和任职资格的检查、对会计师事务所出具的审计报告的程序和内容的检查。

☞ 了解会计工作的社会监督的概念，能区分注册会计师审计与内部审计，熟悉会计师事务所业务范围。

一、三位一体的监督体系构成

知识准备

类型	属性	效力
单位内部监督	内部监督	低
社会监督	外部监督	高（对单位内部监督的再监督）
政府监督	外部监督	最高（对单位和社会监督的再监督）

操作练习

【训 4－1・多选题】下列各项中，属于会计监督体系的有（　）。

A. 个人检举违法行为

B. 单位内部会计监督

C. 以财政部门为主体的会计工作的政府监督

D. 以注册会计师为主体的会计工作的社会监督

【答案】BCD

【解析】本题考核会计监督体系的内容。会计监督体系包括单位内部会计监督、政府监督、社会监督。

二、会计监督的主体和对象

知识准备

监督种类		监督主体	监督对象
单位内部会计监督		单位的会计机构和会计人员 【链接】单位负责人负责单位内部会计监督制度的组织实施，对本单位内部会计监督制度的建立及有效实施承担最终责任。	单位经济活动
外部监督	政府监督	县级以上人民政府财政部门为各单位会计工作的监督检查部门，对各单位会计工作行使监督权，对违法会计行为实施行政处罚。	会计行为
		审计、税务、人民银行、证券监管、保险监管等部门依照有关法律、行政法规规定的职责和权限，可以对有关单位的会计资料实施监督检查。	会计资料
	社会监督	注册会计师及其所在会计师事务所，是主要监督人。	委托单位经济活动
		单位和个人检举	违法行为
	注意	区分中国人民银行与中国银行。 财政部门监督所有单位，其他部门监督有关单位。 人民银行、证券监管属于政府监督的部门，但不属于监督体系。	

操作练习

【训4－2·多选题】下列属于会计工作的社会监督的是(　)。

A. 注册会计师及其所在的会计师事务所依法实施的监督

B. 审计、税务和人民银行依法实施的监督

C. 县级以上财政部门依法实施的监督

D. 单位和个人对会计违法行为的检举

【答案】AD

【解析】会计工作的社会监督，主要是指由注册会计师及其所在的会计师事务所依法对委托单位的经济活动进行审计、鉴证的一种监督制度。除此之外，单位和个人检举会计违法行为，也属于会计工作的社会监督范畴。而县级以上财政部门及审计、税务和人民银行依法实施的监督则属于会计工作的政府监督。

三、会计监督的范围、要求

知识准备

<table>
<tr><td rowspan="2">单位内部会计监督</td><td>单位内部会计监督制度的基本要求</td><td>(1)记账人员与经济业务事项或会计事项的审批人员、经办人员、财物保管人员的职责权限应当明确，并相互分离、相互制约。
(2)重大对外投资、资产处置、资金调度和其他重要经济业务事项的决策和执行的相互监督、相互制约程序应当明确。
(3)财产清查的范围、期限和组织程序应当明确。
(4)对会计资料定期内部审计的办法和程序应当明确。
【提示】内部审计人员，不是会计人员。</td></tr>
<tr><td>会计机构和会计人员的职责</td><td>(1)依法开展会计核算和监督。对违法会计事项，有权拒绝办理或者按照职权予以纠正。
【链接】单位负责人不得授意、指使、强令会计机构、会计人员违法办理会计事项。
(2)对单位内部的会计资料和财产物资实施监督。应通过建立账簿、款项和实物核查制度，保证账账相符、账证相符、账实相符；对账实不符的情况，要及时作出处理。会计机构、会计人员发现会计账簿记录与实物、款项及有关资料不相符的，按照国家统一的会计制度的规定有权自行处理的，应当及时处理；无权处理的，应当立即向单位负责人报告，请求查明原因，作出处理。</td></tr>
<tr><td>政府监督</td><td>监督范围</td><td>(1)是否依法设置账簿
应当设置会计账簿的单位是否设置账簿；设置会计账簿的情况是否符合法律规定；各单位是否存在账外设账的违法行为。
(2)会计资料是否真实、完整
(3)会计核算是否合法
(4)对各单位会计档案的监督检查
(5)对会计人员从业资格和任职资格的监督检查(陷阱:会计专业技术资格)
(6)财政部和省级财政部门对会计师事务所出具的审计报告的程序和内容的监督检查
【提示】不包括“税”的监督</td></tr>
<tr><td>社会监督</td><td>会计师事务所业务范围</td><td>审计业务
(1)审计，出具审计报告。
(2)验资，出具验资报告。
(3)办理合并、分立、清算中的审计业务，出具有关报告。
(4)法律规定的其他审计业务。
会计咨询、服务业务</td></tr>
</table>

续表

	业务规范及审计责任	(1)被审计单位应如实提供会计凭证、会计账簿、财务会计报告和其他会计资料以及有关情况； (2)任何单位或者个人不得以任何方式要求或者示意注册会计师及其所在的会计师事务所出具不实或者不当的审计报告； (3)注册会计师接受委托对财务会计报告进行审计，既对委托人负责，也对财务会计报告使用者负责，更要对国家法律负责； (4)注册会计师的审计责任。注册会计师进行审计，仅对其出具的审计报告负责。注册会计师审计不能替代或减轻单位负责人对会计资料真实性、完整性承担的责任。 【提示】被审计单位接受注册会计师审计，应当区分会计责任和审计责任，二者不得相互抵消和免除。
	【链接】单位和个人检举会计违法行为，也属于社会监督会计工作的范畴。	

操作练习

【训4－3·多选题】根据《中华人民共和国会计法》的规定，下列各项中，属于财政部门实施会计监督检查的内容有(　)。

A. 是否依法设置会计账簿

B. 是否按时进行纳税申报

C. 是否按时足额缴纳税款

D. 是否按照实际发生的经济业务进行会计核算

【答案】AD

【解析】本题考核财政部门实施会计监督检查的内容。选项B、C不属于财政部门实施会计监督检查的内容。

【训4－4·判断题】被审计单位接受注册会计师审计的审计责任也包括对该单位提交的会计资料的真实性、合法性和完整性等负有的责任。(　)

【答案】×

【解析】被审计单位接受注册会计师审计的责任分为会计责任和审计责任，前者是指被审计单位对建立健全和有效执行本单位的内部控制制度，保证本单位提交的会计资料的真实性、合法性和完整性，保护本单位资产的安全与完整等负有的责任。而后者是要求注册会计师依法独立实施审计程序、获取充分适当的审计证据，依法出具审计报告，清楚地表达对被审计单位财务会计报告整体的意见，并对出具的审计报告负责。因此，对单位提交的会计资料的真实性、合法性和完整性等负有的责任属于会计责任，而不属于审计责任。

四、注册会计师审计与内部审计的关系

知识准备

<table>
<tr><th colspan="2">项目</th><th>注册会计师审计</th><th>内部审计</th></tr>
<tr><td colspan="2">联系</td><td colspan="2">(1)都是现代审计体系的重要组成部分
(2)都关注内部控制的健全性和有效性
(3)注册会计师审计中可能会涉及对内部审计成果的利用</td></tr>
<tr><td rowspan="7">区别</td><td>目标</td><td>对被审计单位财务报表的真实性(或合法性)和公允性进行审计</td><td>内部控制的有效性、财务信息的真实性和完整性以及经营活动的效率和效果</td></tr>
<tr><td>独立性</td><td>完全独立于被审计单位</td><td>相对独立性(内部审计机构受本部门、本单位直接领导)</td></tr>
<tr><td>审计方式</td><td>受托审计，必须依照《注册会计师法》、执业准则、规则实施审计</td><td>具有较大灵活性，依照单位经营管理需要自行组织实施</td></tr>
<tr><td>职责和作用</td><td>对投资者、债权人及其他利益相关者负责，对外出具的审计报告有鉴证作用</td><td>只对本部门、本单位负责，只作本部门、本单位改进经营管理的参考，不对外公开</td></tr>
<tr><td>接受审计的自愿程度</td><td>委托人可自由选择会计师事务所</td><td>必须接受</td></tr>
<tr><td>审计标准</td><td>注册会计师审计准则</td><td>内部审计准则</td></tr>
<tr><td>审计时间</td><td>定期审计</td><td>定期或不定期审计</td></tr>
</table>

操作练习

【训4－5·多选题】根据《会计法》和《注册会计师法》规定，注册会计师审计和内部审计的区别主要有（ ）。

A. 职责不同

B. 独立性不同

C. 审计方式不同

D. 作用不同

【答案】ABCD

【解析】本题考核注册会计师审计和内部审计的区别。

任务五　会计机构和会计人员管理法律应用

实训目标

☞ 了解会计机构设置的原则，会计机构设置中能够遵守回避制度，能按照会计法的条件要求任命会计人员和会计机构负责人。

☞ 熟悉代理记账的业务范围，委托记账时能履行委托代理记账的委托人义务，作为被委托方也能按照代理记账机构及其从业人员的义务代理记账。

☞ 知道违反代理记账规定应负的法律责任。

☞ 熟悉会计从业资格证书的适用范围、取得途径、证书管理以及继续教育的内容。

☞ 能区别会计专业职务与会计专业技术资格，熟悉会计专业技术资格的取得与评聘。

☞ 能识别哪些是会计工作岗位，会按照《会计基础工作规范》的相关规定设计会计工作岗位。

☞ 能指出会计人员工作交接的范围，能按交接的程序交接并能分清交接责任。

一、会计机构的设置

知识准备

<table>
<tr><td>单位会计机构的设置</td><td colspan="2">各单位应当根据会计业务的需要设置会计机构，或者在有关机构中设置会计人员并指定会计主管人员。
影响因素：单位规模大小、经济业务和财务收支繁简、经营管理的要求。</td></tr>
<tr><td>会计机构负责人的任职资格</td><td colspan="2">(1)设置会计机构——负责人：会计机构负责人，是指在一个单位内具体负责会计工作的中层领导。
(2)未设置会计机构(在有关机构中设置会计人员)——负责人：会计主管人员担任单位会计机构负责人(会计主管人员)的，除取得会计从业资格证书外，还应当具备会计师以上专业技术职务资格或者从事会计工作3年以上经历。
【提示】这里的会计主管人员和我们一般常说的主管会计不同，只是会计主管人员的地位相当于会计机构负责人。</td></tr>
<tr><td rowspan="2">会计人员回避制度</td><td>范围</td><td>国家机关、国有企业、事业单位任用会计人员应当实行回避制度。</td></tr>
<tr><td>内容</td><td>单位负责人的直系亲属不得担任本单位的会计机构负责人(会计主管人员)；会计机构负责人(会计主管人员)的直系亲属不得在本单位会计机构内担任出纳工作。
【提示】直系亲属不能担任的是直接上级和直接下级，直系亲属包括夫妻关系、直系血亲关系、三代以内旁系血亲以及近姻亲关系。</td></tr>
</table>

操作练习

【训5－1·单选题】根据设置会计工作岗位基本原则，会计工作岗位的设置，应符合(　　)的要求。

A. 内部监督制度

B. 内部控制制度

C. 内部牵制制度

D. 国家统一会计制度

【答案】C

【解析】本题考核会计工作岗位设置。根据设置会计工作岗位基本原则，会计工作岗位的设置，应符合内部牵制制度的要求。

【训 5－2 · 判断题】国有企业单位负责人的直系亲属不得在本单位担任出纳职务。（ ）

【答案】×

【解析】本题考核回避制度。国有企业单位负责人的直系亲属不得在本单位担任会计机构负责人、会计主管人员。

二、代理记账

知识准备

概念	代理记账，是指从事代理记账业务的社会中介机构接受委托人的委托办理会计业务。 委托人是指委托代理记账机构办理会计业务的单位。 代理记账机构是指从事代理记账业务的中介机构。 【提示】代理记账不能是个人，个人可以做兼职会计，但是不能代理记账。
设立条件	(1)3 名以上持有会计从业资格证书的专职从业人员； (2)主管代理记账业务的负责人具有会计师以上专业技术职务资格。
业务范围	(1)根据委托人提供的原始凭证和其他资料进行会计核算。（从审核开始，不包括填制原始凭证） (2)对外提供财务会计报告，经代理记账机构负责人和委托人签名并盖章后对外提供。 (3)向税务机关提供税务资料。 (4)委托人委托的其他会计业务。
委托代理记账的委托人的义务	(1)填制或取得符合国家统一会计制度规定的原始凭证。 (2)配备专人(出纳)负责日常货币资金收支保管。 (3)及时提供真实、完整的原始凭证和其他资料。 (4)对于退回的要求更正、补充的原始凭证，及时予以更正、补充。
代理记账机构的义务	(1)按照委托合同办理代理记账业务，遵守有关法律、行政法规和国家统一的会计制度的规定。（守法） (2)对在执行业务中知悉的商业秘密应当保密。（保密） (3)对委托人示意其作出不当的会计处理，提供不实会计资料，以及其他不合法的要求，应当拒绝。（拒绝不法要求） (4)对委托人提出的有关会计处理原则问题应当予以解释。（解释）
法律责任	在委托他人代理记账的情况下，单位负责人仍要对会计资料的真实性和完整性承担最终责任。 委托代理记账机构办理会计业务并不改变单位负责人对会计资料真实性和完整性承担的责任。

操作练习

【训5－3·单选题】在下列各项中，不属于代理记账业务范围的是(　)。

A. 代办工商登记

B. 根据委托人提供的原始凭证和其他资料进行会计核算

C. 向税务机关提供税务资料

D. 对外提供财务会计报告

【答案】A

【解析】本题考核代理记账业务范围。代理记账业务范围包括:根据委托人提供的原始凭证和其他资料进行会计核算，对外提供财务会计报告，向税务机关提供税务资料，委托人委托的其他会计业务。不包括代办工商登记。

【训5－4·多选题】下列各项中，属于委托代理记账的委托人的义务有(　)。

A. 协助代理记账机构从业人员填制和审核记账凭证

B. 协助代理记账机构从业人员提供税务资料

C. 对本单位发生的经济业务事项，按规定取得和填制原始凭证

D. 配备专人负责日常货币收支和保管

【答案】CD

【解析】本题考核委托代理记账委托人的义务。

三、会计从业资格

(一)会计从业资格取得与管理

知识准备

适用范围	出纳;稽核;资本、基金核算;收入、支出、债权债务核算;职工薪酬、成本费用、财务成果核算;财产物资的收发、增减核算;总账;财务会计报告编制;会计机构内会计档案管理;其他会计工作。 单位不得任用(聘用)不具备会计从业资格的人员从事会计工作。
管理部门	(1)财政部委托中共中央直属机关事务管理局、国务院机关事务管理局按照各自权限分别负责中央在京单位的会计从业资格的管理。 (2)新疆生产建设兵团财务局负责所属单位的会计从业资格的管理。 (3)财政部委托铁道部负责铁路系统的会计从业资格的管理。 (4)财政部委托中国人民解放军总后勤部、中国人民武装警察部队后勤部分别负责中国人民解放军、中国人民武装警察部队系统的会计从业资格的管理。

续表

<table>
<tr><td rowspan="5">会计从业资格的取得(考试)</td><td rowspan="3">报名条件</td><td>品德技能条件</td><td>(1)遵守会计和其他财经法律、法规;(2)具备良好的道德品质;(3)具备会计专业基本知识和技能。
【提示】没有学历和工作经历的要求;新办法取消了免试的规定。</td></tr>
<tr><td>限制条件</td><td>(1)被依法吊销会计从业资格证书的人员,自被吊销之日起5年以内不得参加会计从业资格考试,不得重新取得会计从业资格证书。
(2)因有与会计职务有关的违法行为,被依法追究刑事责任的人员,不得参加会计从业资格考试,不得取得或者重新取得会计从业资格证书。</td></tr>
<tr><td>照顾条件</td><td>(1)本办法施行之日前已被聘为高级会计师或从事会计工作满20年,且年满50周岁、目前尚在从事会计工作的。
(2)取得注册会计师证书,目前尚在从事会计工作的;经本人申请并提供单位证明,会计从业资格管理机构核实无误后,发给会计从业资格证书。</td></tr>
<tr><td>考试内容</td><td colspan="2">考试科目为:财经法规与会计职业道德、会计基础、会计电算化(或者珠算)。会计从业资格各考试科目应当一次性通过。</td></tr>
<tr><td>组织考试</td><td colspan="2">会计从业资格考试大纲、考试合格标准由财政部统一制定和公布。
会计从业资格考试科目实行无纸化考试,无纸化考试题库由财政部统一组织建设。</td></tr>
<tr><td rowspan="4">会计从业资格证书管理</td><td rowspan="3">全国有效属地管理</td><td>调转登记</td><td>持证人员所属会计从业资格管理机构在各省级财政部门、新疆生产建设兵团财务局、中央主管单位管辖范围之间发生变化的,应当及时填写调转登记表,持会计从业资格证书,到原会计从业资格管理机构办理调出手续。持证人员应当自办理调出手续之日起3个月内,持会计从业资格证书、调转登记表和在调入地的工作证明(或户籍证明、居住证明),到调入地会计从业资格管理机构办理调入手续。</td></tr>
<tr><td>变更登记</td><td>持证人员的姓名、有效身份证件及号码、照片、学历或学位、会计专业技术职务资格、开始从事会计工作时间等基础信息内容发生变化的,应到所属会计从业资格管理机构办理从业档案信息变更。</td></tr>
<tr><td colspan="2">【提示】新规定已经取消了上岗注册和离岗备案的相关规定。</td></tr>
<tr><td>定期换证</td><td colspan="2">会计从业资格证书实行6年定期换证制度。
持证人员应当在会计从业资格证书到期前6个月内,到所属会计从业资格管理机构办理换证手续。</td></tr>
<tr><td rowspan="2">法律责任</td><td>考试舞弊</td><td colspan="2">2年内不得参加会计从业资格考试,由会计从业资格管理机构取消其考试成绩。</td></tr>
<tr><td>滥用职权玩忽职守</td><td colspan="2">(1)所在单位或者有关单位依法给予处分。
(2)构成犯罪的,依法追究刑事责任。</td></tr>
</table>

操作练习

【训 5－5·单选题】会计从业资格证书实行定期换证制度，自取得之日起（　）内有效。

A. 6 年

B. 3 年

C. 10 年

D. 15 年

【答案】A

【解析】会计从业资格证书自取得之日起 6 年内有效。

【训 5－6·多选题】下列属于会计从业资格管理机构可以撤销持证人员的会计从业资格的有（　）。

A. 考试作弊得到的从业资格

B. 从业资格管理机构工作人员超越法定职权给予持证人员的从业资格

C. 持证人员死亡

D. 通过贿赂取得的从业资格

【答案】BD

【解析】选项 A 属于应当撤销的情况。选项 C 属于应当注销其会计从业资格，不属于撤销的范围。参见《会计从业资格管理办法》（财政部令第 73 号）第二十四条。

【训 5－7·单选题】下列不属于会计从业资格管理机构实施监督检查范围的是（　）。

A. 持证人员换发、调转、变更登记会计从业资格证书情况

B. 持证人员在企业中的业绩评价情况

C. 持证人员遵守会计职业道德情况

D. 持证人员接受继续教育情况

【答案】B

【解析】见《会计从业资格管理办法》第二十七条。会计从业资格管理机构应当对下列情况实施监督检查：（一）从事会计工作的人员持有会计从业资格证书情况；（二）持证人员换发、调转、变更登记会计从业资格证书情况；（三）持证人员从事会计工作和执行国家统一的会计制度情况；（四）持证人员遵守会计职业道德情况；（五）持证人员接受继续教育情况。

(二)会计人员的继续教育

知识准备

<table>
<tr><td rowspan="7">会计人员继续教育</td><td>对象</td><td>所有取得会计从业资格证书的人员。(包括在岗的和不在岗的)</td></tr>
<tr><td>基本原则</td><td>以人为本，按需施教;突出重点，提高能力;加强指导，创新机制。</td></tr>
<tr><td>内容</td><td>(1)会计理论继续教育;
(2)政策法规继续教育;
(3)业务知识和技能训练继续教育，重点加强专业知识、内部控制、会计信息化等方面的培训;
(4)职业道德继续教育。</td></tr>
<tr><td>形式</td><td>参加培训;参加会计类考试;学历进修;会计研究(承担会计类课题或发表论文);公开出版会计类书籍;参加会计类知识大赛。</td></tr>
<tr><td>学分管理</td><td>会计人员参加继续教育采取学分制管理制度。
每年参加继续教育取得的学分不得少于24学分，全国范围内有效。
会计人员参加继续教育取得的学分，均在当年度有效，不得结转下年度。</td></tr>
<tr><td>监督</td><td>会计人员继续教育管理实行登记制度:
(1)会计人员参加继续教育经考试或考核合格后，应当在3个月内持会计从业资格证书、相关证明材料向所属继续教育管理部门办理继续教育事项登记。
(2)继续教育管理部门根据公布的会计人员继续教育机构或会计人员所在单位报送的会计人员继续教育信息，为会计人员办理继续教育事项登记。
(3)继续教育管理部门应当建立健全会计人员从业档案信息系统，如实记载会计人员接受继续教育情况。</td></tr>
</table>

操作练习

【训5－8・判断题】持证人员应当接受继续教育，提高业务素质和会计职业道德水平，每年继续教育时间不得少于24小时。(　)

【答案】×

【解析】会计人员参加继续教育采取学分制管理制度，且每年参加继续教育取得的学分不得少于24学分。《会计从业资格管理办法》第十六条借鉴有关省市公务员培训、高等院校等学分管理做法，引入了学分制管理制度，强调持证人员每年参加继续教育取得的学分不得少于24学分。也就是说，继续教育既可以是面授24小时取得24学分，也可以通过其他形式取得24学分，这是新管理办法与原管理办法比较的一个变化。

四、会计专业职务与会计专业技术资格

（一）会计专业职务

知识准备

<table>
<tr><td>含义</td><td colspan="2">会计专业职务是区别会计人员业务技能的技术等级。</td></tr>
<tr><td rowspan="3">级别</td><td>高级职务</td><td>正高级会计师、高级会计师</td></tr>
<tr><td>中级职务</td><td>会计师</td></tr>
<tr><td>初级职务</td><td>助理会计师、会计员</td></tr>
<tr><td colspan="3">【注意】没有注册会计师，也没有总会计师。</td></tr>
</table>

（二）会计专业技术资格

知识准备

<table>
<tr><th>专业技术资格</th><th>报名基本条件</th><th>报名附加条件</th><th>考试科目</th><th>聘任</th></tr>
<tr><td>初级会计资格</td><td rowspan="3">（1）良好的职业道德品质；
（2）认真执行财经法律、法规、规章制度，无严重违反财经纪律的行为；
（3）履行岗位职责，热爱本职工作；
（4）具备会计从业资格，持有会计从业资格证书。</td><td>高中以上学历</td><td>初级会计实务和经济法基础（全国统一考试，周期为一年）</td><td>已取得初级会计资格的人员：
（1）如具备大专毕业且担任会计员职务满2年，或中专毕业担任会计员职务满4年；不具备规定学历的，担任会计员职务满5年，并符合国家有关规定，可聘任助理会计师职务。
（2）不符合以上条件的人员，可聘任会计员职务。</td></tr>
<tr><td>中级会计资格</td><td>从事会计工作年限：
（1）大学专科5年；
（2）大学本科4年；
（3）双学士或研究生班毕业2年；
（4）硕士1年；
（5）博士0年。</td><td>中级会计实务、财务管理和经济法。全部考试科目通过后，取得相应的会计资格。（全国统一考试，周期为两年）</td><td>对于已取得中级会计资格并符合国家有关规定的会计人员，可聘任会计师职务。</td></tr>
<tr><td>高级会计资格</td><td></td><td>高级会计实务（考试与评审相结合，国家统一考试）</td><td>考试合格并符合规定条件的可在合格成绩有效期内申请评审，通过后即具备担任高级会计师的资格，经单位聘任或任命后担任高级会计师。</td></tr>
<tr><td>违纪处罚</td><td colspan="4">对伪造学历、会计从业资格证书和资历证明，或者在考试期间有违纪行为的，2年内不得再参加会计专业技术资格考试。</td></tr>
</table>

操作练习

【训5－9·多选题】下列关于会计专业技术资格的表述中，正确的有(　)。

A. 会计专业职务是一种技术职称，会计专业技术资格是担任会计专业职务的任职资格

B. 会计专业技术资格分为初级资格、中级资格和高级资格

C. 中级会计资格实行考试制度

D. 高级会计师资格实行考试与评审相结合的制度

【答案】ABCD

【解析】本题考核会计专业技术资格。

五、会计工作岗位设置

知识准备

<table>
<tr><td>设置原则</td><td colspan="2">(1)根据本单位会计业务的需要设置。
(2)符合内部牵制要求:会计工作岗位可以一人一岗、一人多岗、一岗多人。出纳人员不得兼管稽核、会计档案保管和收入费用账目、债权债务账目的登记工作。
(3)对会计人员的工作岗位要有计划地进行轮岗。
(4)要建立岗位责任制。
【提示】出纳登记现金日记账和银行存款日记账，不能登记总账，此外可以登记固定资产卡片等财产物资明细账。</td></tr>
<tr><td rowspan="2">主要会计工作岗位</td><td>会计工作岗位</td><td>总会计师岗位，会计机构负责人(会计主管人员岗位)，出纳岗位，稽核岗位，资本、基金核算岗位，收入、支出、债权债务核算岗位，工资核算、成本核算、财务成果核算岗位，财产物资的核算岗位，总账岗位，对外财务会计报告编制岗位，会计电算化岗位，会计机构内部的会计档案管理岗位</td></tr>
<tr><td>非会计工作岗位</td><td>(1)对于会计档案管理岗位，在会计档案正式移交前，属于会计岗位;正式移交档案管理部门后，不再属于会计岗位。档案管理部门的人员管理会计档案，不属于会计岗位。
(2)医院门诊收费员、住院处收费员、药房收费员、药品库房记账员、商场收款(银)员所从事的工作，均不属于会计岗位。
(3)单位内部审计、社会审计、政府审计工作也不属于会计岗位。</td></tr>
<tr><td rowspan="3">总会计师</td><td>实质</td><td>是一种行政职务</td></tr>
<tr><td>设置</td><td>国有的和国有资产占控股地位或者主导地位的大中型企业必须设置总会计师。
凡设置总会计师的单位，在行政领导成员中，不再设与总会计师职权重叠的副职。</td></tr>
<tr><td>任免</td><td>本单位主要行政领导人提名，政府主管部门任命或者聘任。</td></tr>
</table>

操作练习

【训5－10·多选题】从事下列工作中，必须取得会计从业资格的有(　)。

A. 出纳

B. 稽核
C. 药房收费员
D. 审计人员
【答案】AB
【解析】医院门诊收费员、住院处收费员、药房收费员、药品库房记账员、商场收款（银）员所从事的工作，均不属于会计岗位，没有会计从业资格的限定。

六、会计人员的工作交接

知识准备

<table>
<tr><td>含义</td><td colspan="2">是指会计人员与接替人员办理交接手续的一种工作程序</td></tr>
<tr><td>需办理交接的范围</td><td colspan="2">会计人员调动工作、离职、临时离职或其他原因暂时不能工作需要接替的。
临时离职或因病不能工作的会计人员恢复工作时，应当与接替或代理人员办理交接手续。
移交人员因病或其他特殊原因不能亲自办理移交手续的，经单位负责人批准，可由移交人委托他人代办交接，但委托人应当对所移交的会计凭证、会计账簿、财务会计报告和其他有关资料的真实性、完整性负责。
未办清工作交接手续，不得调动或者离职。</td></tr>
<tr><td rowspan="4">交接程序</td><td>准备工作</td><td>(1)已经受理的经济业务尚未填制会计凭证的应当填制完毕。
(2)尚未登记的账目应当登记完毕，结出余额，并在最后一笔余额后加盖经办人印章。
(3)整理好应该移交的各项资料，对未了事项和遗留问题要写出书面说明材料。
(4)编制移交清册，列明应该移交的会计凭证、会计账簿、财务会计报告、公章、现金、有价证券、支票簿、发票、文件、其他会计资料和物品等内容。
(5)会计机构负责人(会计主管人员)移交时，应将财务会计工作、重大财务收支问题和会计人员等情况向接替人员介绍清楚。</td></tr>
<tr><td>移交点收</td><td>(1)现金要根据会计账簿记录余额进行当面点交，接替人员发现不一致或“白条抵库”现象时，移交人员在规定期限内负责查清处理。
(2)有价证券的数量要与会计账簿记录一致，有价证券面额与发行价不一致时，按照会计账簿余额交接。
(3)会计凭证、会计账簿、财务会计报告和其他会计资料必须完整无缺，不得遗漏。
(4)银行存款账户余额要与银行对账单核对相符。
(5)公章、收据、空白支票、发票、科目印章以及其他物品等必须交接清楚。
(6)实行会计电算化的单位，交接双方应在电子计算机上对有关数据进行实际操作，确认有关数字正确无误后，方可交接。</td></tr>
<tr><td>专人监交</td><td>(1)一般会计人员办理交接手续，由会计机构负责人(会计主管人员)监交。
(2)会计机构负责人(会计主管人员)办理交接手续，由单位负责人监交，必要时上级主管单位可以派人会同监交。具体情况是:①所属单位负责人不能监交,如单位撤并。②所属单位负责人不能尽快监交。如由上级主管单位责成所属单位撤换不合格的会计机构负责人。③不宜由单位负责人单独监交,如会计机构负责人与单位负责人存在矛盾。④上级主管单位认为有必要的。</td></tr>
<tr><td>交接后事宜</td><td>会计工作交接完毕后，交接双方和监交人在移交清册上签名或盖章。
移交清册一般应填制一式三份，交接双方各执一份，存档一份。</td></tr>
<tr><td>移交后的责任认定</td><td colspan="2">原移交人员，应当对所移交的会计资料的真实性、完整性负责，即便接替人员在交接时因疏忽没有发现。</td></tr>
</table>

操作练习

【训5－11·多选题】下列关于会计工作交接后的有关事宜表述正确的有(　　)。

A. 会计工作交接完成后，交接双方和监交人在移交清册上签名或盖章

B. 接管人员应继续使用移交前的账簿

C. 移交清册应填制一式三份，交接双方各执一份，存档一份

D. 原账簿登记混乱，经单位负责人同意，接替人员可以另立账簿登记移交后的经济业务，以明确责任

【答案】ABC

【解析】本题考核会计工作交接后的有关事宜。交接工作完成后，接替人员不可以另立新账。

【训5－12·单选题】移交人员因病或其他特殊原因不能亲自办理移交手续的，经单位负责人批准，可由移交人委托他人代办交接，(　　)对所移交的会计资料的真实性、完整性承担法律责任。

A. 委托人　　B. 受托人　　C. 会计机构负责人　　D. 单位负责人

【答案】A

【解析】本题考核会计人员工作交接。根据规定，移交人员因病或其他特殊原因不能亲自办理移交手续的，经单位负责人批准，可由移交人委托他人代办交接，但委托人应当对所移交的会计资料的真实性、完整性承担法律责任。

◆ 小贴士

财政部发布了《会计从业资格管理办法》(财政部令第73号，以下简称新《办法》)，于2013年7月1日起施行。新《办法》是对《会计从业资格管理办法》(财政部令第26号，以下简称《办法》)的修订。新《办法》在哪些方面做了调整?

新《办法》共五章，三十七条，主要对以下内容作了调整:一是明确了会计从业资格实行无纸化考试。二是取消了会计从业资格考试的免试规定。三是简化了会计从业资格证书领取和调转登记程序。四是取消了会计从业资格证书注册登记制度。五是引入了学分制继续教育管理模式。六是简化了持证人员信息变更手续。七是增加了会计从业资格证书遗失、毁损补发的规定。八是建立了会计从业资格证书定期换证制度。九是对在能力上已经达到或者超过会计从业资格要求，但因客观原因未取得会计从业资格证书，目前仍在从事会计工作的人员如何取得证书作了规定。十是完善了持证人员相关法律责任。

任务六　法律责任承担

实训目标

☞ 能理解什么是法律责任。

☞ 知道不依法设置会计账簿等会计违法行为的法律责任，具备依法设置会计账簿的意识和能力。

☞ 熟悉其他会计违法行为的法律责任。

一、法律责任形式

知识准备

<table>
<tr><td rowspan="2">行政责任</td><td>行政处罚</td><td>具体形式</td><td>包括警告，罚款，没收非法所得非法财物，责令停产停业，暂扣或吊销许可证或执照，行政拘留，其他。
【注意】《会计法》中涉及的行政处罚形式只有责令限期改正、通报、罚款和吊销会计从业资格证书。</td></tr>
<tr><td>行政处分</td><td>对象</td><td>仅限于国家工作人员</td></tr>
<tr><td>刑事责任</td><td colspan="3" rowspan="2">法律责任是指违反法律规定的行为应当承担的法律后果，通常可分为刑事责任、民事责任和行政责任。
【提示】违反《会计法》的法律责任只涉及行政责任和刑事责任，而不涉及民事责任。</td></tr>
<tr><td>民事责任</td></tr>
</table>

操作练习

【训6－1·单选题】行政处分的对象是(　)。

A. 法人　　B. 公民　　C. 国家工作人员　　D. 其他组织

【答案】C

【解析】本题考核行政处分的对象。行政处分是国家工作人员违反行政法律规范所应承担的一种行政法律责任，因此其处分对象为国家工作人员。

二、十项违法会计行为及应承担的法律责任

知识准备

<table>
<tr><td>违反会计法规应承担法律责任的行为：</td><td>应承担的法律责任</td></tr>
<tr><td>(1)未按规定填制、取得原始凭证或原始凭证不符合规定。</td><td rowspan="10">(1)责令限期改正(县级以上财政部门)。
(2)罚款(单位3000元~5万元，个人2000元~2万元)。
(3)给予行政处分(针对国家工作人员)。
(4)吊销会计从业资格证书。
(5)依法追究刑事责任(情节严重)。</td></tr>
<tr><td>(2)以未经审核的会计凭证为依据登记账簿或登记账簿不符合规定。</td></tr>
<tr><td>(3)不依法设置账簿。</td></tr>
<tr><td>(4)私设账簿(账外账、小金库、两本账)。</td></tr>
<tr><td>(5)向不同的会计资料使用者提供的财务会计报告编制依据不一致。</td></tr>
<tr><td>(6)未按规定保管会计资料，致使会计资料毁损、灭失。</td></tr>
<tr><td>(7)随意变更会计处理方法。</td></tr>
<tr><td>(8)未按规定使用会计记录文字和记账本位币。</td></tr>
<tr><td>(9)未按规定建立并实施单位内部会计监督制度，或拒绝依法实施的监督，或不如实提供有关会计资料及有关情况。</td></tr>
<tr><td>(10)任用会计人员不符合规定。</td></tr>
<tr><td colspan="2">【提示】与“税”有关的不属于违法会计行为。</td></tr>
</table>

三、其他违法会计行为及应承担的法律责任

知识准备

<table>
<tr><th>违法行为</th><th>法律责任</th></tr>
<tr><td>伪造、变造会计资料</td><td rowspan="2">(1)通报(县级以上财政部门)。
(2)罚款(单位5000元~10万元，个人3000元~5万元)。
(3)给予行政处分(针对国家工作人员)。
(4)吊销会计从业资格证书(针对会计人员)。</td></tr>
<tr><td>隐匿或故意销毁依法应保存的会计资料</td></tr>
<tr><td>授意、指示、强令会计机构、会计人员伪造、变造或隐匿、故意销毁依法应保存的会计资料</td><td>(1)情节严重的依法追究刑事责任。
(2)罚款5000元~5万元。
(3)涉及国家工作人员的给予行政处分。</td></tr>
<tr><td rowspan="2">单位负责人对会计人员实行打击报复</td><td>(1)构成犯罪的，依法追究刑事责任(3年以下有期徒刑或拘役)。
(2)不构成犯罪的，给予行政处分。</td></tr>
<tr><td>补救措施：恢复其名誉和原有职务、级别。
【提示】不包括恢复“从业资格”，恢复“职称”。</td></tr>
</table>

操作练习

【训6-2·单选题】甲公司将出售废料的收入不纳入企业统一的会计核算，而是另设账簿进行核算，以解决行政管理部门的福利。关于甲公司出售废料收入的财务处理方法，下列

说法错误的是(　)。

A. 甲公司的做法违反了会计法律制度的规定

B. 甲公司的行为属于私设会计账簿进行核算的行为

C. 对该行为，应由省级以上财政部门责令其限期改正

D. 对单位的该项行为处以罚款，则应处 3000 元以上 5 万元以下的罚款

【答案】C

【解析】本题考核违反会计法律的法律责任。根据规定，单位发生的各种经济业务事项应当在依法设置的会计账簿中统一登记核算，不得私设账簿登记核算。对私设会计账簿的行为，按规定应由县级以上财政部门责令其限期改正，对单位并处3000 元以上 5 万元以下的罚款，对其直接负责的主管人员和其他直接责任人员处 2000 元以上 2 万元以下的罚款；情节严重的，属于会计人员的吊销其会计从业资格证书；构成犯罪的，依法追究刑事责任。

技能训练

一、单项选择题

1. 记账人员与经济业务事项和会计事项的审批人员、经办人员、财务保管人员的职责权限应当明确，并(　)、相互制约。

A. 相互监督　　B. 职责分明　　C. 职务分离　　D. 相互分离

2. 某外商投资企业，业务收支以日元为主，也有少量的人民币，根据《会计法》的规定，该单位可以采用(　)作为记账本位币。

A. 人民币　　B. 人民币和日元　　C. 欧元　　D. 日元或人民币

3. 根据会计法律制度的规定，保管期满的会计档案，应当由(　)提出销毁意见，会同(　)共同鉴定，严格审查，编造销毁清册，报(　)批准后，由(　)派员监销。

A. 单位档案管理机构、会计机构、单位负责人、单位档案管理机构

B. 会计机构、单位档案管理机构、会计机构负责人、会计机构

C. 会计机构、单位档案管理机构、单位负责人、单位档案管理机构和会计机构共同

D. 单位档案管理机构、会计机构、单位负责人、单位档案管理机构和会计机构共同

4. 根据规定，企业的年度财务会计报告应当于年度终了后(　)内对外提供。

A. 3 个月　　B. 4 个月　　C. 5 个月　　D. 6 个月

5. 某单位会计人员夏某在填制记账凭证过程中发生了以下事项，正确的是(　)。

A. 将若干张原始凭证进行汇总，根据汇总后的原始凭证汇总表填制记账凭证

B. 一张更正错误的记账凭证未附原始凭证

C. 由于一张购货发票涉及了另一单位，发票原件被对方保存，故根据发票复印件填制记账凭证

D. 填制记账凭证时，因出现文字错误，遂用划线更正法进行了更正

6. 会计核算的内容不包括(　)。

A. 资本、基金的增减

B. 公司制度的设置

C. 财务成果的计算和处理

D. 财物的收发、增减和使用的管理与核算

7. 下列各项中，不属于单位负责人的是（　）。

A. 总会计师

B. 有限责任公司董事长

C. 执行合伙企业事务的合伙人

D. 国有企业厂长

8. 我国组织实施对注册会计师行业自律管理的是（　）。

A. 财政部

B. 中国会计学会

C. 审计署

D. 中国注册会计师协会

9. 下列关于会计监督检查的说法中，不正确的是（　）。

A. 财政部组织实施对全国的会计信息质量检查，并对违法行为实施行政处罚

B. 县级以上财政部门组织实施本行政区域内的会计信息质量检查，并依法对本行政区域内单位或人员的违法会计行为实施行政处罚

C. 财政部组织实施全国会计师事务所的执业质量检查，并对违反《注册会计师法》的行为实施行政处罚

D. 县级以下人民政府财政部门组织实施本行政区域内的会计师事务所执业质量检查，并依法对本行政区域内的会计师事务所或注册会计师违反《注册会计师法》的行为实施行政处罚

10. 财政部门对获准进入会计市场的机构和人员，是否遵守各项法律法规，依据相关准则、制度和规范执行业务的过程及结果所进行的监督和检查，称之为（　）。

A. 会计市场退出管理

B. 会计市场运行管理

C. 会计市场准入管理

D. 会计市场培训管理

11. 财政部门在会计人员管理中的工作职责不包括（　）。

A. 会计从业资格管理

B. 会计专业技术职务资格管理

C. 追究违法会计人员的刑事责任

D. 会计人员继续教育管理

12. 下列各项中，属于会计行政法规的是（　）。

A.《中华人民共和国会计法》

B.《企业会计制度》

C.《总会计师条例》

D.《金融企业会计制度》

二、多项选择题

1. 根据《会计法》的规定，伪造、变造、隐匿或故意销毁会计资料的行政责任包括（　）。

A. 通报

B. 责令限期改正

C. 罚款和行政处分

D. 吊销会计从业资格证

2. 下列各项中，在会计违法行为中属于不依法设置会计账簿的行为包括(　)。

A. 私设会计账簿

B. 向不同的会计资料使用者提供的财务会计报告编制依据不一致

C. 应当设置会计账簿但没有设置

D. 未按照规定种类、形式及要求设置会计账簿

3. 下列属于违反《会计法》，应承担法律责任的行为有(　)。

A. 不依法设置会计账簿的

B. 为提高会计信息质量而变更会计处理方法的

C. 私设会计账簿的

D. 任用会计人员不符合《会计法》规定的

4. 下列有关记账本位币的基本规定中，说法正确的有(　)。

A. 业务收支以人民币以外的货币为主的单位，可以选人民币以外的货币作为记账本位币

B. 以人民币以外的货币为主的单位，在编制财务会计报告时，可以以人民币以外的货币反映

C. 业务收支以人民币以外的货币为主的单位，必须选人民币作为记账本位币

D. 以人民币以外的货币为主的单位，在编制财务会计报告时，应当折算为人民币反映

5. 下列各项中，应当在单位对外提供的财务会计报告上签名并盖章的有(　)。

A. 单位负责人

B. 总会计师

C. 会计机构负责人

D. 单位内部审计人员

6. 下列属于企业资本的有(　)。

A. 实收资本

B. 盈余公积

C. 未分配利润

D. 资本公积

7. 下列各项中，属于变造会计凭证行为的有(　)。

A. 某公司为一客户虚开假发票一张，并按票面金额的10%收取好处费

B. 某业务员将购货发票上的金额50万元，用“消字灵”修改为80万元报账

C. 企业某现金出纳将一张报销凭证上的金额7000元涂改为9000元

D. 购货部门转来一张购货发票，原金额计算有误，出票单位已作更正并加盖出票单位公章

8. 下面情形中，属于注册会计师协会职责的有(　)。

A. 组织实施注册会计师全国统一考试

B. 制定行业自律管理规范，对违反行业自律管理规范的行为予以惩戒

C. 编辑出版会计刊物、专著、资料

D. 拟订注册会计师执业准则、规则，监督、检查实施情况

9. 下列关于会计人才评价的表述中，正确的有(　)。

A. 会计专业技术资格考试是会计人才评价的一种方式，主要用于对初级、中级、高级会计人才的评价

B. 会计领军人才培训是适应我国当前经济发展的一种新的会计人才评价方式

C. 对先进会计工作者的表彰奖励属于会计人才评价的范畴

D. 会计人员在考取相关职称后，无需再参加继续教育

10. 会计准则制度及相关标准规范主要包括企事业单位的( )。

A. 会计准则　　B. 会计制度

C. 内部控制规范　　D. 会计信息标准化

11. 国家统一的会计制度是指国务院财政部门根据《会计法》制定的关于会计核算、( )的制度，包括部门规章和规范性文件。

A. 会计监督　　B. 会计机构和会计人员

C. 法律责任　　D. 会计工作管理

三、判断题

1. 对单位未按照规定保管会计资料，致使会计资料毁损、灭失的行为，其中违法情节严重的会计人员，由省级以上人民政府财政部门吊销其会计从业资格证书。( )

2. 某单位私设会计账簿，被财政部门责令限期改正并罚款5000元，之后该单位又再次私设会计账簿，财政部门再次查出，由于是重犯，决定加重处罚，作出罚款8000元的处罚。( )

3. 报名参加会计专业技术资格考试的人员，必须具备会计从业资格，持有会计从业资格证书。( )

4. 代理记账机构为委托人编制的财务会计报告，只需经委托人签名并盖章后，就可以对外提供。( )

5. 注册会计师承办会计咨询、服务业务，包括：代理申请工商登记，拟订合同、章程和其他业务文件；验证企业资本，出具验资报告。( )

6. 财政部门在实施会计监督中发现重大违法嫌疑时，可以向与被监督单位有经济业务往来的单位和被监督单位开立账户的金融机构查询有关情况。( )

7. 单位内部会计监督是指为了保护单位资产的安全、完整，保证其经营活动符合国家法律、法规和内部有关管理制度，提高经营管理水平和效率，而在单位内部采取的一系列相互制约、相互监督的制度和方法。( )

8. 在我国企业可根据自身情况划分会计年度，但一经采用后不得随意变动。( )

9.《会计法》规定，会计账簿登记，必须以经过审核的记账凭证为依据，并符合有关法律、行政法规和国家统一的会计制度的规定。( )

10. 国家机关、社会团体、企业、事业单位、其他组织和公民个人，都应当设置会计账簿，进行会计核算。( )

11. 原始凭证开具单位对填制有误的原始凭证，负有更正和重新开具的法律义务，不得拒绝。( )

12. 经济事项又称经济交易，是指单位与其他单位和个人之间发生的各种经济利益交换，如产品销售。( )

13. 伪造会计资料，是指用涂改、挖补等手段来改变会计凭证的真实内容，歪曲事实真相

的行为。( )

14. 单位负责人与会计人员之间对会计行为和会计资料质量的责任划分，应是单位内部的委托授权关系，由单位负责人通过制定内部规章制度予以明确并督促落实。( )

15. 单位会计机构负责人对本单位的会计工作和会计资料的真实性、完整性负责。( )

16. 中国会计学会是由全国会计领域各类专业组织及个人自愿结成的学术性、专业性、营利性社会组织。( )

17. 国务院财政部门和各省、自治区、直辖市人民政府财政部门，依法对注册会计师、会计师事务所、注册会计师协会、会计学会进行监督、指导。( )

18. 会计法律是指调整经济生活中某些方面会计关系的法律。( )

四、案例分析题

1. 长盛国有食品加工企业 2010 年发生以下事项：

(1)1 月，该企业新领导班子上任后，作出了精简内设机构等决定，将会计科撤并到企业管理办公室(以下简称“企管办”)，同时任命企管办主任王某兼任会计主管人员。会计科撤并到企管办后，会计工作分工如下:原会计科会计继续担任会计;原企管办工作人员王某的女儿担任出纳工作。企管办主任王某自参加工作后一直从事文秘工作，为了使王某尽快胜任会计主管工作岗位，企业同意王某脱产半年参加会计培训班，并参加 2011 年会计从业资格考试。

(2)2 月，原会计科长与王某办理会计工作交接手续，人事科长进行监交。

(3)6 月，档案科会同企管办对企业会计档案进行了清理，编造会计档案销毁清册，将保管期已满的会计档案按规定程序全部销毁，其中包括一些保管期满但尚未结清债权债务的原始凭证。

根据材料，选择下列符合题意的选项：

(1)一个单位是否单独设置会计机构，应当考虑的因素包括( )。

A. 单位规模的大小

B. 单位负责人的决定

C. 经济业务和财务收支的繁简

D. 经营管理的要求

(2)企管办主任王某兼任会计主管人员，对此下列表述正确的有( )。

A. 企管办主任王某可以兼任会计主管人员

B. 企管办主任王某不能兼任会计主管人员

C. 担任单位会计主管人员的，取得会计从业资格证书外，还应当具备助理会计师以上专业技术职务资格或者从事会计工作三年以上经历

D. 担任单位会计主管人员的，取得会计从业资格证书外，还应当具备会计师以上专业技术职务资格或者从事会计工作三年以上经历

(3)王某女儿担任出纳工作，这一行为( )。

A. 不符合规定，会计主管人员的直系亲属不得在本单位会计机构中担任出纳工作

B. 符合规定，会计主管人员的直系亲属不得在本单位会计机构中担任会计工作

C. 符合规定，单位负责人的直系亲属不得在本单位会计机构中担任出纳工作

D. 符合规定，单位负责人的直系亲属不得在本单位会计机构中担任会计工作

(4)会计主管人员办理交接手续时，由( )负责监交。

A. 单位负责人

B. 会计机构负责人

C. 总会计师

D. 会计主管人员

(5)关于会计档案的销毁，下列表述不正确的是(　)。

A. 对于保管期满但未结清债权债务的原始凭证不得销毁

B. 对于保管期满但未结清债权债务的原始凭证也可以销毁

C. 会计档案销毁清册为永久保存

D. 会计档案销毁清册保存期限为 25 年

2. 龙腾商贸有限责任公司为国有企业，2010 年 6 月，该公司会计科长江某将其侄女小江调到公司担任出纳工作，小江已取得会计从业资格。7 月，小江调到一家外贸公司财务部工作，调离前与接任的小张自行办理了会计工作交接手续。小张接替出纳工作后，另设置了现金日记账和银行存款日记账。9 月，A 公司向龙腾公司购买了一批总价款为 30 万元人民币的货物，龙腾公司收到货款后，小张为 A 公司开具了收款发票，在填写发票时将 30 万元误填为 3 万元，A 公司发现后，交给小张进行了更改并加盖了单位印章。

根据材料，选择下列符合题意的选项：

(1)下列单位中，不用实行会计人员回避制度的有(　)。

A. 国家机关

B. 国有企业

C. 民营企业

D. 事业单位

(2)小江担任龙腾公司出纳工作，对此下列表述正确的有(　)。

A. 小江已取得会计从业资格，可以在该单位担任出纳

B. 小江不属于需要回避的直系亲属范围

C. 单位会计机构负责人、会计主管人员的直系亲属不得在本单位会计机构中担任出纳工作

D. 单位领导人的直系亲属不得担任本单位的出纳

(3)一般会计人员交接，由单位(　)负责监交。

A. 会计机构负责人

B. 会计主管人员

C. 单位负责人

D. 总会计师

(4)小张接替出纳工作后，另设置了现金日记账和银行存款日记账，对此下列表述正确的有(　)。

A. 小张不能另行设置现金日记账和银行存款日记账

B. 小张可以另行设置现金日记账和银行存款日记账

C. 接替人员应当继续使用移交的会计账簿，不得自行另立新账

D. 接替人员可以选择是否继续使用移交的会计账簿，还是自行另立新账

(5)原始凭证有错误的，下列表述错误的有(　)。

A. 原始凭证有错误的，应当由出具单位重开或更正，更正处应当加盖出具单位印章

B. 原始凭证有错误的，应当由接收单位重开或更正，更正处应当加盖接收单位印章
C. 原始凭证金额有错误的，应当由出具单位重开，不得在原始凭证上更正
D. 原始凭证金额有错误的，也可以由出具单位在原始凭证上更正

答案解析

一、单项选择题

1.【正确答案】D

【答案解析】本题考核内部会计监督制度的基本要求。记账与经济业务事项和会计事项的审批、经办人员、财务保管为不相容职务，其职责权限应当明确，并相互分离、相互制约。

2.【正确答案】D

【答案解析】本题考核记账本位币。我国会计核算以人民币为记账本位币。业务收支以人民币以外的货币为主的单位，可以选定其中一种货币作为记账本位币。

3.【正确答案】D

【答案解析】本题考核会计档案的销毁。

4.【正确答案】B

【答案解析】本题考核财务会计报告的对外提供。根据规定，企业的年度财务会计报告应当于年度终了后 4 个月内对外提供。

5.【正确答案】B

【答案解析】本题考核记账凭证的填制。根据《会计基础工作规范》的规定，更正错误的记账凭证可以不附原始凭证。不同内容和类别的原始凭证不得汇总在一张记账凭证上。一张原始凭证所列支出需要几个单位共同负担的，应当将其他单位负担的部分，开给对方原始凭证分割单进行结算，而不应该用复印件代替。如果在填制记账凭证时发生错误，应当重新填制。

6.【正确答案】B

【答案解析】本题考核会计核算内容。

7.【正确答案】A

【答案解析】本题考核会计工作管理体制。单位负责人主要包括两类人员：(1)单位的法定代表人；(2)按照法律、行政法规规定代表单位行使职权的负责人。

8.【正确答案】D

【答案解析】本题考核会计工作的自律管理。注册会计师协会是由注册会计师组成的社会团体。中国注册会计师协会组织实施对我国的注册会计师行业的自律管理。

9.【正确答案】D

【答案解析】本题考核会计监督检查。省、自治区、直辖市人民政府财政部门组织实施本行政区域内的会计师事务所执业质量检查，并依法对本行政区域内的会计师事务所或注册会计师违反《注册会计师法》的行为实施行政处罚。

10.【正确答案】B

【答案解析】本题考核会计市场管理。财政部门对获准进入会计市场的机构和人员，是否遵守各项法律法规，依据相关准则、制度和规范执行业务的过程及结果所进行的监督和检查是会计运行管理的内容。

11.【正确答案】C

【答案解析】本题考核财政部门的工作职责。

12.【正确答案】C

【答案解析】本题考核会计行政法规。《总会计师条例》属于会计行政法规。

二、多项选择题

1.【正确答案】ACD

【答案解析】本题考核伪造、变造、隐匿或故意销毁会计资料的行政责任。根据《会计法》的规定，伪造、变造、隐匿或故意销毁会计资料的行政责任包括通报、罚款、行政处分、吊销会计从业资格证。

2.【正确答案】CD

【答案解析】本题考核不依法设置会计账簿的行为。选项AB与“不依法设置会计账簿”的违法行为属于并列地位，不包含其中。

3.【正确答案】ACD

【答案解析】本题考核违反会计制度规定的法律责任。根据《会计法》规定，应承担法律责任的违法会计行为包括:(1)不依法设置会计账簿的行为。是指违反《会计法》和国家统一的会计制度的规定，应当设置会计账簿的单位不设置会计账簿或者未按规定的种类、形式及要求设置会计账簿的行为。(2)私设会计账簿的行为。是指不在依法设置的会计账簿上对经济业务事项进行统一会计核算，而另外私自设置会计账簿进行会计核算的行为，即常说的“账外账”。(3)未按照规定填制、取得原始凭证或者填制、取得的原始凭证不符合规定的行为。(4)以未经审核的会计凭证为依据登记会计账簿或者登记会计账簿不符合规定的行为。(5)随意变更会计处理方法的行为。(6)向不同的会计资料使用者提供的财务会计报告编制依据不一致的行为。(7)未按照规定使用会计记录文字或者记账本位币的行为。(8)未按照规定保管会计资料，致使会计资料损毁、灭失的行为。(9)未按照规定建立并实施单位内部会计监督制度，或者拒绝依法实施的监督，或者不如实提供有关会计资料及有关情况的行为。(10)任用会计人员不符合《会计法》规定的行为。

4.【正确答案】AD

【答案解析】本题考核有关记账本位币的规定。根据规定，业务收支以人民币以外的货币为主的单位，可以选定其中一种货币作为记账本位币，但是编报的财务会计报告应当折算为人民币。

5.【正确答案】ABC

【答案解析】本题考核财务会计报告的对外提供。对外报送的财务报告，需经单位负责人、主管会计工作的负责人、会计机构负责人(会计主管人员)签名并盖章。设置总会计师的，还应由总会计师签名并盖章。

6.【正确答案】ABCD

【答案解析】本题考核会计核算的内容。

7.【正确答案】BC

【答案解析】本题考核变造会计凭证的定义。变造会计凭证的行为，是指采取涂改、挖补以及其他方法改变会计凭证真实内容的行为。

8.【正确答案】ABD

【答案解析】本题考核会计工作自律管理组织。选项 C 是中国会计学会的职责。

9.【正确答案】ABC

【答案解析】本题考核会计人才的评价。

10.【正确答案】ABCD

【答案解析】本题考核会计准则制度及相关标准规范。会计准则制度及相关标准规范主要包括企事业单位的会计准则、会计制度、内部控制规范、会计信息标准化。

11.【正确答案】ABD

【答案解析】本题考核国家统一的会计制度。国家统一的会计制度是指国务院财政部门根据《会计法》制定的关于会计核算、会计监督、会计机构和会计人员以及会计工作管理的制度，包括部门规章和规范性文件。

三、判断题

1.【正确答案】错

【答案解析】本题考核违反会计法的法律责任。根据规定，对单位未按照规定保管会计资料，致使会计资料毁损、灭失的行为，对违法情节严重的会计人员，由县级以上人民政府财政部门吊销其会计从业资格证书。

2.【正确答案】对

【答案解析】本题考核行政处罚。

3.【正确答案】对

【答案解析】本题考核会计专业技术资格。

4.【正确答案】错

【答案解析】本题考核代理记账。代理记账机构对外提供的财务会计报告，需经代理记账机构负责人和委托人签名并盖章后对外提供。

5.【正确答案】错

【答案解析】本题考核注册会计师及其所在的会计师事务所业务范围。不包括代理申请工商登记。

6.【正确答案】对

【答案解析】本题考核财政部门会计监督的相关规定。根据规定，国务院财政部门及其派出机构发现重大违法嫌疑时，可以向与被监督单位有经济业务往来的单位和被监督单位开立账户的金融机构查询有关情况，有关单位和金融机构应当给予支持。

7.【正确答案】对

【答案解析】本题考核单位内部会计监督。

8.【正确答案】错

【答案解析】本题考核会计年度的划分。我国采用公历年度，即从每年的 1 月 1 日至 12 月 31 日为一个会计年度。

9.【正确答案】错

【答案解析】本题考核会计账簿的登记。会计账簿登记，必须以经过审核的会计凭证为依据，并符合有关法律、行政法规和国家统一的会计制度的规定。

10.【正确答案】错

【答案解析】本题考核设立会计账簿的主体。根据规定，国家机关、社会团体、企业、事业单位和其他组织，要按照要求设置会计账簿，进行会计核算。不具备建账条件的，应实行代理记账。

11.【正确答案】对

【答案解析】本题考核原始凭证开具单位的义务。根据《会计法》规定，原始凭证记载的各项内容均不得涂改；原始凭证有错误的，应当由出具单位重开或者更正，更正处应加盖出具单位的公章。原始凭证金额有错误的，应当由出具单位重开，不得在原始凭证上更正。

12.【正确答案】错

【答案解析】本题考核经济业务。“经济业务”又称经济交易，是指单位与其他单位或个人之间发生的各种经济利益交换。

13.【正确答案】错

【答案解析】本题考核伪造会计凭证的含义。伪造会计资料，是指以虚假的经济业务事项为前提编造不真实的会计凭证、会计账簿及其他会计资料。

14.【正确答案】错

【答案解析】本题考核本单位内部会计管理。单位负责人负责单位内部的会计工作管理，并对单位的会计工作和会计资料的真实性和完整负责；不能通过制定规章制度而免责。

15.【正确答案】错

【答案解析】本题考核单位会计工作管理。单位负责人对本单位的会计工作和会计资料的真实性、完整性负责。

16.【正确答案】错

【答案解析】本题考核会计工作的自律管理。中国会计学会是由全国会计领域各类专业组织及个人自愿结成的学术性、专业性、非营利性社会组织。

17.【正确答案】错

【答案解析】本题考核政府监督。《注册会计师法》第五条国务院财政部门和省、自治区、直辖市人民政府财政部门，依法对注册会计师、会计师事务所和注册会计师协会进行监督、指导。是不包括会计学会的。

18.【正确答案】错

【答案解析】本题考核会计行政法规。会计行政法规才是调整经济生活中某些方面会计关系的法律规范。

四、案例分析题

1.(1)【正确答案】ACD

【答案解析】本题考核会计机构的设置。一个单位是否单独设置会计机构，往往取决于以下因素：一是单位规模的大小；二是经济业务和财务收支的繁简；三是经营管理的要求。

(2)【正确答案】BD

【答案解析】本题考核会计机构负责人的任职资格。担任单位会计机构负责人(会计主管人员)的，除取得会计从业资格证书外，还应当具备会计师以上专业技术职务资格或者从事会计工作三年以上经历。

(3)【正确答案】A

【答案解析】本题考核会计人员回避制度。根据规定，会计机构负责人、会计主管人员的直系亲属不得在本单位会计机构中担任出纳工作。

(4)【正确答案】A

【答案解析】本题考核会计人员的工作交接。根据规定，会计机构负责人(会计主管人员)办理交接手续时，由单位负责人负责监交。

(5)【正确答案】BD

【答案解析】本题考核会计档案的销毁。根据规定，对于保管期满但未结清债权债务的原始凭证不得销毁，而应当单独抽出立卷，保管到未了事项完结时为止。会计档案销毁清册为永久保存。

2. (1)【正确答案】C

【答案解析】本题考核会计人员回避制度。国家机关、国有企业、事业单位任用会计人员应当实行回避制度。

(2)【正确答案】C

【答案解析】本题考核会计人员回避制度。需要回避的直系亲属:夫妻关系、直系血亲关系、三代以内旁系血亲以及近亲关系。小江属于三代以内旁系血亲，应当回避，不能在本单位担任出纳。

(3)【正确答案】AB

【答案解析】本题考核会计人员的工作交接。一般会计人员交接，由单位会计机构负责人、会计主管人员负责监交。

(4)【正确答案】AC

【答案解析】本题考核会计人员的工作交接。根据规定:接替人员应当继续使用移交的会计账簿，不得自行另立新账，以保持会计记录的连续性。

(5)【正确答案】BD

【答案解析】本题考核会计凭证的相关内容。原始凭证有错误的，应当由出具单位重开或更正，更正处应当加盖出具单位印章;原始凭证金额有错误的，应当由出具单位重开，不得在原始凭证上更正。

项目二　支付结算法律制度应用

任务一　支付结算认知

实训目标

☞ 了解支付结算的概念、特征、种类及支付结算办理的基本要求。

☞ 能按照票据和结算凭证填写的基本要求填写收款人名称、出票日期、金额等信息。

一、支付结算的基本认知

知识准备

<table>
<tr><td>概念</td><td colspan="2">支付结算是指单位、个人在社会经济活动中使用票据等各种结算方式，通过银行进行货币给付及其资金清算的行为，其主要功能是完成资金从一方向另一方的转移。银行以及单位和个人（含个体工商户）是办理支付结算的主体。银行是支付结算和资金清算的中介机构。</td></tr>
<tr><td rowspan="5">特征</td><td>必须通过中国人民银行批准的金融机构进行</td><td>银行是支付结算和资金清算的中介机构。未经中国人民银行批准的非银行金融机构和其他单位不得作为中介机构经营支付结算业务。但法律、行政法规另有规定的除外。</td></tr>
<tr><td>是一种要式行为</td><td>票据和结算凭证必须符合法定形式，单位、个人和银行办理支付结算，必须使用按中国人民银行统一规定印制的票据凭证和统一规定的结算凭证；未使用按中国人民银行统一规定印制的票据，票据无效；未使用中国人民银行统一规定格式的结算凭证，银行不予受理。</td></tr>
<tr><td>发生取决于委托人的意志</td><td>当事人对在银行的存款有自己的支配权。银行对单位、个人在银行开立存款账户的存款，除国家法律、行政法规另有规定外，不得为任何单位或者个人查询；除国家法律另有规定外，银行不代任何单位或个人冻结、扣款，不得停止单位、个人存款的正常支付。</td></tr>
<tr><td>统一管理和分级管理相结合</td><td></td></tr>
<tr><td>必须依法进行</td><td></td></tr>
</table>

操作练习

【训1－1·多选题】狭义的支付结算是指单位、个人在社会经济活动中使用（　）等支付手段进行货币给付及资金清算的行为。

A. 现金　B. 票据　C. 信用卡　D. 汇兑

【答案】BCD

【解析】狭义的支付结算不包括现金的支付方式。

【训1－2·单选题】根据《支付结算办法》第二十条规定，（　）负责制定统一的支付结算制度、组织、协调、管理、监督全国的支付结算工作，调解、处理银行之间的支付结算纠纷。

A. 中国人民银行总行

B. 中国人民银行总行及各省、自治区和直辖市分行

C. 中国人民银行总行及各级分支机构

D. 中国人民银行总行及各商业银行总行

【答案】A

二、支付结算的基本原则、主要支付工具、法律依据

知识准备

基本原则	恪守信用，履约付款	收付双方的契约行为
	谁的钱进谁的账，由谁支配	银行对存款人的资金，除法律法规另有规定外，必须由其自主支配，银行无权在未经存款人授权或委托的情况下，擅自动用存款人在银行账户里的资金。
	银行不垫款	银行是办理支付结算业务的中介机构，而非支付结算当事人，银行资金与客户资金应当严格区分开来，不能混淆。
主要支付工具	“三票一卡”	“三票一卡”是指汇票、本票、支票和信用卡。
	三种结算方式	三种结算方式包括汇兑、托收承付和委托收款。
主要法律依据	现行的主要法律依据有:《票据法》、《票据管理实施办法》、《支付结算管理办法》、《中国人民银行银行卡业务管理办法》、《人民币银行结算账户管理办法》、《电子支付指引(第一号)》等等。	

操作练习

【训1－3·判断题】银行在办理结算过程中，必要时可为结算当事人垫付部分款项。（　）

【答案】×

【解析】支付结算的基本原则之一为银行不垫款。

【训1－4·多选题】下列各项中，属于支付结算时应遵循的原则有（　）。

A. 恪守信用，履约付款原则

B. 谁的钱进谁的账，由谁支配原则
C. 银行不垫款原则
D. 存款信息保密原则
【答案】ABC
【解析】存款信息保密原则是银行结算账户管理的原则。

三、办理支付结算的要求

(一)办理支付结算的基本要求

知识准备

支付结算通过人民银行批准的金融机构进行	
支付结算原则上应通过依法在银行开立的结算账户进行	单位、个人和银行应当依法开立、使用账户。除另有规定外，在银行开立存款账户的单位和个人办理支付结算，账户内须有足够的资金保证支付；除国家法律、行政法规另有规定外，银行不得为任何单位或者个人查询账户情况，不得为任何单位或者个人冻结、扣划款项，不得停止单位、个人存款的正常支付。
办理支付结算必须使用中国人民银行统一印制的票据凭证和结算凭证	未使用按中国人民银行统一规定印制的票据，票据无效；未使用中国人民银行统一规定格式的结算凭证，银行不予受理。
票据和结算凭证上的签章和其他记载事项应当真实，不得伪造、变造。	
票据和结算凭证上的签章应当符合规定	(1)单位、银行在票据上的签章和单位在结算凭证上的签章，为该单位、银行的盖章“加”其法定代表人或其授权的代理人的签名或盖章。 (2)个人在票据和结算凭证上的签章，应为该个人本名的签名“或”盖章。 【提示】注意“或”和“并”的区别。

操作练习

【训1－5·判断题】单位、银行在票据上的签章，为该单位的盖章或者法定代表人或者其授权代理人的签名或者盖章。(　)

【答案】×

【解析】单位、银行在票据上的签章和单位在结算凭证上的签章，为该单位、银行的盖章加其法定代表人或其授权的代理人的签名或盖章。

(二)填写票据和结算凭证

知识准备

<table>
<tr><td rowspan="7">填写票据和结算凭证规范</td><td>收款人名称</td><td>单位和银行的名称应当记载全称或者规范化简称。规范化简称应当具有排他性和同一性。</td></tr>
<tr><td>“人民币”字样和符号规则</td><td>(1)中文大写金额数字前应标明“人民币”字样，大写金额数字应紧接“人民币”字样填写，不得留有空白。大写金额数字前未印“人民币”字样的，应加填“人民币”三字。
(2)阿拉伯小写金额数字前，应填写人民币符号“¥”。</td></tr>
<tr><td>金额的书写规则</td><td>(1)票据和结算凭证金额以中文大写和阿拉伯数字同时记载，二者必须一致，二者不一致的票据无效；二者不一致的结算凭证，银行不予受理。
(2)大写金额应用正楷或行书，不得用一、二(两)、三、四、五、六、七、八、九、十、廿、毛、另(或0)填写，不得自造简化字。
(3)如果金额书写中使用繁体字，也应受理。</td></tr>
<tr><td>“整(正)”字的添加规则</td><td>(1)中文大写金额数字到“元”为止的，在“元”之后，应写“整”(或“正”)字。
(2)在“角”之后，可以不写“整”(或“正”)字。例如¥35.5可以写为“人民币叁拾伍元伍角整”，也可以写为“人民币叁拾伍元伍角”。
(3)大写金额数字有“分”的，“分”后面不写“整”(或“正”)字。</td></tr>
<tr><td>出票日期的填写规则</td><td>(1)票据的出票日期必须使用中文大写。票据出票日期使用小写填写的，银行不予受理；大写日期未按要求规范填写的，银行可予受理，但由此造成损失的，由出票人自行承担。
(2)填写规则：①月为壹、贰和壹拾的，日为壹至玖和壹拾、贰拾和叁拾的，应在其前面加“零”。②日为拾壹至拾玖的，应在其前面加“壹”。如“1月15日”应写成零壹月壹拾伍日；“10月20日”应写成零壹拾月零贰拾日；“3月8日”则应写成叁月零捌日。</td></tr>
<tr><td>“零”的书写规则</td><td>阿拉伯小写金额数字中有“0”时，中文大写应按照汉语语言规律、金额数字构成和防止涂改的要求进行书写。
(1)阿拉伯数字中间有“0”时，中文大写金额要写“零”字。如¥1409.50，应写成人民币壹仟肆佰零玖元伍角。
(2)阿拉伯数字中间连续有几个“0”时，中文大写金额中间可以只写一个“零”字。如¥6007.14，应写成人民币陆仟零柒元壹角肆分。
(3)阿拉伯金额数字万位或元位是“0”，或者数字中间连续有几个“0”，万位、元位也是“0”，但千位、角位不是“0”时，中文大写金额中可以只写一个“零”字，也可以不写零字。如¥1680.32，应写成人民币壹仟陆佰捌拾元零叁角贰分，或者写成人民币壹仟陆佰捌拾元叁角贰分；又如¥107000.53，应写成人民币壹拾万柒仟元零伍角叁分，或者写成人民币壹拾万零柒仟元伍角叁分。
(4)阿拉伯金额数字角位是“0”，而分位不是“0”时，中文大写金额“元”后面应写“零”字。如¥16409.02，应写成人民币壹万陆仟肆佰零玖元零贰分；又如¥325.04，应写成人民币叁佰贰拾伍元零肆分。</td></tr>
<tr><td colspan="2">更改票据和结算凭证</td><td>(1)票据和结算凭证的金额、出票或签发日期、收款人名称不得更改，更改的票据无效；更改的结算凭证，银行不予受理。
(2)对票据和结算凭证上的其他记载事项，原记载人可以更改，更改时应当由原记载人在更改处签章证明。</td></tr>
</table>

操作练习

【训1-6·判断题】银行一律不得为任何单位或者个人查询账户情况，不得为任何单位或者个人冻结、扣划款项，不得停止单位、个人存款的正常支付。（ ）

【答案】×

【解析】该说法太绝对了，注意前提是“除国家法律、行政法规另有规定外”。

【训1-7·判断题】中文大写金额数字应用正楷或草书填写，不得自造简化字。（ ）

【答案】×

【解析】中文大写金额数字应用正楷或行书填写，不得自造简化字。

【训1-8·单选题】下列各项中，不符合票据和结算凭证填写要求的是（ ）。

A. 中文大写金额数字到“角”为止，在“角”之后没有写“整”字

B. 票据的出票日期使用阿拉伯数字填写

C. 阿拉伯小写金额数字前填写了人民币符号

D. 1月15日出票的票据，票据的出票日期栏填写为“零壹月壹拾伍日”

【答案】B

【解析】票据出票日期使用小写填写的，银行不予受理。

【训1-9·单选题】某单位于2012年10月19开出一张支票。下列有关支票日期的写法中，符合要求的是（ ）。

A. 贰零壹贰年拾月玖日

B. 贰零壹贰年壹拾月壹拾玖日

C. 贰零壹贰年零壹拾月拾玖日

D. 贰零壹贰年零壹拾月壹拾玖日

【答案】D

【训1-10·单选题】填写票据金额时，￥10056.00应写成（ ）。

A. 壹万零伍拾陆元

B. 人民币壹万零伍拾陆元整

C. 人民币壹万零零伍拾陆元整

D. 人民币一万零五拾六元整

【答案】B

【训1-11·多选题】下列各项中，表述正确的有（ ）。

A. 票据中的中文大写金额数字可以使用繁体字

B. 票据中的中文大写金额数字前应标明“人民币”字样

C. 票据的出票日期中文大写不规范银行也可以受理

D. 在票据的大写金额栏应预印固定的“仟、佰、拾、万、仟、佰、拾、元、角、分”字样

【答案】ABC

【解析】在票据和结算凭证大写金额栏内不得预印固定的“仟、佰、拾、万、仟、佰、拾、元、角、分”字样。

【训1-12·多选题】根据《支付结算办法》的规定，下列各项中，属于银行不予受理的有（ ）。

A. 更改金额的票据

B. 出票日期用小写填写的票据

C. 中文大写金额和阿拉伯数码不一致的票据

D. 中文大写出票日期未按要求填写的票据

【答案】ABC

【解析】中文大写出票日期未按要求填写的票据，银行可以受理，但由此造成的损失，由出票人自行承担。

【训 1－13 · 多选题】下列仅限于异地使用的结算方式有（　）。

A. 托收承付

B. 委托收款

C. 汇兑

D. 支票

【答案】AC

【解析】仅限于异地使用的结算方式有：托收承付、汇兑。汇票和委托收款同城和异地皆可。

任务二　现金管理法律应用

实训目标

☞ 了解现金的概念、使用范围，能做到不超额超范围使用现金。

☞ 能为企业核定库存现金限额。

☞ 能依据现金收支的基本要求管理收支现金。

☞ 能遵守现金核算的内部控制制度。

一、开户单位使用现金的范围

知识准备

<table>
<tr><td rowspan="8">使用现金的范围</td><td>（1）职工工资、津贴；</td></tr>
<tr><td>（2）个人劳务报酬；包括稿费和讲课费及其他专门工作报酬；</td></tr>
<tr><td>（3）根据国家规定颁发给个人的科学技术、文化艺术、体育等各种奖金；</td></tr>
<tr><td>（4）各种劳保、福利费用及国家规定的对个人的其他支出；</td></tr>
<tr><td>（5）向个人收购农副产品和其他物资的价款；</td></tr>
<tr><td>（6）出差人员必须随身携带的差旅费；</td></tr>
<tr><td>（7）结算起点（1000 元）以下的零星支出；结算起点的调整，由中国人民银行确定，报国务院备案；</td></tr>
<tr><td>（8）中国人民银行确定需要支付现金的其他支出。
因采购地点不固定，交通不便，生产或者市场急需，抢险救灾以及其他特殊情况必须使用现金的，开户单位应当向开户银行提出申请，由本单位财会部门负责人签字盖章，经开户银行审核后，予以支付现金。</td></tr>
<tr><td colspan="2">1. 除向个人收购农副产品和其他物资的价款以及出差人员必须随身携带的差旅费之外，开户单位支付给个人的款项中，支付现金每人一次不得超过 1000 元，超过限额部分，根据提款人的要求在指定的银行转为储蓄存款或以支票、银行本票支付。确需全额支付现金的，应经开户银行审查后予以支付。</td></tr>
<tr><td colspan="2">2. 开户单位从开户银行提取现金，应当写明用途，由本单位财会部门负责人签字盖章，经开户银行审核后，予以支付现金。</td></tr>
</table>

操作练习

【训2－1·多选题】下列事项中，单位开户银行可以使用现金的有(　)。

A. 发给公司甲某的800元奖金

B. 支付给公司临时工王某的2000元劳务报酬

C. 向农民收购农产品的1万元收购款

D. 出差人员出差必须随身携带的2000元差旅费

【答案】ACD

【训2－2·判断题】出差人员预借差旅费，1000元以下的可以预付给现金，超过部分应携带现金支票。(　)

【答案】×

【解析】出差人员预借差旅费，1000元以下或者1000元以上都可以使用现金。

二、现金使用的限额

知识准备

现金使用的限额	各开户单位的库存现金都要核定限额	该限额由开户行根据单位的实际需要核定，一般按照单位3至5天日常零星开支所需确定；边远地区和交通不发达地区的开户单位的库存现金限额，可按多于5天，但不得超过15天的日常零星开支的需要确定。
	限额调整	各开户单位的库存现金限额，由于生产或业务变化，需要增加或者减少时，应当向开户银行提出申请，经批准后再行调整。
	对没有在银行单独开立账户的处理	附属单位也要实行现金管理，必须保留的现金，也要核定限额，其限额包括在开户单位的库存限额之内。
	商业和服务行业的处理	商业和服务行业的找零备用现金也要根据营业额核定定额，但不包括在开户单位的库存现金限额之内。

操作练习

【训2－3·判断题】各单位现金收入应于次日送存银行；如次日确有困难，由开户银行确定送存时间。(　)

【答案】×

【解析】各单位现金收入应于当日送存银行；如当日确有困难，由开户银行确定送存时间。

【训2－4·多选题】关于现金管理中现金使用的限额，下列表述正确的是(　)。

A. 开户银行应当根据实际需要，核定开户单位3天至5天的日常零星开支所需的库存现金限额

B. 边远地区开户单位的库存现金限额，可以多于5天，但不得超过10天

C. 开户单位需要增加或减少库存现金限额的，应当向开户银行提出申请，由开户银行核定

D. 超市找零备用现金不属于库存现金限额，因此不需要核定

【答案】AC

【解析】选项 B，边远地区开户单位的库存现金限额，可以多于 5 天，但不得超过 15 天；选项 D，超市找零备用现金不属于库存现金限额，但是也是需要核定的。

三、现金收支的基本要求

知识准备

现金收支的基本要求	转账结算凭证具有与现金相同的支付能力	开户单位在销售活动中，不得对现金结算给予比转账结算优惠的待遇；不得拒收支票、银行汇票、银行本票和其他转账结算凭证。
	现金应当及时交存	开户单位现金收入应当于当日送存开户银行。当日送存确有困难的，由开户银行确定送存时间。
	现金账目的管理	1.“两应当”：(1)应当建立健全现金账目，逐笔记载现金支付；(2)应当做到日清月结、账款相符。 2.“七不准”：(1)不准用不符合财务会计制度的凭证顶替库存现金(白条抵库)；(2)不准单位之间相互借用现金；(3)不准谎报用途套用现金；(4)不准利用银行账户代其他单位和个人存入或者支取现金；(5)不准将单位收入的现金以个人名义储蓄；(6)不准保留账外公款(小金库)；(7)不准以任何票券代替人民币在市场上流通(变相发行货币)。
	严格控制坐支	1. 原则上不得坐支。开户单位支付现金，可以从本单位库存现金限额中支付或者从开户银行提取，不得从本单位的现金收入中坐支(直接支付)。 2. 因特殊情况需要坐支现金的，应当事先报经开户银行审查批准，由开户银行核定坐支范围和限额。坐支单位必须在现金账上如实反映坐支金额，并按月向开户银行报送坐支金额和使用情况。

四、建立健全现金核算与内部控制

知识准备

岗位分工	建立货币资金业务的岗位责任制，确保办理货币资金业务的不相容岗位相互分离、制约和监督。	单位负责人对本单位货币资金内部控制的建立健全和有效实施以及货币资金的安全完整负责。 (1)货币资金收支与记账的岗位应该分离。 (2)出纳人员不得兼任稽核、会计档案保管和收入、支出、费用、债权债务账目的登记工作。 (3)单位不得由一人办理货币资金业务的全过程。 (4)单位办理货币资金业务，应当配备合格的人员，并根据单位具体情况进行岗位轮换。
授权批准制度	对货币资金业务建立严格的授权批准制度，明确审批人对货币资金业务的授权批准方式、权限、程序、责任和相关控制措施。	(1)审批人应在授权范围内审批，不得超越审批权限。 (2)经办人应当在职责范围内，按照审批人的批准意见办理货币资金业务。如果审批人超越授权范围审批货币资金业务，经办人员有权拒绝办理，并及时向审批人的上级授权部门报告。 (3)单位对于重要货币资金支付业务，应当实行集体决策和审批，并建立责任追究制度，防止贪污、侵占、挪用货币资金的行为。 (4)严禁未经授权的机构或人员办理货币资金业务或直接接触货币资金。 (5)货币资金支付业务的办理程序为:①用款人支付申请;②审批人支付审批;③复核人支付复核;④出纳办理支付。
现金和银行存款的管理	1. 单位必须严格遵守现金管理、账户管理的有关规定，严格遵守银行结算纪律。 2. 单位借出款项必须执行严格的授权批准程序，严禁擅自挪用、借出货币资金。 3. 单位取得的货币资金收入必须及时入账，不得私设“小金库”，不得账外设账，严禁收款不入账。 4. 单位应当指定专人定期核对银行账户，每月至少核对一次，编制银行存款余额调节表，使银行存款账面余额与银行对账单调节相符。如调节不符，应查明原因，及时处理。 5. 单位应当定期和不定期地进行现金盘点，确保现金账面余额与实际库存相符;发现不符，及时查明原因，作出处理。	
票据及有关印章的管理	1. 单位应当加强与货币资金相关的票据的管理，明确各种票据的购买、保管、领用、背书转让、注销等环节的职责权限和程序，并专设登记簿进行记录，防止空白票据的遗失和被盗用。 2. 财务专用章应由专人保管，个人名章必须由本人或其授权人员保管;严禁一人保管支付款项所需的全部印章。	
货币资金监督检查	单位应当建立对货币资金业务的监督检查制度，主要包括: 1. 货币资金业务相关岗位及人员的设置情况。重点检查是否存在货币资金业务不相容、职务混岗的现象。 2. 货币资金授权批准制度的执行情况。重点检查货币资金支出的授权批准手续是否健全，是否存在越权审批行为。 3. 支付款项印章的保管情况。重点检查是否存在办理付款业务所需的全部印章交由一人保管的现象。 4. 票据的保管情况。重点检查票据的购买、领用、保管手续是否健全，票据保管是否存在漏洞。	

任务三　银行结算账户法律应用

实训目标

☞ 了解银行结算账户的概念和种类。

☞ 熟悉银行账户管理的基本原则，能主动遵循银行结算账户管理的基本原则。

☞ 熟悉银行账户开立、变更和撤销的程序和适用情形。

☞ 了解基本存款账户、一般存款账户、专用存款账户、临时存款账户、个人结算账户的概念、使用范围、开户要求，并能申请、开立、使用这些账户。

☞ 知道存款人和银行及有关人员违反账户管理制度的法律责任，主动遵守账户管理的规定。

一、银行结算账户的认知

知识准备

<table>
<tr><td>概念</td><td colspan="2">银行结算账户是指银行为存款人开立的办理资金收付结算的人民币活期存款账户。
“存款人”，是指在中国境内开立银行结算账户的单位和个人。
“银行”，是指在中国境内经中国人民银行批准经营支付结算业务的银行业金融机构，如政策性银行、商业银行（含外资独资银行、中外合资银行、外国银行分行）、城市信用合作社、农村信用合作社。</td></tr>
<tr><td rowspan="3">特点</td><td colspan="2">1. 办理人民币业务，与外币存款账户不同。</td></tr>
<tr><td colspan="2">2. 办理资金收付结算业务，与储蓄账户不同。</td></tr>
<tr><td colspan="2">3. 是活期存款账户，与单位定期存款账户不同。</td></tr>
<tr><td rowspan="8">分类</td><td rowspan="4">按用途分</td><td>1. 基本存款账户</td></tr>
<tr><td>2. 一般存款账户</td></tr>
<tr><td>3. 专用存款账户</td></tr>
<tr><td>4. 临时存款账户</td></tr>
<tr><td rowspan="2">按存款人分</td><td>1. 单位银行结算账户
存款人以单位名称开立的银行结算账户。个体工商户凭营业执照以字号或经营者姓名开立的银行结算账户纳入单位银行结算账户管理。</td></tr>
<tr><td>2. 个人银行结算账户
存款人凭个人身份证件以自然人名称开立的银行结算账户。个人因使用借记卡、信用卡在银行或邮政储蓄机构开立的银行结算账户，纳入个人银行结算账户管理。</td></tr>
<tr><td rowspan="2">按开户地分</td><td>1. 本地银行结算账户</td></tr>
<tr><td>2. 异地银行结算账户</td></tr>
</table>

操作练习

【训3－1·多选题】单位银行结算账户按用途分为(　)。

A. 基本存款账户

B. 一般存款账户

C. 专业存款账户

D. 临时存款账户

【答案】ABD

【解析】单位银行结算账户按用途不同，分为基本存款账户、一般存款账户、专用存款账户和临时存款账户。

二、银行结算账户管理应当遵守的基本原则

知识准备

账户管理应当遵守的基本原则	一个基本账户原则	单位银行结算账户的存款人只能在银行开立一个基本存款账户，不得多头开立基本存款账户。
	自主选择开立银行结算账户原则(双向选择)	存款人可以自主选择银行开立银行结算账户，除国家法律、行政法规和国务院有规定外，任何单位和个人不得强令存款人到指定银行开立银行结算账户；银行也可以自愿选择存款人。
	守法合规原则	银行结算账户的开立和使用应当遵守法律、行政法规，不得利用银行结算账户进行违法犯罪活动。
	存款信息保密原则	银行应依法为存款人的银行结算账户信息保密。对单位的账户信息，除国家法律、行政法规另有规定外，银行有权拒绝任何单位或个人查询。对个人的账户信息，除国家法律另有规定外，银行有权拒绝任何单位或个人查询。

三、银行结算账户的开立、变更和撤销

（一）银行结算账户的开立、变更

知识准备

<table>
<tr><td rowspan="3">开立</td><td>开立程序</td><td>（1）存款人提交申请
（2）开户行审查
（3）人民银行审核、核准（核准制）
（4）开户行办理开户手续
（5）银行结算账户的使用。存款人开立单位银行结算账户，自正式开立之日起3个工作日后，方可办理付款业务。但注册验资的临时存款账户转为基本存款账户和因借款转存开立的一般存款账户除外。</td><td>核准制：存款人开立基本存款账户、临时存款账户（因注册验资和增资验资开立的除外）、预算单位专用存款账户和QFII专用存款账户实行核准制。中国人民银行当地分支行应于2个工作日内对开户银行报送的开户资料的合规性予以审核，符合条件的，予以核准，颁发开户许可证；不符合条件的，应在开户申请书上签署意见，连同有关证明文件一并退回报送银行，由报送银行转送存款人。
备案制：其他账户，由存款人提出开户申请，银行审查后符合开立账户条件的，应办理开户手续，并于开户之日起5个工作日内向中国人民银行当地分支行备案。</td></tr>
<tr><td>预留签章</td><td colspan="2">（1）存款人为单位的，其预留的签章为该单位的公章或财务专用章加其法定代表人或其授权的代理人的签名或盖章。
（2）存款人为个人的，其预留签章为该个人的签名或盖章。</td></tr>
<tr><td>名称的一致性</td><td colspan="2">存款人申请开户的账户名称、开户证明文件上记载的存款人名称以及预留银行签章中的公章或财务专用章的名称一般应当一致。但是，在下列情况除外：
（1）因注册验资开立的临时存款账户，其账户名称为工商行政部门核发的“企业名称预先核准通知书”或政府有关部门批文中注明的名称，其预留银行签章中公章或财务专用章的名称应是存款人与银行在银行结算账户管理协议中约定的出资人名称。
（2）预留银行签章中公章或财务专用章的名称依法可使用简称的，账户名称应与其保持一致。
（3）没有字号的个体工商户开立的银行结算账户，其预留签章中公章或财务专用章应是个体户字样加营业执照上载明的经营者的签字或盖章。</td></tr>
<tr><td>变更</td><td colspan="3">1. 银行存款账户的存款人名称发生变更，但不改变开户银行及账号的，应于5个工作日内向开户银行提出银行结算账户的变更申请，并出具有关部门的证明文件。
2. 单位的法定代表人或主要负责人、住址以及其他开户资料发生变更时，应于5个工作日内书面通知开户银行并提供有关证明。
3. 银行接到存款人有关核准类银行账户的存款人名称、法定代表人或单位负责人的变更申请后，应在2个工作日内将存款人的“变更银行结算账户申请书”、开户许可证以及证明文件报送中国人民银行当地分支行。当地分支行对符合变更条件的，核准其变更申请，收回原开户许可证，颁发新的开户许可证；对不符合变更条件的，不核准其变更申请。</td></tr>
</table>

(二)银行结算账户的撤销

知识准备

<table>
<tr><td rowspan="4">撤销</td><td>应当撤销的情形</td><td colspan="2">1. 存款人有以下情形之一的，应向开户银行提出撤销银行结算账户的申请：被撤并、解散、宣告破产或关闭的；注销、被吊销营业执照的；因迁址需要变更开户银行的；其他原因需要撤销银行结算账户的。
2. 不得撤销的情形
存款人尚未清偿其开户银行债务的，不得申请撤销银行结算账户。
3. 未发生业务账户的撤销
开户银行对已开户1年，但未发生任何业务的账户，应通知存款人，自发出通知30日内到开户银行办理销户手续，逾期视同自愿销户。</td></tr>
<tr><td rowspan="3">银行结算账户撤销手续的办理</td><td>存款人主体资格终止后，银行结算账户撤销手续的办理</td><td>存款人主体资格终止的，应于5个工作日内向开户银行提出撤销账户的申请。存款人应当先撤销一般存款账户、专用存款账户、临时存款账户，将账户资金转入基本存款账户后，方可办理基本存款账户的撤销。
【提示】注意撤销的顺序。
存款人申请撤销基本存款账户的，基本存款账户的开户银行应自撤销账户之日起2个工作日内将该情况书面通知该存款人的其他开户银行；其他开户行应自收到通知之日起2个工作日内通知存款人撤销该账户；存款人应自收到通知之日起3个工作日内办理该账户的撤销。
银行得知存款人主体资格终止情况的，存款人超过规定期限未主动办理撤销银行结算账户手续的，银行有权停止其银行结算账户的对外支付。</td></tr>
<tr><td>因地址变更或其他原因需要变更开户银行，银行结算账户撤销手续的办理</td><td>银行在收到存款人撤销银行结算账户的申请后，对于符合销户条件的，应当在2个工作日内办理撤销手续。存款人需要重新开立基本存款账户的，应在撤销其原基本存款账户后10日内申请重新开立基本存款账户。存款人在申请重新开立基本存款账户时，除应根据开立基本存款账户的规定出具相关证明文件外，还应出具“已开立银行结算账户清单”。</td></tr>
<tr><td>办理银行结算账户撤销手续应当注意的事项</td><td>(1)存款人尚未清偿其开户银行债务的，不得申请撤销该账户。
(2)存款人撤销银行结算账户，必须与开户银行核对银行结算账户存款余额，交回各种重要空白票据及结算凭证和开户许可证，银行核对无误后方可办理销户手续。存款人未按规定交回各种重要空白票据及结算凭证的，应出具有关证明，造成损失的，由其自行承担。
(3)存款人应撤销而未办理销户手续的单位银行结算账户或银行对一年未发生收付活动且未欠开户银行债务的单位银行结算账户，应通知单位自发出通知之日起30日内办理销户手续，逾期视同自愿销户，未划转款项列入久悬未取专户管理。</td></tr>
</table>

操作练习

【训 3－2·多选题】根据人民币银行结算账户管理的有关规定，存款人申请开立的下列人民币银行结算账户中，应当报送中国人民银行当地分支行核准的有（　）。

A. 预算单位专用存款账户

B. 临时存款账户（不包括注册验资和增资开立的临时存款账户）

C. 个人存款账户

D. 异地一般存款账户

【答案】AB

【解析】根据《人民币银行结算账户管理办法》和《账户管理办法实施细则》的规定，存款人开立基本存款账户、临时存款账户（因注册验资和增资验资的除外）、预算单位开立专用银行存款账户和 QFII 专用存款账户实行核准制，经中国人民银行核准后颁发开户登记证。

【训 3－3·单选题】关于银行结算账户的变更与撤销，下列表述中不正确的是（　）。

A. 存款人更改名称但不更改开户银行及账号，应于 5 个工作日内向开户银行提出变更申请，并出具相关证明

B. 单位的法定代表人发生变更时，应于 3 个工作日内书面通知开户银行并提供有关证明

C. 存款人因注销、被吊销营业执照的，应于 5 个工作日内向开户银行提出撤销银行结算账户的申请

D. 存款人尚未清偿其开户银行债务的，不得申请撤销该银行结算账户

【答案】B

【解析】单位的法定代表人发生变更时，应于 5 个工作日内书面通知开户银行并提供有关证明。

【训 3－4·单选题】银行对一年内未发生收付活动的单位银行结算账户，应通知单位自发出通知之日起（　）内办理销户手续，逾期视同自愿销户。

A. 60 日　　B. 10 日　　C. 30 日　　D. 20 日

【答案】C

【解析】银行对一年内未发生收付活动的单位银行结算账户，应通知单位自发出通知之日起 30 日内办理销户手续，逾期视同自愿销户。

【训 3－5·单选题】东方公司因经营需要与农行某支行借款 200 万元，拟在农行再开立一个基本存款账户，银行为其开立了一般存款账户，公司于开户当日将借款金额划转至工行基本存款账户中，则下列说法中错误的为（　）。

A. 农行拒绝为其开立基本存款账户做法正确

B. 存款人开立单位银行结算账户，自正式开立之日起 3 个工作日后，方可办理付款业务

C. 企业于开户当日将借款金额划转至工行基本存款账户做法正确

D. 开立一般存款账户需要中国人民银行核准

【答案】D

【解析】选项 C 属于因借款转存开立的一般存款账户，因此可以在开户当日将借款金额划转至工行基本存款账户，故选项 C 正确。选项 D，存款人开立基本存款账户、临时存款账户（因注册验资和增资验资的除外）、预算单位开立专用银行存款账户和 QFII 专用存款账户实行

核准制，一般存款账户不需要核准。

四、基市存款账户

知识准备

基本存款账户	概念	基本存款账户是指存款人因办理日常转账结算和现金收付需要开立的银行结算账户。 基本存款账户是存款人的主办账户。该账户主要办理存款人日常经营活动的资金收付及其工资、奖金和现金的支取。
	使用范围	下列存款人可以申请开立基本存款账户：企业法人、机关、事业单位、社会团体、军队、武警部队（团级及以上）、居民社区委员会、民办非企业组织等。同时，有些单位虽然不是法人组织，但具有独立核算资格，有自主办理资金结算的需要，也允许其开立基本存款账户，主要包括非法人企业（如具有营业执照的企业集团下属的分公司）、外国驻华机构、单位设立的独立核算的附属机构（如单位附属独立核算的食堂、招待所、幼儿园）等。 【提示】这里的存款人不包括个人。
	开户要求	存款人申请开立基本存款账户，应向银行出具营业执照、登记证书、政府批文、开户证明等文件。 如果存款人为从事生产、经营活动纳税人的，还应出具税务部门颁发的税务登记证。税务登记证是指国税登记证或地税登记证。如果存款人为从事生产、经营活动的纳税人，根据国家有关规定无法取得税务登记证的，在申请开立基本存款账户时可不出具税务登记证。
	开立程序	（1）存款人申请开立基本存款账户时，应填制开户申请书，提供规定的证明文件； （2）银行应对开户申请书填写的事项和证明文件的真实性、完整性、合规性进行审查，并将审查后的上述文件和审核意见报送中国人民银行当地分支行； （3）中国人民银行应于2个工作日内对开户资料的合规性及唯一性进行审核，符合开户条件的，予以核准（不符合开户条件的，应在开户申请书上签署意见，连同有关证明文件一并退回报送银行）； （4）开立账户。 【提示】存款人只能在银行开立一个基本存款账户，其他银行结算账户的开立必须以基本存款账户的开立为前提，必须凭基本存款账户开户登记证办理开户手续。

操作练习

【训3－6・单选题】可以办理存款人工资、奖金等现金支取的存款账户是（ ）。

A. 基本存款账户　　B. 一般存款账户

C. 临时存款账户　　D. 专用存款账户

【答案】A

【解析】基本存款账户是指存款人因办理日常转账结算和现金收付需要开立的银行结算账户。

【训3－7·单选题】下列存款人中可以申请开立基本存款账户的有(　)。

A. 村民委员会

B. 单位设立的非独立核算的附属机构

C. 营级以上军队

D. 异地临时机构

【答案】A

【解析】选项B应是独立核算的附属机构；选项C应是团级以上军队；选项D应是异地常设机构。

五、一般存款账户

知识准备

一般存款账户	使用范围	一般存款账户是存款人因借款或其他结算需要，在基本存款账户开户银行以外的银行营业机构开立的银行结算账户。 一般存款账户用于办理存款人借款转存、借款归还和其他结算的资金收付。该账户可以办理现金缴存，但不得办理现金支取。
	开户要求	1. 开立资格。开立基本存款账户的存款人都可以开立一般存款账户，且没有数量限制。 2. 开立一般存款账户所需的证明文件。存款人申请开立一般存款账户，应向银行出具下列证明文件：(1)开立基本存款账户规定的证明文件；(2)基本存款账户开户许可证；(3)存款人因向银行借款需要，应出具借款合同；(4)存款人因其他结算需要，应出具有关证明。
	开立程序	存款人申请开立一般存款账户时，应填制开户申请书，提供规定的证明文件；银行应对开户申请书填写的事项和证明文件的真实件、完整性、合规性进行审查；符合条件的于开户之日起5个工作日内向中国人民银行当地分支行备案；自开立一般存款账户之日起3个工作日内书面通知基本存款账户开户银行。 【提示】开立一般存款账户，实行备案制，无需中国人民银行核准。

操作练习

【训3－8·单选题】一般存款账户不能办理的业务是(　)。

A. 借款转存　　B. 借款归还　　C. 现金缴存　　D. 现金支取

【答案】D

【解析】一般存款账户用于办理存款人借款转存、借款归还和其他结算的资金收付。该账户可以办理现金缴存，但不得办理现金支取。

【训3－9·多选题】下列关于支付结算的各项表述中，错误的有(　)。

A. 银行结算账户分为基本存款账户、一般存款账户、临时存款账户和储蓄存款账户

B. 存款人只能选择一家银行的一个营业机构开立一个一般存款账户

C. 存款人可以通过基本存款账户办理工资、奖金等现金的支取

D. 存款人可以通过一般存款账户办理工资、奖金等现金的支取

【答案】ABD

【解析】选项 A，银行结算账户分为基本存款账户、一般存款账户、临时存款账户和专用存款账户；选项 B，一般存款账户没有数量限制；选项 D，一般存款账户可以办理现金缴存，但不得办理现金支取。

【训 3 - 10 · 多选题】关于一般存款账户，下列表述正确的有（　）。

A. 一般存款账户应在基本存款账户开户银行以外的银行营业机构开立

B. 一般存款账户可以办理现金缴存，但不得办理现金支取

C. 开立一般存款账户的开户银行应于开户之日起 5 个工作日内报中国人民当地分支行核准

D. 开立一般存款账户的开户银行应于开户之日起 3 个工作日内电话通知基本存款账户开户银行

【答案】AB

【解析】选项 C，开立一般存款账户的开户银行应于开户之日起 5 个工作日内报中国人民当地分支行备案；选项 D，开立一般存款账户的开户银行应于开户之日起 3 个工作日内书面通知基本存款账户开户银行。

六、专用存款账户

知识准备

专用存款账户	定义	专用存款账户是指存款人按照法律、行政法规和规章，对有特定用途的资金进行专项管理和使用而开立的银行结算账户。
	使用规定	1. 单位银行卡账户的资金必须由其基本存款账户转账存入。该账户不得办理现金收付业务。 2. 财政预算外资金、证券交易结算资金、期货交易保证金和信托基金专用存款账户，不得支取现金。 3. 基本建设资金、更新改造资金、政策性房地产开发资金、金融机构存放同业资金账户需要支取现金的，应在开户时报中国人民银行当地分支行批准。 4. 粮、棉、油收购资金、社会保障基金、住房基金和党、团、工会经费等专用存款账户支取现金应按照国家现金管理的规定办理。 5. 收入汇缴账户除向其基本存款账户或预算外资金财政专用存款户划缴款项外，只收不付，不得支取现金。业务支出账户除从其基本存款账户拨入款项外，只付不收，其现金支取必须按照国家现金管理的规定办理。

续表

	开户要求	1. 开立专用存款账户的条件 对下列资金的管理与使用，存款人可申请开立专用存款账户：(1)基本建设资金；(2)更新改造资金；(3)财政预算外资金；(4)粮、棉、油收购资金；(5)证券交易结算资金；(6)期货交易保证金；(7)信托基金；(8)金融机构存放同业资金；(9)政策性房地产开发资金；(10)单位银行卡备用金；(11)住房基金；(12)社会保障基金；(13)收入汇缴资金和业务支出资金；(14)党、团、工会设在单位的组织机构经费；(15)其他。合格境外机构投资者在境内从事证券投资开立QFII专用存款账户。 2. 开立专用存款账户所需的证明文件 存款人申请开立专用存款账户，应向银行出具其开立基本存款账户规定的证明文件、基本存款账户开户许可证和主管部门批文或有关部门证明文件。合格境外机构投资者在境内从事证券投资开立QFII专用存款账户时，应出具国家外汇管理部门的批复文件和证券管理部门的证券投资业务许可证，但无须出具基本存款账户开户许可证。 【提示】同一个证明文件，只能开立一个专用存款账户。
	开立程序	开立专用存款账户的核准程序与基本存款账户的核准程序相同；如果属于预算单位专用存款账户之外的其他专用存款账户的，银行应办理开户手续，并于开户之日起5个工作日内向中国人民银行当地分支行备案。银行在办理专用存款账户开户手续时，应在其基本存款账户开户许可证上登记账户名称、账号、账户性质、开户银行、开户日期，并签章，自开立专用存款账户之日起3个工作日内书面通知基本存款账户开户银行。 【提示】存款人开立基本存款账户、临时存款账户(因注册验资和增资验资开立的除外)、预算单位专用存款账户和QFII专用存款账户实行核准制。

操作练习

【训3－11·判断题】《人民币银行结算账户管理办法》规定存款人的收入汇缴账户除向基本存款账户或预算外资金财政专用存款账户划缴款项外，也可以办理其他转账结算业务，不得支取现金。(　)

【答案】×

【解析】《人民币银行结算账户管理办法》规定，收入汇缴账户除向基本存款账户或预算外资金财政专用存款账户划缴款项外，只收不付，不得支取现金。

【训3－12·多选题】存款人对下列资金的管理与使用可以申请开立专用存款账户的有(　)。

A. 财政预算外资金　　B. 住房基金

C. 基本建设资金　　D. 社会保障基金

【答案】ABCD

【训3－13·多选题】下列专用存款账户中，不得支取现金的账户为(　)。

A. 基本建设资金　　B. 单位银行卡账户

C. 财政预算外资金　　D. 党、团、工会经费专用存款

【答案】BC

七、临时存款账户

知识准备

<table>
<tr><td rowspan="5">临时存款账户</td><td>概念</td><td>是存款人因临时需要并在规定期限内使用而开立的银行结算账户。临时存款账户用于办理临时机构以及存款人临时经营活动发生的资金收付。</td></tr>
<tr><td>使用范围</td><td>包括下列情况:
(1)设立临时机构(工程指挥部、筹备领导小组、摄制组等);
(2)异地临时经营活动(建筑施工及安装单位等在异地的临时经营活动);
(3)注册验资;
(4)境外(含港澳台地区)机构在境内从事经营活动等。</td></tr>
<tr><td>开户要求</td><td>存款人为临时机构的,只能在其驻在地开立一个临时存款账户,不得开立其他银行结算账户;存款人在异地从事临时活动的,只能在其临时活动地开立一个临时存款账户;建筑施工及安装企业在异地同时承建多个项目的,可以根据合同开立不超过项目合同个数的临时存款账户。
存款人申请开立临时存款账户,应向银行出具相关证明文件:
(1)临时机构,应出具其驻在地主管部门同意设立临时机构的批文。
(2)异地建筑施工及安装单位,应出具其营业执照正本或其隶属单位的营业执照正本,以及施工及安装地建设主管部门核发的许可证或建筑施工及安装合同。
(3)异地从事临时经营活动的单位,应出具其营业执照正本以及临时经营地工商行政管理部门的批文。
(4)注册验资资金,应出具工商行政管理部门核发的企业名称预先核准通知书或有关部门的批文。
其中第(2)、(3)项还应当出具其基本存款账户开户登记证。</td></tr>
<tr><td>开立程序</td><td>开立临时存款账户的核准程序与基本存款账户的核准程序相同。
银行在办理临时存款账户开户手续时,同时应在其基本存款账户开户许可证上登记账户名称、账号、账户性质、开户银行、开户日期,并签章。但临时机构和注册验资需要开立的临时存款账户除外。
银行自开立临时存款账户之日起 3 个工作日内应书面通知基本存款账户开户银行。</td></tr>
<tr><td>注意的问题</td><td>(1)临时存款账户应根据有关开户证明文件确定的期限或存款人的需要确定其有效期限。临时存款账户的有效期最长不得超过 2 年。
(2)临时存款账户支取现金,应按照国家现金管理的规定办理。
(3)注册验资的临时存款账户在验资期间只收不付,注册验资资金的汇缴人应与出资人的名称一致。</td></tr>
</table>

操作练习

【训 3－14·多选题】下列(　)情况下,存款人可以申请开立临时存款账户。

A. 注册验资　　B. 缴纳住房基金

C. 异地临时经营活动　　D. 支付职工差旅费

【答案】AC

【训 3 - 15 · 单选题】存款人不得申请开立临时存款账户的情形是(　)。

A. 设立临时机构　　B. 异地临时经营活动

C. 临时借款　　D. 注册验资

【答案】C

【训 3 - 16 · 判断题】企业申请开立注册验资资金临时存款账户，应向银行出具工商行政管理部门核发的企业名称预先核准通知书或有关部门的批文。(　)

【答案】√

【训 3 - 17 · 单选题】临时存款账户有效期最长不得超过(　)年。

A. 5　　B. 4　　C. 3　　D. 2

【答案】D

【解析】临时存款账户有效期最长不得超过 2 年。

八、个人银行结算账户

知识准备

<table>
<tr><td rowspan="4">个人银行结算账户</td><td>概念</td><td colspan="2">个人银行结算账户是自然人因投资、消费、结算等而开立的可办理支付结算业务的存款账户。</td></tr>
<tr><td>使用范围</td><td colspan="2">个人银行结算可以办理个人转账收付和现金结算。自然人可根据需要申请开立个人银行结算账户，也可以在已开立的储蓄账户中选择并向开户银行申请确认为个人银行结算账户。
可以转入个人银行结算账户的款项：(1)工资、奖金收入；(2)稿费、演出费等劳务收入；(3)债券、期货、信托等投资的本金和收益；(4)个人债权或产权转让收益；(5)个人贷款转存；(6)证券交易结算资金和期货交易保证金；(7)继承、赠与款项；(8)保险理赔、保费退还等款项；(9)纳税退还；(10)农、副、矿产品销售收入；(11)其他合法款项。</td></tr>
<tr><td rowspan="2">开户要求</td><td>开立的条件</td><td>可以申请开立个人银行结算账户的情况：(1)使用支票、银行卡、电子支付等信用支付工具的；(2)办理汇兑、定期借记、定期贷记、借记卡等结算业务的。
“定期借记”是指由收款人定期对付款人的开户银行发起的，委托付款人开户银行按照约定扣划付款人的款项给收款人的资金转账业务，如代付水、电、话费。
“定期贷记”是指银行按照付款人的付款凭证，定期将款项划付给收款人的资金转账业务，如代发工资。</td></tr>
<tr><td>所需的证明文件</td><td>存款人申请开立个人银行结算账户，应当向银行出具居民身份证或户口簿或护照等证明文件，包括身份证、户口簿、驾驶执照、护照、军官证、警官证等有效证件。</td></tr>
</table>

续表

	开立程序	存款人申请开立个人存款账户时，应填制开户申请书，提供规定的证明文件；银行应对存款人的开户申请书填写的事项和证明文件的真实性、完整性、合规性进行认真审查；符合开立条件的，银行应办理开户手续，并于开户之日起5个工作日内向中国人民银行当地分支行备案。
	注意的问题	(1)单位从其银行结算账户支付给个人银行结算账户的款项，单笔超过5万元人民币时，付款单位若在付款用途栏或备注栏注明事由，可不再另行出具付款依据，但付款单位应对支付款项事由的真实性、合法性负责。 (2)从单位银行结算账户支付给个人银行结算账户的款项应纳税的，税收代扣单位付款时应向其开户银行提供完税证明。 (3)个人持出票人为单位的支票向开户银行委托收款，将款项转入其个人银行结算账户的，或者个人持申请人为单位的银行汇票和银行本票向开户银行提示付款，将款项转入其个人银行结算账户的，个人应当提供相应的收款依据。 (4)个人持出票人(或申请人)为单位，且一手或多手背书人为单位的支票、银行汇票或银行本票，向开户行提示付款并将款项转入其个人银行结算账户的，应当提供有关最后一手背书人为单位且被背书人为个人的收款依据。 (5)单位银行结算账户支付给个人银行结算账户款项的，银行应按有关规定，认真审查付款依据或收款依据的原件，并留存复印件，按会计档案保管。未提供相关依据或相关依据不符合规定的，银行应拒绝办理。 (6)储蓄账户仅限于办理现金存取业务，不得办理转账结算。

操作练习

【训3-18·判断题】个人银行结算账户是指自然人和法人因投资、消费、结算等而开立的可办理支付结算业务的存款账户。(　)

【答案】×

【解析】个人银行结算账户是指自然人因投资、消费、结算等而开立的可办理支付结算业务的存款账户。个人存款账户的存款人不包括法人。

【训3-19·判断题】个人储蓄账户的用途主要是办理个人现金存取，但也可以办理个人转账收付结算。(　)

【答案】×

【解析】个人储蓄账户的用途主要是办理个人现金存取，不得办理转账结算。

九、异地银行结算账户

知识准备

异地银行结算账户	概念	异地银行结算账户主要是指单位银行结算账户，就是指存款人不在营业执照注册地开立的其他银行结算账户。
	使用范围	存款人有下列情形之一的，可以在异地开立有关银行结算账户： (1)营业执照注册地与经营地不在同一行政区域(跨省、市、县)需要开立基本存款账户的；(2)办理异地借款和其他结算需要开立一般存款账户的；(3)存款人因附属的非独立核算单位或派出机构发生的收入汇缴或业务支出需要开立专用存款账户的；(4)异地临时经营活动需要开立临时存款账户的；(5)自然人根据需要在异地开立个人银行结算账户的。
	开户要求	存款人需要在异地开立单位银行结算账户，应出具下列相应的证明文件： (1)经营地与注册地不在同一行政区域需在异地开立基本存款账户的，应出具注册地中国人民银行分支行的未开立基本存款账户的证明。 (2)异地借款需在异地开立一般存款账户的，应出具在异地取得贷款的借款合同及其基本存款账户开户许可证。 (3)因经营需要在异地办理收入汇缴和业务支出的存款人，在异地开立专用存款账户的，应出具隶属单位的证明及其基本存款账户开户许可证。

操作练习

【训3－20·多选题】异地银行结算账户可以开立的银行账户种类有(　)。

A. 基本存款账户　　B. 一般存款账户

C. 专用存款账户　　D. 临时存款账户

【答案】ABCD

十、银行结算账户的管理

知识准备

<table>
<tr><td rowspan="3">银行结算账户的管理</td><td>中国人民银行的管理（央行）</td><td>1. 负责监督、检查银行结算账户的开立、使用、变更和撤销，并实施监控和管理。
2. 负责基本存款账户、临时存款账户和预算单位专用存款账户开户许可证的管理。任何单位及个人不得伪造、变造及私自印制开户许可证。基本存款账户、临时存款账户和预算单位专用存款账户实行开户核准制。
3. 对存款人、银行违反银行结算账户管理规定的行为，依法予以处罚。</td></tr>
<tr><td>开户银行的管理</td><td>（1）负责所属营业机构银行结算账户开立和使用的管理，监督和检查其执行《人民币银行结算账户管理办法》的情况，纠正违规开立和使用银行结算账户的行为。
（2）应明确专人负责银行结算账户的开立、使用和撤销的审查和管理，负责对存款人开户申请资料的审查，并及时报送存款人开销户信息资料，建立健全开销户登记制度，建立银行结算账户管理档案。银行结算账户管理档案的保管期限为银行结算账户撤销后10年。
（3）应对已开立的单位银行结算账户实行年检制度，检查开立的银行结算账户的合规性，核实开户资料的真实性；对不符合账户管理规定开立的单位银行结算账户，应予以撤销。对经核实的各类银行结算账户的资料变动情况，应及时报告中国人民银行当地分支行。
（4）应对存款人使用银行结算账户的情况进行监督，对存款人的可疑支付应按照中国人民银行规定的程序及时报告。</td></tr>
<tr><td>存款人的管理</td><td>1. 存款人应加强对预留银行签章的管理。（1）单位遗失预留公章或财务专用章的，应向开户银行出具书面申请、开户许可证、营业执照等相关证明文件；（2）更换预留公章或财务专用章时，应向开户银行出具书面申请、原预留签章的式样等相关证明文件；无法提供原预留公章或财务专用章的，应向开户银行出具原印签卡片、开户许可证、营业执照正本、司法部门的证明等相关证明文件；（3）个人遗失或更换预留个人印章或更换签字人时，应向开户银行出具经签名确认的书面申请，以及原预留印章或签字人的个人身份证件。
2. 存款人应加强对开户许可证的管理。开户许可证遗失或毁损时，存款人应填写“补（换）发开户许可证申请书”，并加盖单位公章，比照有关开立银行结算账户的规定，通过开户银行向中国人民银行当地分支行提出补（换）发开户许可证的申请。
3. 存款人应妥善保管其密码。存款人在收到开户银行转交的初始密码后，应到中国人民银行当地分支行或基本存款账户开户银行办理密码变更手续。遗失密码的，应持其开户时需要出具的证明文件和基本存款账户开户许可证到中国人民银行当地分支行申请重置密码。</td></tr>
</table>

十一、违反银行账户结算管理制度的处罚

(一)存款人违反账户管理制度的处罚

知识准备

<table>
<tr><th>违反银行账户结算管理制度事项</th><th>经营性存款人处罚金额</th><th>非经营性存款人处罚金额</th></tr>
<tr><td>1. 法定代表人或主要负责人、存款人地址以及其他开户资料的变更事项未在规定期限内通知银行。</td><td>1000 元</td><td rowspan="10">1000 元</td></tr>
<tr><td>1. 违反规定开立银行结算账户；</td><td rowspan="4">1 万元以上 3 万元以下</td></tr>
<tr><td>2. 伪造、变造证明文件欺骗银行开立银行结算账户；</td></tr>
<tr><td>3. 违反规定不及时撤销银行结算账户；</td></tr>
<tr><td>4. 伪造、变造、私自印制开户登记证。</td></tr>
<tr><td>1. 违反规定将单位款项转入个人银行结算账户；</td><td rowspan="5">5 千元以上
3 万元以下的罚款</td></tr>
<tr><td>2. 违反规定支取现金；</td></tr>
<tr><td>3. 利用开立银行结算账户逃废银行债务；</td></tr>
<tr><td>4. 出租、出借银行结算账户；</td></tr>
<tr><td>5. 从基本存款账户之外的银行结算账户转账存入、将销货收入存入或现金存入单位信用卡账户。</td></tr>
</table>

(二)银行及其有关人员违反账户管理制度的处罚

知识准备

<table>
<tr><th colspan="2">违法行为</th><th colspan="2">处罚规定</th></tr>
<tr><td>开立过程中的违法行为</td><td>(1)违反规定为存款人多头开立银行结算账户
(2)明知或应知是单位资金，而允许以自然人名称开立账户存储</td><td>给予警告，并处以 5 万元以上 30 万元以下的罚款</td><td rowspan="2">(1)对该银行直接负责的高级管理人员、其他直接负责的主管人员、直接责任人员按规定给予纪律处分。
(2)情节严重的，中国人民银行有权停止对其开立基本存款账户的核准(仅适于开立：责令该银行停业整顿或者吊销经营金融业务许可证)。
(3)构成犯罪的，移交司法机关依法追究刑事责任。</td></tr>
<tr><td>使用过程中的违法行为</td><td>共 6 条
(用反向记忆法进行记忆)</td><td>给予警告，并处以 5000 元以上 3 万元以下的罚款</td></tr>
</table>

操作练习

【训 3－21 · 多选题】存款人的下列行为，中国人民银行可以给予 1 万元以上 3 万元以下罚款的有(　)。

A. 经营性存款人违反规定开立银行结算账户

B. 经营性存款人违反规定支取现金

C. 经营性存款人违反规定变造开户登记证

D. 非经营性存款人违反规定不及时撤销银行结算账户

【答案】AC

【训 3－22 · 单选题】存款人违反规定将单位款项转入个人银行结算账户的，对于经营性的存款人，给予警告并处以(　)的罚款。

A. 1000 元

B. 10000 元

C. 5000 元以上 3 万元以下

D. 1 万元以上 3 万元以下

【答案】C

任务四　票据结算法律运用

实训目标

☞ 了解票据的概念、种类、当事人、票据行为、票据权利、票据丧失与补救等票据法术语的含义及其原理。

☞ 熟悉支票的概念、种类，掌握支票出票、付款等办理要求，能正确、合法地办理支票的签发、收付等业务。

☞ 熟悉商业汇票的概念和种类，掌握出票、承兑、付款、背书、保证等有关规定，并能处理汇票的签发、收付、转让等业务。

☞ 了解信用卡的概念和种类，掌握信用卡申领、销户、资金来源、使用等有关规定，能正确使用信用卡办理相关业务。

☞ 知道汇兑的概念和分类，掌握办理汇兑的程序，熟悉撤销和退汇等有关规定。

一、票据认知

知识准备

<table>
<tr><td>概念</td><td colspan="3">票据有广义和狭义之分，广义的票据包括各种有价证券和凭证，狭义的票据仅指《票据法》上规定的票据。是由出票人依法签发的、约定自己或者委托付款人在见票时或指定的日期向收款人或持票人无条件支付一定金额并可转让的有价证券，包括汇票、本票和支票。</td></tr>
<tr><td>特征</td><td colspan="3">(1)票据是出票人依法签发的有价证券。
(2)票据以支付一定金额为目的。
(3)票据权利与票据不可分离。票据权利的发生必须作成票据；票据权利的转让必须交付票据；票据权利的行使必须提示票据。
(4)票据所记载的金额由出票人自行支付或委托他人支付。
(5)票据是一种无因证券，票据的持票人只要向付款人提示票据，付款人即应无条件向持票人或收款人支付票据金额。
(6)票据是一种可转让的证券。</td></tr>
<tr><td rowspan="7">分类</td><td rowspan="3">汇票</td><td colspan="2">银行汇票</td></tr>
<tr><td rowspan="2">商业汇票</td><td>商业承兑汇票</td></tr>
<tr><td>银行承兑汇票</td></tr>
<tr><td>本票</td><td></td><td></td></tr>
<tr><td rowspan="3">支票</td><td>普通支票</td><td>普通支票可以提现,也可以转账,还可以背书转让。</td></tr>
<tr><td>转账支票</td><td>转账支票专门办理转账结算使用,可以背书转让。</td></tr>
<tr><td>现金支票</td><td>现金支票专门提取现金,不可以转让。</td></tr>
<tr><td rowspan="4">功能</td><td>汇兑功能</td><td colspan="2">票据是异地输送现金和兑换货币的工具。</td></tr>
<tr><td>支付功能</td><td colspan="2">可通过法定流通转让程序，代替现金在交易中进行支付。</td></tr>
<tr><td>结算功能</td><td colspan="2">即通过票据交换，使各方收付相抵，相互债务冲减。</td></tr>
<tr><td>信用功能</td><td colspan="2">在商品交易中，票据可作为预付货款或延期付款的工具，发挥商业信用功能；在金融活动中，企业可以通过将尚未到期的票据向银行进行贴现，取得货币资金。</td></tr>
</table>

操作练习

【训 4 – 1 · 单选题】下列票据中，不属于《票据法》调整范围的是(　)。

A. 汇票

B. 本票

C. 支票

D. 发票

【答案】D

【解析】《票据法》上规定的票据包括汇票、本票和支票。

二、票据当事人

知识准备

<table>
<tr><td rowspan="3">票据
当事人</td><td>基本
当事人</td><td>是指在票据作成和交付时就业已存在的当事人，是构成票据法律关系的必要主体，包括出票人、付款人和收款人。
(1)出票人是依法定方式签发票据并将票据交付给收款人的人。
(2)收款人是票据到期后有权收取票据所载金额的人。
(3)付款人是由出票人委托付款或自行承担付款责任的人。
【提示】本票的基本当事人无付款人。</td></tr>
<tr><td>非基本
当事人</td><td>是在票据作成并交付后，通过一定的票据行为加入票据关系而享有一定权利、承担一定义务的当事人。
(1)承兑人是指接受汇票出票人的付款委托同意承担支付票款义务的人。
(2)背书人是指在转让票据时，在票据背面或粘单上签字或盖章并将该票据交付给受让人的票据收款人或持有人。
(3)被背书人是指被记名受让票据的人。
(4)保证人是指为票据债务提供担保的人，由票据债务人以外的他人担当。</td></tr>
<tr><td colspan="2">【提示】同一当事人可以有双重身份，如汇票中的付款人在承兑汇票后称为承兑人。
并非所有的票据当事人一定同时出现在某一张票据上，除基本当事人外，非基本当事人是否存在，完全取决于相应票据行为是否发生。
不同票据上可能出现的票据当事人也有所不同。</td></tr>
</table>

操作练习

【训4－2·单选题】根据规定，属于票据基本当事人的是（　）。

A. 出票人　　B. 背书人

C. 承兑人　　D. 保证人

【答案】A

【解析】基本当事人是在票据作成和交付时就已经存在的当事人。包括出票人、付款人和收款人。

【训4－3·单选题】接受汇票出票人的付款委托，同意承担支付票款义务的人，是指（　）。

A. 被背书人　　B. 背书人

C. 承兑人　　D. 保证人

【答案】C

【解析】承兑人是指接受汇票出票人的付款委托，同意承担支付票款义务的人。

【训4－4·多选题】下列各项中，属于票据当事人的有（　）。

A. 出票人　　B. 付款人

C. 收款人　　D. 保证人

【答案】ABCD

三、票据权利和义务

（一）票据权利

知识准备

概念	票据权利是指持票人向票据债务人请求支付票据金额的权利，包括付款请求权和追索权。 (1)付款请求权是指持票人向票据债务人出示票据要求付款的权利，是第一顺序权利。 (2)追索权是当事人行使付款请求权遭到拒绝或有其他法定原因，向其前手请求偿还票据金额及法定费用的权利，是第二顺序权利。
权利时效	票据权利在下列期限内不行使而消灭： (1)持票人对票据的出票人和承兑人的权利，自票据到期日起2年；见票即付的汇票、本票，自出票日起2年； (2)持票人对支票出票人的权利，自出票日起6个月； (3)持票人对前手的追索权，自被拒绝承兑或被拒绝付款之日起6个月； (4)持票人对前手的再追索权，自清偿或者被提起诉讼之日起3个月。 【提示】持票人因超过票据权利时效或者因票据记载事项欠缺而丧失票据权利的，仍享有民事权利。
权利行使	是指持票人请求票据的付款人支付票据金额的行为。 (1)提示承兑，是指持票人向付款人出示汇票，并要求付款人承诺付款的行为。 定日付款或出票后定期付款的汇票持票人首先要在汇票到期日前向付款人提示承兑； 见票后定期付款的汇票，持票人应当自出票日起1个月内向付款人提示承兑。 (2)提示付款，是指持票人在法定期限内向付款人请求付款的行为。 ①支票自出票日起10日内向付款人提示付款； ②本票自出票日起2个月内向付款人提示付款； ③银行汇票自出票日起1个月内向付款人提示付款； ④定日付款、出票后定期付款或者见票后定期付款的商业汇票，自到期日起10天内向承兑人提示付款。 (3)行使追索权，票据到期后被拒绝付款的，持票人可以对背书人、出票人以及票据的其他债务人行使追索权；在票据到期日前，汇票被拒绝承兑或被拒绝付款的，承兑人或者付款人死亡、逃匿的，承兑人或者付款人被依法宣告破产的以及因违法被责令终止业务活动的，持票人也可行使追索权。
权利保全	是指持票人为了防止票据权利丧失而采取的措施。 按照规定期限提示承兑、要求承兑人或付款人提供拒绝承兑或拒绝付款的证明等。
权利抗辩	(1)票据抗辩是指票据债务人依法对票据债权人拒绝履行义务的行为。 (2)票据债务人可以在下列情况下对持票人行使抗辩权：①以欺诈、偷盗或者胁迫等非法手段取得票据，或者明知有前列情形，出于恶意(或重大过失)取得票据的；②与票据债务人有直接债权债务关系并且不履行约定义务的；③明知票据债务人与出票人或者与持票人的前手之间存在抗辩事由而取得票据的；④其他。

续表

票据权利丧失补救	票据丧失后可以采取挂失止付、公示催告、普通诉讼三种形式进行补救。 (1)挂失止付是指失票人将丧失票据的情况通知付款人或代理付款人，由接受通知的付款人或代理付款人审查后暂停支付的一种方式。只有确定付款人或代理付款人的票据丧失时才可进行挂失止付，包括：已承兑的商业汇票、支票、填明“现金”字样和代理付款人的银行汇票、填明“现金”字样的银行本票。挂失止付不是丧失票据后采取的必经措施，而是一种暂时的预防措施。 (2)公示催告是指在票据丧失后由失票人向人民法院提出申请，请求人民法院以公告方式通知不确定的利害关系人限期申报权利，逾期未申报者，则由法院通过除权判决宣告所丧失的票据无效的一种制度或程序。申请公示催告的主体必须是可以背书转让的票据的最后持票人，失票人不知道票据的下落，利害关系人也不明确。 (3)普通诉讼，是指丧失票据的人为原告，以承兑人或出票人为被告，请求法院判决其向失票人付款的诉讼活动。如果与票据上的权利有厉害关系的人是明确的，无须公示催告，可按一般的票据纠纷向法院提起诉讼。

(二)票据义务

知识准备

概念	票据义务是票据债务人向持票人支付票据金额的责任，主要包括付款义务和偿还义务。
票据债务人义务	(1)汇票承兑人因承兑而应承担付款义务； (2)本票出票人因出票而承担自己付款的义务； (3)支票付款人在与出票人有资金关系时承担付款义务； (4)汇票、本票、支票的背书人，汇票、支票的出票人、保证人，在票据不获承兑或不获付款时的付款清偿义务。

操作练习

【训4－5·多选题】下列各项中，可以行使票据追索权的当事人有(　　)。

A. 票载收款人

B. 代为清偿票据债务的保证人

C. 最后被背书人

D. 代为清偿票据债务的背书人

【答案】ABCD

【训4－6·单选题】下列选项中，不属于票据丧失后可以采取的补救措施有(　　)。

A. 普通诉讼　　B. 公示催告　　C. 挂失止付　　D. 登报声明

【答案】D

【解析】票据丧失后可以采取挂失止付、公示催告、普通诉讼三种形式进行补救。

【训4－7·单选题】2006年6月5日，A公司向B公司开具一张金额为5万元的支票，B公司将支票背书转让给C公司。6月12日，C公司请求付款银行付款时，银行以A公司账户内只有5000元为由拒绝付款。C公司遂要求B公司付款，B公司于6月15日向C公司付清了全部款项。根据票据法律制度的规定，B 公司向 A 公司行使再追索权的期限为(　)。

A. 2006 年 6 月 25 日之前

B. 2006 年 8 月 15 日之前

C. 2006 年 9 月 15 日之前

D. 2006 年 12 月 5 日之前

【答案】D

【解析】本题中，A 公司为出票人。B 公司向 A 公司行使再追索权的时限，根据“持票人对支票出票人的权利，自出票日起 6 个月”的规定，应该为 2006 年 12 月 5 日之前。

四、票据行为

知识准备

概念		票据行为是指票据当事人以发生票据债务为目的的、以在票据上签名或盖章为权利义务成立要件的法律行为，包括出票、背书、承兑和保证四种。
类型	出票	是指出票人签发票据并将其交付给收款人的行为。出票包括两个行为：一是出票人依照《票据法》的规定作成票据，即在票据上记载法定事项并签章；二是交付票据，即将作成的票据交付给他人占有。这两者缺一不可。
	背书	是指收款人或持票人为将票据权利转让给他人或者将一定的票据权利授予他人行使而在票据背面或者粘单上记载有关事项并签章的行为。 (1)转让背书是持票人将票据权利转让给他人； (2)非转让背书是将一定的票据权利授予他人行使，包括委托收款背书和质押背书。①委托收款背书是委托他人代替自己行使票据权利、收取票据金额的背书。②质押背书是以设定质权、提供债务担保为目的而进行的背书。 以背书转让的汇票，背书应当连续。
	承兑	是汇票付款人承诺在汇票到期日支付汇票金额并盖章的行为。
	保证	是指票据债务人以外的人为担保特定债务人履行票据债务而在票据上记载有关事项并盖章的行为。 被保证的票据，保证人应当与被保证人对持票人承担连带责任。保证人为两人以上的，保证人之间承担连带责任，票据到期后得不到付款的，持票人有权向保证人请求付款，保证人应当足额付款。保证人清偿票据债务后，可以行使对被保证人及其前手的追索权。

五、票据记载事项与签章

知识准备

票据记载事项	概念	票据记载事项是指依法在票据上记载票据相关内容的行为。
	类别	(1)绝对记载事项:是《票据法》明文规定必须记载的，如不记载，票据即为无效的事项。
		(2)相对记载事项:是《票据法》规定应该记载而未记载，适用法律的有关规定而不使票据失效的事项。如汇票上未记载付款日期的，视为见票即付。
		(3)任意记载事项:是《票据法》允许当事人自行选择，不记载不影响票据效力，记载则产生票据效力的事项。如"不得转让"字样。
签章	概念	票据签章是票据当事人在票据上签名、盖章或签名加盖章的行为。具体票据上的签章: 银行——汇票专用章或本票专用章加法定代表人或授权代理人名章; 单位——公章或财务章加法定代表人或授权代理人名章; 个人——签名或盖章。
	对效力的影响	(1)出票人在票据上的签章不符合法律规定的，票据无效; (2)背书人在票据上的签章不符合法律规定的，其签章无效，但不影响其前手符合规定签章的效力; (3)承兑人、保证人在票据上的签章不符合法律规定的，其签章无效，但不影响其他符合规定签章的效力。

操作练习

【训4-8·多选题】某单位出纳会计张某签发现金支票3000元到开户银行提款，在该现金支票上的签章为(　　)。

A. 预留银行的该单位财务专用章

B. 经授权的出纳人员张某的印章

C. 该单位会计机构负责人的印章

D. 预留银行该单位法定代表人的印章

【答案】ABD

【解析】根据票据法律制度有关规定，单位在票据上的签章，应为该单位的财务专用章或者公章加其法定代表人或其授权的代理人的签名或盖章，支票的出票人和商业承兑汇票的承兑人在票据上的签章，应为其预留银行的签章。

六、支票

(一)支票认知

知识准备

概念		支票是出票人委托银行或者其他金融机构见票时无条件支付确定的金额给收款人或者持票人的票据。
当事人		支票的基本当事人有出票人、付款人、收款人。出票人为签发支票的单位和个人;付款人是出票人的开户银行。
特点		(1)以银行或者其他金融机构为付款人; (2)见票即付; (3)单位和个人在同一票据交换区域的各种款项结算,均可以使用支票,且没有金额限制; (4)支票主要用于同城转账结算,在异地不能使用; (5)不能透支; (6)用于支取现金的支票不能背书转让。
分类	普通支票	该种支票未印有现金或转账字样,既可以用来支取现金,也可用来转账。普通支票用于转账时,应当在支票左上角画两条平行线。称为划线支票,划线支票只能用于转账,不得支取现金。
	现金支票	支票中专门用于支取现金的,可以另行制作现金支票,现金支票只能用于支取现金。
	转账支票	支票中专门用于转账的,可以另行制作转账支票,转账支票只能用于转账,不得支取现金。

操作练习

【训4－9·多选题】下列有关支票的表述中,错误的有(　)。

A. 支票是有价证券

B. 支票的基本当事人不包括付款人

C. 支票可以透支

D. 划线支票可以用于支取现金,也可用于转账

【答案】BCD

【解析】支票的基本当事人包括付款人;支票不可以透支;划线支票只能用于转账,不能支取现金。

【训4－10·多选题】可用于转账的支票有(　)。

A. 现金支票　　B. 转账支票　　C. 普通支票　　D. 划线支票

【答案】BCD

【解析】现金支票只能用于支取现金,不能转账。

(二)支票的出票

知识准备

出票条件	(1)出票人为在经中国人民银行当地分支行批准办理支票业务的银行机构开立支票存款账户的单位和个人。开立支票存款账户，申请人必须使用其本名，并提交证明其身份的合法证件。开立支票存款账户和领用支票，应当有可靠的资信，并存入一定的资金。申请人应当预留其本名的签名式样和印鉴。 (2)出票人所签发的支票金额不得超过其付款时在付款人处实有的存款金额。如果出票人签发的支票金额超过其付款时在付款人处实有的存款金额，称为空头支票。签发空头支票是一种违法行为。 (3)出票人不得签发与其预留本名的签名式样或者印鉴不符的支票，使用支付密码的，出票人不得签发支付密码错误的支票。 (4)签发空头支票、签发与预留银行签章不符的支票，使用支付密码地区、支付密码错误的支票，银行应予退票;签发空头支票或者签发与其预留的签章不符的支票，不以骗取财物为目的的，由中国人民银行处以票面金额5%但不低于1000元的罚款;持票人有权要求出票人赔偿支票金额2%的赔偿金;对屡次签发的，银行应停止其签发支票。 (5)签发支票应使用碳素墨水或墨汁填写，中国人民银行另有规定的除外。 (6)签发现金支票和用于支取现金的普通支票必须符合国家现金管理的规定。
记载事项	(1)绝对应记载事项。包括:①表明“支票”字样。②无条件支付的委托。一般是支票上已印好的“上列款项请从我账户内支付”的字样。③确定的金额。④付款人名称。⑤出票日期。⑥出票人签章。 其中，支票上的金额可以由出票人授权补记，未补记前的支票，不得使用。在支票金额补记之前，收款人不得背书转让，提示付款。支票上未记载收款人名称的，经出票人授权，可以补记。此外，出票人可以在支票上记载自己为收款人。 (2)相对应记载事项。包括:①付款地。根据《票据法》的规定，支票上未记载付款地的，付款人的营业场所为付款地。②出票地。根据《票据法》的规定，支票上未记载出票地的，出票人的营业场所、住所或者经常居住地为出票地。 此外，根据《票据法》的规定，支票上可以记载非法定记载事项，但这些事项并不发生支票上的效力。
出票的效力	依照《票据法》的规定，出票人必须按照签发的支票金额承担保证向该持票人付款的责任。这一责任包括两项:一是出票人必须在付款人处存有足够可处分的资金，以保证支票票款的支付;二是当付款人对支票拒绝付款或者超过支票付款提示期限的，出票人应向持票人承担付款责任。

操作练习

【训4－11·单选题】下列不属于支票的绝对记载事项的是(　　)。

A. 无条件支付的承诺　　B. 表明“支票”的字样

C. 付款人名称　　D. 确定的金额

【答案】A

【解析】支票的绝对记载事项之一是“无条件支付的委托”。

【训4－12·单选题】票据的金额和收款人名称可由出票人授权补记的为(　　)。

A. 银行汇票　　B. 商业汇票　　C. 银行本票　　D. 支票

【答案】D

【解析】支票上的金额和收款人名称可由出票人授权补记。

【训4－13·多选题】根据《中华人民共和国票据法》的规定，下列各项中，属于支票上可以由出票人授权补记的事项有(　)。

A. 金额　　B. 收款人名称　　C. 付款人名称　　D. 出票日期

【答案】AB

【解析】支票上的金额和收款人名称可由出票人授权补记。

【训4－14·判断题】支票具有流通性，各类支票均可背书转让。(　)

【答案】×

【解析】现金支票不能背书转让。

【训4－15·判断题】支票的金额、收款人名称，可由出票人授权补记，未补记前可以背书转让但不得提示付款。(　)

【答案】×

【解析】支票的金额、收款人名称，可由出票人授权补记，未补记前不可以背书转让。

(三)支票的付款

知识准备

含义	支票属见票即付的票据，因而没有到期日的规定。 支票限于见票即付，不得另行记载付款日期。另行记载付款日期的，该记载无效。
提示付款	支票的持票人应当自出票日起10日内提示付款；异地使用的支票，其提示付款的期限由中国人民银行另行规定。 超过提示付款期限的，付款人可以不予付款，但是，出票人仍应对持票人承担票据责任。 持票人超过提示付款期限的，并不丧失对出票人的追索权，出票人仍应当对持票人承担支付票款的责任。
付款责任	持票人在提示期间内向付款人提示票据，付款人在对支票进行审查之后，如未发现有不符规定之处，即应向持票人付款。 付款人依法支付支票金额的，对出票人不再承担受委托付款的责任，对持票人不再承担付款的责任。但是，付款人以恶意或者有重大过失付款的除外。在此情况下，付款人不能解除付款责任，由此造成损失的，由付款人承担赔偿责任。
兑付支票的要求	(1)持票人可以委托开户银行收款或直接向付款人提示付款。用于支取现金的支票仅限于收款人向付款人提示付款，不得背书转让。 (2)持票人委托开户银行收款时，应作委托收款背书，在支票背面背书人签章栏签章，记载“委托收款”字样、背书日期，在被背书人栏记载开户银行名称，并将支票和填制的进账单送交开户银行。 (3)持票人持转账支票向付款人提示付款时，应在支票背面背书人签章栏签章，并将支票和填制的进账单送交出票人开户银行。 收款人持现金支票向付款人提示付款时，应在支票背面“收款人签章”处签章，持票人为个人的，还需交验本人身份证件，并在支票背面注明证件名称、号码及发证机关。 (4)出票人禁止签发空头支票。

操作练习

【训 4－16・单选题】下列关于支票的提示付款期限的表述中，正确的是（　）。

A. 自出票日起 20 日内

B. 自出票日起 10 日内

C. 自出票日起 30 日内

D. 自出票日起 50 日内

【答案】B

【解析】支票的持票人应当自出票日起 10 日内提示付款。

【训 4－17・多选题】签发（　），不以骗取财物为目的的，由中国人民银行处以票面金额 5%但不低于 1000 元的罚款。

A. 空头支票

B. 支付密码错误的支票

C. 出票日期未使用中文大写规范填写的支票

D. 签章与预留银行签章不符的支票

【答案】AD

【解析】签发空头支票或者签发与其预留的签章不符的支票，不以骗取财物为目的的，由中国人民银行处以票面金额 5%但不低于 1000 元的罚款。

【训 4－18・多选题】根据《支付结算办法》的规定，下列各项中，属于银行应予以退票情形的有（　）。

A. 出票人签发空头支票

B. 签章与预留银行签章不符的支票

C. 使用圆珠笔填写的支票

D. 使用支付密码地区的，签发支付密码错误的支票

【答案】ABCD

【训 4－19・单选题】银行审核支票付款的依据是支票出票人的（　）。

A. 支付密码

B. 身份证

C. 支票存根

D. 预留银行签章

【答案】D

【解析】支票的出票人在票据上的签章，应为其预留银行的签章，该签章是银行审核支票付款的依据。

【训 4－20・单选题】甲公司委托开户银行收款时，发现其持有的由乙公司签发金额为 10

万元的转账支票为空头支票。根据《支付结算办法》的规定，甲公司有权要求乙公司支付赔偿金的数额是(　)。

A. 5000元　　B. 3000元　　C. 2000元　　D. 1000元

【答案】C

【解析】签发空头支票或者签发与其预留的签章不符的支票，不以骗取财物为目的的，由中国人民银行处以票面金额5%但不低于1000元的罚款；持票人有权要求出票人赔偿支票金额2%的赔偿金。100000×2%＝2000(元)。

七、商业汇票

(一)商业汇票的认知

知识准备

概念	商业汇票是收款人或付款人(承兑申请人)签发，由承兑人承兑，并于到期日向收款人或被背书人支付款项的票据。
分类	商业汇票按承兑人的不同，分为商业承兑汇票和银行承兑汇票。 (1)前者指由收款人签发，经付款人承兑，或由付款人签发并承兑的票据。 (2)后者指由收款人或承兑申请人签发、并由承兑申请人向开户银行申请，经银行审查同意承兑的票据。商业汇票的收款人、付款人或承兑申请人一般指供货和购货单位。

操作练习

【训4－21·单选题】下列各项中，不符合《票据法》规定的是(　)。

A. 商业承兑汇票属于商业汇票

B. 商业承兑汇票的承兑人是银行以外的付款人

C. 银行承兑汇票属于银行汇票

D. 银行承兑汇票属于商业汇票

【答案】C

【解析】商业汇票按承兑人的不同，分为商业承兑汇票和银行承兑汇票。一定注意，银行承兑汇票属于商业汇票。

(二)商业汇票的出票

知识准备

<table>
<tr><td colspan="2">出票的条件</td><td>汇票的出票人在为出票行为时，必须与付款人具有真实的委托付款关系，并且具有支付汇票金额的可靠资金来源;汇票的出票人不得签发无对价的汇票用以骗取银行或者其他票据当事人的资金。
【提示】个人不能使用商业汇票</td></tr>
<tr><td rowspan="3">汇票的记载事项</td><td>绝对应记载事项</td><td>(1)表明“汇票”的字样。(2)无条件支付的委托。(3)确定的金额。(4)付款人名称。(5)收款人名称。(6)出票日期。(7)出票人签章。欠缺记载上述事项之一的，商业汇票无效。
【提示】比支票多一个“收款人名称”。</td></tr>
<tr><td>相对应记载事项</td><td>(1)付款日期。这是指支付汇票金额的日期。汇票除见票即付外，其金额一般是在签发汇票后一段时间才支付。但是，如果汇票上未记载付款日期的，并不必然导致票据的无效，视为见票即付。
(2)付款地。如汇票上未记载付款地的，付款人的营业场所，住所或者经常居住地为付款地。
(3)出票地。如汇票上未记载出票地的，出票人的营业场所、住所或者经常居住地为出票地。</td></tr>
<tr><td>非法定记载事项</td><td>它是指法律规定以外的记载事项。
根据《票据法》的规定，汇票上可以记载本法规定事项以外的其他出票事项，但是该记载事项不具有汇票上的效力。法律规定以外的事项主要是指与汇票的基础关系有关的事项，如签发票据的原因或用途、该票据项下交易的合同号码等。</td></tr>
<tr><td colspan="2">出票的效力</td><td>(1)对收款人的效力。收款人取得汇票后，即取得票据权利，享有付款请求权和追索权。
(2)对付款人的效力。出票行为是单方行为，付款人并不因此而有付款义务，只有付款的权限。但基于出票人的付款委托使其具有承兑人的地位，在其对汇票进行承兑后，即成为汇票上的主债务人。
(3)对出票人的效力。出票人委托他人付款，一旦该行为成立，就必须保证该付款能得以实现。如果付款人不予付款，出票人就应该承担票据责任。</td></tr>
</table>

操作练习

【训4－22・单选题】根据《票据法》的规定，下列各项中，会导致汇票失效的是（　）。

A. 未记载付款日期

B. 未记载付款地

C. 未记载出票地

D. 未记载出票人签章

【答案】D

【解析】本题考核商业汇票的绝对记载事项。签发商业汇票必须记载下列事项，欠缺记载上述事项之一的，商业汇票无效：(1)表明"商业承兑汇票"或"银行承兑汇票"的字样；(2)无条件支付的委托；(3)确定的金额；(4)付款人名称；(5)收款人名称；(6)出票日期；(7)出票人签章。ABC都属于相对应记载项。

【训4－23・单选题】适用于在银行开立存款账户的法人以及其他组织之间具有真实的交易关系或债权债务关系的票据结算方式是（　）。

A. 委托收款

B. 托收承付

C. 商业汇票

D. 汇兑

【答案】C

【训4　24・多选题】甲签发一张银行承兑汇票给乙。下列有关票据关系当事人的表述中，正确的是（　）。

A. 甲是出票人

B. 乙是收款人

C. 甲是承兑申请人

D. 承兑银行是付款人

【答案】ABCD

【解析】商业汇票按承兑人不同，分为商业承兑汇票和银行承兑汇票。商业承兑汇票由银行以外的付款人承兑，银行承兑汇票由银行承兑。商业汇票的付款人为承兑人。

（三）商业汇票的承兑

知识准备

<table>
<tr><td colspan="2">承兑的概念</td><td>承兑是指汇票付款人承诺在汇票到期日支付汇票金额的票据行为。承兑是汇票特有的制度。
汇票是一种出票人委托他人付款的委付证券。但是出票人的出票行为完成之后，由于其是一种单方法律行为，故对付款人并不当然产生约束力，只有在付款人表示愿意向收款人或持票人支付汇票金额后，持票人才可于汇票到期日向付款人行使付款请求权，承兑就是这样一种明确付款人的付款责任，确定持票人票据权利的制度。</td></tr>
<tr><td rowspan="4">承兑的程序</td><td>提示承兑</td><td>是指持票人向付款人出示汇票，并要求付款人承诺付款的行为。
(1)定日付款或者出票后定期付款的汇票，持票人应当在汇票到期日前向付款人提示承兑。
(2)见票后定期付款的汇票，持票人应当自出票日起1个月内向付款人提示承兑。因此，该种汇票属于必须提示承兑的汇票。
(3)见票即付的汇票无需提示承兑。</td></tr>
<tr><td>承兑成立</td><td>(1)承兑时间。付款人对向其提示承兑的汇票，应当自收到提示承兑的汇票之日起3日内承兑或者拒绝承兑。如付款人在3日内不作承兑与否表示的，则应视为拒绝承兑。
(2)接受承兑。付款人收到持票人提示承兑的汇票时，应当向持票人签发收到汇票的回单。回单上应当记明汇票提示承兑日期并签章。
(3)承兑的格式。付款人承兑汇票的，应当在汇票正面记载“承兑”字样和承兑日期并签章；见票后定期付款的汇票，应当在承兑时记载付款日期。汇票上未记载承兑日期的，以3天承诺期的最后一日为承兑日期。承兑文句和承兑人签章是绝对应记载事项，上列应记载事项必须记载于汇票的正面，而不能记载于汇票的背面或粘单上。
(4)退回已承兑的汇票。付款人依承兑格式填写完毕应记载事项后，并不意味着承兑生效，只有在其将已承兑的汇票退回持票人才产生承兑的效力。</td></tr>
<tr><td>承兑不得附条件</td><td>不单纯承兑是付款人对原汇票文义附加限制或予以变更的承兑。我国《票据法》不允许不单纯承兑。付款人承兑汇票，不得附有条件；承兑附有条件的，视为拒绝承兑。</td></tr>
<tr><td>承兑的效力</td><td>承兑生效后，即对付款人产生相应的效力。付款人承兑汇票后，应当承担到期付款的责任。
(1)承兑人于汇票到期日必须向持票人无条件地支付汇票上的金额，否则其必须承担迟延付款责任；
(2)承兑人必须对汇票上的一切权利人承担责任，该权利人包括付款请求权利人和追索权利人；
(3)承兑人不得以其与出票人之间资金关系来对抗持票人，拒绝支付汇票金额；
(4)承兑人的票据责任不因持票人未在法定期限提示付款而解除。
【提示】(3)、(4)与支票进行区分。</td></tr>
</table>

操作练习

【训4－25·多选题】应于到期日前向承兑人提示承兑的汇票有（ ）。

A.未记载付款日期的汇票

B.定日付款的汇票

C.出票后定期付款的汇票

D.见票后定期付款的汇票

【答案】BC

【训4－26·判断题】根据《票据法》的规定，付款人承兑汇票，不得附有条件，承兑附有条件的，所附条件不具备票据上的效力。（ ）

【答案】×

【解析】承兑附有条件的，视为拒绝承兑。

（四）商业汇票的付款

知识准备

<table>
<tr><td rowspan="2">付款
的程序</td><td>付款提示</td><td>期限：
（1）见票即付的汇票（银行汇票），自出票日起1个月内向付款人提示付款；
（2）定日付款、出票后定期付款或者见票后定期付款的汇票，自到期日起10日内向承兑人提示付款。如果持票人未在上述法定期限内付款提示的，则丧失对其前手的追索权。但是，持票人未按规定期限提示付款的，在作出说明后，承兑人或者付款人仍应当继续对持票人承担付款责任。根据有关规定，商业汇票的付款期限，最长不得超过6个月。</td></tr>
<tr><td>支付票款</td><td>支付票款是指持票人向付款人或承兑人进行付款提示后，付款人无条件地在当日按票据金额足额支付给持票人的行为。如果付款人或承兑人不能当日足额付款的，依照《票据法》的规定，应承担迟延付款的责任。</td></tr>
<tr><td colspan="2">付款的效力</td><td>付款人依法足额付款后，全体汇票债务人的责任解除。付款人依照票据文义支付票据金额之后，票据关系随之消灭，汇票上的全体债务人的责任便予以解除。但是，如果付款人付款存在瑕疵，即未尽审查义务而对不符法定形式的票据付款，或其存在恶意或重大过失而付款的，则不发生上述法律效力，付款人的义务不能免除，其他债务人也不能免除责任。</td></tr>
</table>

操作练习

【训4－27·单选题】商业汇票的付款期限，最长不得超过（ ）。

A.1个月 B.2个月 C.3个月 D.6个月

【答案】D

【解析】汇票权利有效期为2年，商业汇票的付款期限为6个月，提示付款期限为自汇票到期日起10日。

【训4－28·判断题】商业汇票的提示付款期限为自出票日起1个月。（ ）

【答案】×

【解析】商业汇票的提示付款期限为自汇票到期日起10日。

【训4－29·判断题】商业汇票持票人超过提示付款期限提示付款的，承兑人不予受理。(　)

【答案】×

【解析】承兑人的票据责任不因持票人未在法定期限提示付款而解除。

(五)商业汇票的背书

知识准备

<table>
<tr><td colspan="2">背书的概念</td><td>汇票转让是指汇票的持票人以背书或交付的方式而将票据权利让与他人的一种票据行为。
一般而言，票据转让主要有背书交付和单纯交付两种。我国《票据法》规定的汇票转让只能采用背书的方式，而不能仅凭单纯交付方式，否则就不产生票据转让的效力。</td></tr>
<tr><td rowspan="5">背书的形式</td><td>背书签章和背书日期的记载</td><td>背书由背书人签章并记载背书日期。
背书人签章是绝对记载事项;背书日期是相对记载事项，背书未记载日期的，视为在汇票到期日前背书。
【提示】背书人未记载被背书人名称即将票据交付，持票人在票据被背书人栏内记载自己的名称与背书人记载具有同等法律效力。</td></tr>
<tr><td>被背书人名称的记载</td><td>汇票以背书转让或者以背书将一定的汇票权利授予他人行使时，必须记载被背书人名称。因此，被背书人名称是背书应记载的绝对事项。</td></tr>
<tr><td>禁止背书的记载</td><td>背书人在汇票上记载“不得转让”字样，其后手再背书转让的，原背书人对后手的被背书人不承担保证责任，其只对直接的被背书人承担责任。背书人的禁止背书是背书行为的一项任意记载事项，如果背书人不愿意对其后手以后的当事人承担票据责任，即可在背书时记载禁止背书。</td></tr>
<tr><td>背书时粘单的使用</td><td>票据凭证不能满足背书人记载事项的需要，可以加附粘单，粘附于票据凭证上。粘单上的第一记载人，应当在汇票和粘单的粘接处签章。</td></tr>
<tr><td>背书不得记载的内容</td><td>(1)背书时附有条件的，所附条件不具有汇票上的效力。但并不影响背书行为本身的效力，被背书人仍可依该背书取得票据权利。(即条件无效，背书有效)
(2)部分背书无效。将汇票的金额的一部分转让或者将汇票金额分别转让给2个以上的人，背书无效。
【提示】跟承兑附有条件区比较，承兑附有条件视为拒绝承兑。</td></tr>
<tr><td colspan="2">背书连续</td><td>背书连续是指形式上连续，如果背书实质上不连续(有伪造签章等)，付款人仍应对持票人付款。但是，如付款人明知持票人不是真正票据权利人，则不得付款。</td></tr>
<tr><td colspan="2">法定禁止背书</td><td>被拒绝承兑、被拒绝付款或者超过付款提示期限等三种情形下的汇票，不得背书转让;背书转让的，背书人应当承担汇票责任。</td></tr>
</table>

操作练习

【训4-30·单选题】甲在将一汇票背书转让给乙时，未将乙的姓名记载于被背书人栏内。乙发现后将自己的姓名填入被背书人栏内。下列关于乙填入自己姓名的行为效力的表述中，正确的是(　)。

A. 无效　　B. 有效

C. 可撤销　　D. 经甲追认后有效

【答案】B

【解析】如果背书人未记载被背书人名称即将票据交付他人的，持票人在票据被背书人栏内记载自己的名称与背书人记载具有同等法律效力。

【训4-31·单选题】汇票的背书人在票据上记载了“不得转让”字样，但其后手仍进行了背书转让，下列关于票据责任承担的表述中，错误的是(　)。

A. 不影响承兑人的票据责任

B. 不影响出票人的票据责任

C. 不影响原背书人之前手的票据责任

D. 不影响原背书人对后手的被背书人承担票据责任

【答案】D

【解析】根据规定，背书人在汇票上记载“不得转让”字样，其后手再背书转让的，原背书人对后手的被背书人不承担保证责任。

【训4-32·单选题】下列选项中，属于背书中不得记载的事项是(　)。

A. 背书日期

B. 禁止背书的记载

C. 部分背书

D. 被背书人的名称

【答案】C

【解析】不得部分背书，部分背书无效。

【训4-33·判断题】背书不得附有条件，背书附有条件的，背书无效。(　)

【答案】×

【解析】根据规定，汇票背书附有条件的，所附条件不具有汇票上的效力。

【训4-34·多选题】下列关于汇票背书的说法中正确的有(　)。

A. 每一位使用粘单的背书人都应在汇票和粘单的粘接处签章

B. 如果背书实质不连续付款人应拒绝付款

C. 超过提示付款期限的汇票不得背书转让

D. 背书必须连续

【答案】CD

【解析】选项 A，只有第一位使用粘单的背书人才应在汇票和粘单的粘接处签章；选项 B，背书连续主要是指形式上的连续，如果背书在实质上不连续，如有伪造签章等，付款人仍应对持票人付款。

(六)商业汇票的保证

知识准备

商业汇票保证	保证的当事人	保证的当事人为保证人与被保证人。已成为票据债务人的不得再充当票据上的保证人。
	保证的格式	(1)票据保证必须作成于汇票或粘单之上。 (2)票据保证记载的事项，有绝对应记载事项和相对应记载事项。其中绝对应记载事项包括保证文句和保证人签章两项；相对应记载事项包括被保证人的名称、保证日期和保证人住所。 (3)保证的记载方法。如果是为出票人、承兑人保证的，则应记载于汇票的正面；如果是为背书人保证，则应记载于汇票的背面或粘单上。 (4)保证不得记载的内容。保证不得附有条件；附有条件的，不影响对汇票的保证责任。(即所附条件无效，保证有效)
	保证的效力	(1)保证人的责任。保证行为成立之后，保证人必须向被保证人的一切后手承担票据责任。 (2)共同保证人的责任。保证人为两人以上的，保证人之间承担连带责任。 (3)保证人的追索权。保证人在向持票人清偿债务后，依照法律规定取得持票人对被保证人及被保证人之前手的偿还请求权。

操作练习

【训 4 - 35 · 多选题】关于票据保证，下列说法中符合《票据法》规定的是(　)。

A. 保证的当事人为保证人和被保证人

B. 被保证的汇票，如果没有注明保证方式，保证人承担一般保证责任

C. 保证人为 2 人以上的，保证人之间承担连带责任

D. 保证人清偿汇票债务后，可以行使持票人对被保证人及其前手的追索权

【答案】ACD

【解析】选项 B，保证人应当与被保证人对持票人承担连带责任。

【训 4 - 36 · 多选题】根据票据法律制度的规定，下列各背书情形中，属于背书无效的有(　)。

A. 将汇票金额全部转让给甲某

B. 将汇票金额的一半转让给甲某

C. 将汇票金额分别转让给甲某和乙某

D. 将汇票金额转让给甲某但要求甲某不得对背书人行使追索权

【答案】BC

八、银行汇票

知识准备

概念	银行汇票是出票银行签发的，由其在见票时按照实际结算金额无条件支付给收款人或者持票人的票据。
使用范围	单位和个人在异地、同城或统一票据交换区域的各种款项结算，均可使用银行汇票。银行汇票可以用于转账，填明“现金”字样的银行汇票也可以用于支取现金。
记载事项	银行汇票的绝对记载事项：表明“银行汇票”的字样；无条件支付的承诺；出票金额；付款人名称；收款人名称；出票日期；出票人签章。欠缺上述记载事项之一的，银行汇票无效。 银行汇票相对记载事项：付款日期；付款地；出票地。 银行汇票的非法定记载事项：签发票据的原因或用途、该票据项下交易的合同号码等。
提示付款期限	自出票日起1个月。 持票人超过提示付款期限提示付款的，代理付款人不予受理。“银行汇票的代理付款人是代理本系统出票银行或跨系统签约银行审核支付款项的银行。”（陷阱：出票人）
办理程序	(1)向出票银行填写“银行汇票申请书” 申请人或收款人为单位的，不得在“银行汇票申请书”上填明“现金”字样。 【提示】有一方为单位就不行。 (2)银行汇票的签发 出票银行受理银行汇票申请书，收妥款项后签发银行汇票，并用压数机压印出票金额，将银行汇票和解讫通知一并给申请人。 (3)申请人应将银行汇票和解讫通知一并交付给汇票上记明的收款人
兑付的基本要求	(1)未填明实际结算金额和多余金额或者实际结算金额超过出票金额的银行不予受理。 (2)背书 银行汇票的背书转让以不超过出票金额的实际结算金额为准。 未填写实际结算金额或实际结算金额超过出票金额的银行汇票不得背书转让。 (3)提示付款 持票人向银行提示付款时，必须同时提交银行汇票和解讫通知，缺少任何一联，银行不予受理。 (4)未在银行开立存款账户的个人持票人，可以向任何一家银行机构提示付款，银行以持票人的姓名开立应解汇款及临时存款账户，该账户只付不收，付完清户，不记付利息。 (5)银行汇票的实际结算金额低于出票金额的，其多余金额由出票银行退交申请人。 (6)持票人超过期限向代理付款银行提示付款不获付款的，必须在票据权利时效内向出票银行作出说明，并提供本人身份证件或单位证明，持银行汇票和解讫通知向出票银行请求付款。

操作练习

【训 4－37・单选题】关于银行汇票办理和使用要求，下列表述不正确的是（　）。

A. 签发现金银行汇票，申请人和收款人都必须是个人

B. 出票银行收妥款项后签发银行汇票，并用压数机压印出票金额，只需将银行汇票联交给申请人

C. 银行汇票应在出票金额内按实际结算金额办理结算

D. 银行汇票的实际结算金额不得更改，更改实际结算金额的银行汇票无效

【答案】B

【解析】根据票据法律制度的规定，出票银行受理银行汇票申请书，收妥款项后签发银行汇票，并用压数机压印出票金额，将银行汇票和解讫通知一并交给申请人。

【训 4－38・判断题】5 月 15 日，甲公司向 A 厂购买一批原材料，财务部向丙银行提出申请并由丙银行为其签发了一张价值 80 万元、收款人为 A 厂的银行汇票。由于物价上涨等因素，该批原材料实际结算金额为 88 万元，A 厂按实填写了结算金额并在汇票上签章。A 厂在 6 月 10 日向丙银行提示付款，被拒绝受理，丙银行拒绝受理 A 厂的提示付款请求是正确的。（　）

【答案】√

【训 4－39・多选题】下列关于银行汇票的说法错误的为（　）。

A. 银行汇票的提示付款期限为票据到期之日起 1 个月内

B. 申请人为单位，收款人为个人可以申请使用"现金"银行汇票

C. 持票人为个人且未在银行开户，可以向任意银行营业机构提示付款，银行应以持票人的姓名开立应解汇款专用存款账户，该账户只付不收，付完清户，不计付利息

D. 持票人超过提示付款期限，必须在票据权利时效内向代理付款银行作出说明，并提供本人身份证件或单位证明，持银行汇票和解讫通知向代理付款银行请求付款

【答案】ABCD

【解析】银行汇票的提示付款期限为出票日起 1 个月内；使用"现金"银行汇票，申请人和收款人必须均为个人；持票人为个人且未在银行开户，银行应以持票人的姓名开立应解汇款及临时存款账户；持票人超过提示付款期限，必须在票据权利时效内向出票银行作出说明，并提供本人身份证件或单位证明，持银行汇票和解讫通知向出票银行请求付款。

九、信用卡

(一)信用卡认知

知识准备

<table>
<tr><td colspan="2">概念</td><td>信用卡是指发卡银行给予持卡人一定的信用额度，持卡人可在信用额度内先消费，后还款，或者先按发卡银行的要求交存一定金额的备用金，当备用金账户余额不足支付时，可在发卡银行规定的信用额度内透支的银行卡。</td></tr>
<tr><td colspan="2">种类</td><td>(1)按是否向发卡银行缴存准备金分为贷记卡(先消费后还款，享有一定的免息期，但存款无息。)和准贷记卡(持卡人须先按发卡银行要求交存一定金额的备用金，当备用金账户余额不足支付时，可在发卡银行规定的信用额度内透支的信用卡。)；
(2)信用卡按币种不同分为人民币卡、外币卡；
(3)按信息载体不同分为磁条卡、芯片(IC)卡；
(4)按使用对象分为单位卡和个人卡；
(5)按信誉等级分为金卡和普通卡。</td></tr>
<tr><td rowspan="2">信用卡的申领</td><td>单位申领</td><td>凡申领单位卡的单位，必须在中国境内金融机构开立基本存款账户，凭中国人民银行核发的开户许可证申领单位卡，并按规定填制申请表，连同有关资料一并送交发卡银行。该单位符合条件并按银行要求交存一定金额的备用金以后，银行为申领人开立银行卡存款账户，并发给银行卡。单位卡可以申领若干张，持卡人的资格由申领单位法定代表人或其委托的代理人书面指定和注销。单位卡有单位人民币卡和单位外币卡之分。</td></tr>
<tr><td>个人申领</td><td>凡具有完全民事行为能力的公民可申领个人卡，个人申领银行卡(储值卡除外)，应当向发卡银行提供公安部门规定的本人有效身份证件，经发卡银行审查合格后，为其开立记名账户。个人卡的主卡持卡人可为其配偶及年满18周岁的亲属申领附属卡，申领的附属卡最多不得超过两张，也有权要求注销其附属卡。
【提示】此处申领人为“具有完全民事行为能力的公民”，不是全体公民。</td></tr>
<tr><td colspan="2">信用卡的销户</td><td>在下列情况下，可以办理销户：
(1)银行卡有效期满45天后，持卡人不更换新卡的;(2)银行卡挂失满45天后，没有附属卡又不更换新卡的;(3)银行卡被列入止付名单，发卡银行已收回其银行卡45天的;(4)持卡人死亡，发卡银行已收回其银行卡45天的;(5)持卡人要求销户或担保人撤销担保，并已交回全部银行卡45天的;(6)银行卡账户两年(含)以上未发生交易的;(7)持卡人违反其他规定，发卡银行认为应该取消资格的。
发卡银行办理销户，应当收回银行卡。有效银行卡无法收回的，应当将其止付。持卡人办理销户时，如果账户内还有余额，属单位卡的，应将该账户内的余额转入其基本存款账户，不得提取现金;个人卡账户可以转账结清，也可以提取现金。持卡人透支后，只有在还清透支本息后，方可办理销户手续。</td></tr>
<tr><td colspan="2">信用卡的资金来源</td><td>(1)在单位卡的使用过程中，其账户的资金一律从其基本存款账户转账存入，不得交存现金，不得将销货收入的款项存入其账户。
(2)个人卡账户的资金以其持有的现金存入或以其工资性款项、属于个人的劳务报酬、投资回报等收入转账存入。严禁将单位的款项存入个人卡账户。</td></tr>
</table>

（二）信用卡使用的具体规定

知识准备

<table>
<tr><td rowspan="10">信用卡使用的主要规定</td><td>1. 单位卡的持卡人不得用于10万元以上的商品交易、劳务供应款项的结算，并一律不得支取现金。</td></tr>
<tr><td>2. 个人卡在使用过程中仅限于合法持卡人使用，不得转借或出租。</td></tr>
<tr><td>3. 持卡人用信用卡提取现金的，发卡银行对贷记卡的取现应当每笔授权，每卡每日累计取现不得超过2000元人民币；对持卡人在自动柜员机（ATM机）上取款设定交易上限，每卡每日累计取款不得超过5000元人民币。</td></tr>
<tr><td>4. 发卡银行对准贷记卡账户内的存款，按同期同档次存款利率及计息办法计付利息；对贷记卡账户的存款内的币值不计付利息。</td></tr>
<tr><td>5. 贷记卡持卡人非现金交易享受优惠条件
（1）免息还款期待遇。银行记账日至发卡银行规定的到期还款日之间为免息还款期。免息还款期最长为60天。
（2）最低还款额待遇。持卡人在到期还款日前偿还所使用全部银行款项有困难的，可按照发卡银行规定的最低还款额还款。
发卡银行对贷记卡持卡人未偿还最低还款额和超信用额度用卡的行为，应当分别按最低还款额未还部分、超过信用额度部分的5%收取滞纳金和超限费；贷记卡透支按月计收复利，准贷记卡透支按月计收单利，透支利率为日利率0.05%，并根据中国人民银行的此项利率调整而调整。</td></tr>
<tr><td>6. 商业银行办理银行卡收单业务应当按下列标准向商户收取结算手续费：
（1）宾馆、餐饮、娱乐、旅游等行业不得低于交易金额的2%；
（2）其他行业不得低于交易金额的1%。</td></tr>
<tr><td>7. 准贷记卡的透支期限最长为60天。贷记卡的首月最低还款额不得低于其当月透支余额的10%。</td></tr>
<tr><td>8. 持卡人如不慎遗失信用卡，可持本人身份证或其他有效证明，及时向“发卡银行或代办银行”申请挂失。</td></tr>
<tr><td>9. 特约单位不得拒绝受理持卡人合法持有的、签约银行发行的有效信用卡，不得因持卡人使用信用卡而向其收取附加费用。</td></tr>
<tr><td>10. 持卡人使用信用卡不得发生恶意透支。恶意透支是指持卡人超过规定限额或规定期限，并且经发卡银行催收无效的透支行为。</td></tr>
</table>

操作练习

【训4－40·多选题】信用卡按是否向发卡银行交存备用金分为（　）。

A. 贷记卡　　B. 金卡　　C. 单位卡　　D. 准贷记卡

【答案】AD

【解析】信用卡按是否向发卡银行交存备用金分为贷记卡和准贷记卡。

【训4－41·多选题】下列关于信用卡的说法，错误的有（　）。

A. 信用卡可以分为单位卡和个人卡

B. 一个单位只能开立一个基本存款账户，同样，只能申领一张单位卡

C. 任何一个合法公民都可以申领个人卡

D. 个人卡销户时，只能通过转账结清，不得支取现金

【答案】BCD

【解析】选项 B，单位卡可以申领若干张；选项 C，具有完全民事行为能力的公民可以申请个人卡；选项 D，个人卡账户销户时可以转账结清也可以支付现金。

【训 4－42·单选题】下列各项中，属于信用卡的持卡人可以使用单位卡的情形是（　）。

A. 购买价值 8 万元的电脑　　B. 支付 14 万元的劳务费用

C. 支取现金　　D. 存入销货收入的款项

【答案】A

【解析】选项 B，单位卡不得用于 10 万元以上的商品交易和劳务供应款项的结算。选项 C，单位卡可以办理商品交易和劳务供应款项的计算，不得支取现金。选项 D，单位卡在使用过程中，需要向其账户结存资金的，一律从其基本存款账户转账存入，不得交存现金，不得将销货收入的款项存入其账户。

【训 4－43·多选题】下列信用卡持卡人不享受免息还款期的为（　）。

A. 贷记卡持卡人选择最低还款额方式　　B. 贷记卡持卡人超过其信用额度用卡

C. 贷记卡持卡人支取现金　　D. 准贷记卡透支

【答案】ABCD

【解析】贷记卡持卡人选择最低还款额方式或者超过其信用额度用卡时，不再享受免息还款期待遇。贷记卡持卡人支取现金、准贷记卡透支，不享受免息还款期及最低还款额待遇。

【训 4－44·单选题】信用卡持卡人非现金交易享受免息还款期，免息还款期最长为（　）。

A. 30 天　　B. 40 天　　C. 50 天　　D. 60 天

【答案】D

【训 4－45·多选题】商业银行办理银行卡收单业务应当收取不低于 2% 结算手续费的情况为（　）。

A. 因赵某出差在宾馆住宿以信用卡刷卡消费，向赵某收取

B. 因钱某超市购物以信用卡刷卡消费，向超市收取

C. 因某公司在饭店招待业务单位以信用卡刷卡消费，向饭店收取

D. 因孙某和同学们在卡拉 OK 唱歌以信用卡刷卡消费，向歌厅收取

【答案】CD

【解析】商业银行办理银行卡收单业务应当按下列标准向商户收取结算手续费：（1）宾馆、餐饮、娱乐、旅游等行业不得低于交易金额的 2%；（2）其他行业不得低于交易金额的 1%。

十、汇兑

（一）汇兑认知

知识准备

概念	汇兑是指汇款人委托银行将其款项支付给收款人的结算方式。汇兑便于汇款人向异地的收款人主动付款，适用于单位和个人的各种款项的结算。汇兑分为信汇和电汇两种。
分类	信汇是以邮寄方式将汇款凭证转给外地收款人指定的汇入行，而电汇则是以电报方式将汇款凭证转发给收款人指定的汇入行，后者的汇款速度比前者快。

(二)办理汇兑的程序

知识准备

办理汇兑的程序	汇款人签发汇兑凭证	一般情况下，汇款人签发汇兑凭证时，必须记载下列事项:(1)表明“信汇”或“电汇”的字样;(2)无条件支付的委托;(3)确定的金额;(4)收款人名称;(5)汇款人名称;(6)汇入地点、汇入行名称;(7)汇出地点、汇出行名称;(8)委托日期;(9)汇款人签章。 特殊记载事项有:①汇兑凭证上记载收款人为个人的，收款人需要到汇入银行领取汇款，汇款人应在汇兑凭证上注明“留行待取”字样;留行待取的汇款，需要指定单位的收款人领取汇款的，应注明收款人的单位名称。②信汇凭收款人签章支取的，应在信汇凭证上预留其签章。③如果汇款人确定不得转汇的，应在汇兑凭证备注栏注明“不得转汇”字样。④汇款人和收款人均为个人，需要在汇入银行支取现金的，应在信、电汇凭证的“汇款金额”大写栏，先填写“现金”字样，后填写汇款金额。
	汇出银行受理汇兑凭证，并进行认真审查	汇出银行审查汇兑凭证的内容有:汇兑凭证填写的各项内容是否齐全、正确;汇款人账户内是否有足够支付的余额;汇款人的印章是否与预留银行印鉴相符。
	汇出银行汇出汇兑凭证	汇出银行将汇兑凭证通过邮寄或电传方式寄交汇入银行
	汇入银行接收汇兑凭证后，根据收款人的不同情况进行审查并办理付款手续	(1)汇入行对开立存款账户的收款人，应将款项直接转入收款人账户，并向其发出收账通知，收账通知是银行将款项确已收入收款人账户的凭据。 (2)对未开立存款账户的收款人，凭信、电汇的取款通知或“留行待取”的，向汇入行支取款项，必须交验本人的身份证件，在汇兑凭证上注明证件名称、号码及发证机关，并在“收款人盖章”处签章。 (3)信汇凭签章支取的，收款人的签章必须与预留信汇凭证上的签章相符，银行审查无误后，以收款人的姓名开立应解汇款及临时存款账户，该账户只付不收，付完清户，不计付利息。 (4)如果收款人需要委托他人向汇入行支取款项的，应在取款通知上签章，注明本人身份证件的名称、号码、发证机关和“代理”字样以及代理人姓名。代理人代理取款时，也应在取款通知上签章，注明其身份证件的名称、号码及发证机关，并同时交验代理人和被代理人的身份证件。 (5)如果收款人转账支付的，应由原收款人向银行填制支款凭证，并由本人交验其身份证件办理支付款项。但该账户的款项只能转入单位或个体工商户的存款账户，严禁转入储蓄和银行卡账户。 (6)如果转汇的，应由原收款人向银行填制信、电汇凭证，并由本人交验其身份证件。转汇的收款人必须是原收款人。原汇入银行必须在信、电汇凭证上加盖“转汇”戳记。

（三）汇兑的撤销和退汇

知识准备

汇兑的撤销	汇兑的撤销是指汇款人对汇出银行尚未汇出的款项，向汇出银行申请撤销的行为。汇款人申请撤销汇款必须是该款项尚未从汇出银行汇出。在申请撤销时，汇款人应出具正式函件或本人身份证件及原信、电汇回单；汇出银行只有在查明确未汇出款项，并收回原信、电汇回单时，方可办理撤销手续。转汇银行不得受理汇款人或汇出银行对汇款的撤销。
汇兑的退汇	指汇款人对汇出行已经汇出的款项申请退回的行为。 (1)对在汇入行开立账户的收款人，由汇款人与收款人自行联系退汇。 (2)对在汇入行未开立账户的收款人，汇款人应出具正式函件或本人身份证件以及原信、电汇回单，由汇出行通知汇入行，经汇入行核实汇款确未支付，并将款项退回汇出行，方可办理退汇。但转汇银行不得受理退汇。 (3)汇入行对收款人拒绝接受的汇款，应立即办理退汇。 (4)汇入行向收款人发出取款通知，经过两个月无法交付的汇款，应主动办理退汇。

操作练习

【训4－46·多选题】下列情形中，汇出银行不可以办理退汇的是（　）。

A. 该汇款尚未汇出

B. 汇款人与收款人未达成一致退汇意见

C. 经过1个月无法交付的汇款

D. 收款人拒绝接受的汇款

【答案】ABC

【解析】汇入银行对于收款人拒绝接受的汇款，应即办理退汇。汇入银行对于向收款人发出取款通知，经过2个月无法交付的汇款，应主动办理退汇。

【训4－47·判断题】汇入银行对于向收款人发出取款通知，经过60天无法交付的汇款，应主动办理退汇。（　）

【答案】×

【解析】根据支付结算法律制度的有关规定，汇入银行对于向收款人发出取款通知，经过2个月无法交付的汇款，应主动办理退汇。

技能训练

一、单项选择题

1. 下列各项中，不属于支付结算时应遵循的原则有（　）。

A. 恪守信用，履约付款原则

B. 谁的钱进谁的账，由谁支配原则

C. 银行不垫款原则

D. 自主选择银行开立银行结算账户原则

2. 下列各项中，不符合票据和结算凭证填写要求的是(　)。

A. 中文大写金额数字到“角”为止，在“角”之后没有写“整”字

B. 票据的出票日期使用阿拉伯数字填写

C. 阿拉伯小写金额数字前填写了人民币符号

D. 1 月 15 日出票的票据，票据的出票日期栏填写为“零壹月壹拾伍日”

3. 某单位于 2012 年 10 月 19 开出一张支票。下列有关支票日期的写法中，符合要求的是(　)。

A. 贰零壹贰年拾月玖日

B. 贰零壹贰年壹拾月壹拾玖日

C. 贰零壹贰年零壹拾月拾玖日

D. 贰零壹贰年零壹拾月壹拾玖日

4. 填写票据金额时，￥10056.00 应写成(　)。

A. 壹万零伍拾陆元

B. 人民币壹万零伍拾陆元整

C. 人民币壹万零零伍拾陆元整

D. 人民币一万零五拾六元整

5. 长江公司出纳会计李某于 2009 年 2 月 10 日签发了一张转账支票，转账支票上日期填写正确的是(　)。

A. 贰零零玖年贰月拾日

B. 贰零零玖年零贰月壹拾日

C. 贰零零玖年零贰月零壹拾日

D. 贰零零玖年贰月壹拾日

6. 根据《人民币银行结算账户管理办法》的规定，下列关于银行结算账户管理应遵循的原则，错误的是(　)。

A. 个人银行结算账户的存款人只能在银行开立一个基本存款账户

B. 存款人可以自主选择银行开立银行结算账户

C. 银行结算账户的开立和使用必须遵守法律

D. 银行必须为存款人的银行结算账户的信息保密

7. 银行开立(　)实行核准制度，经中国人民银行核准后由开户银行核发开户登记证。

A. 一般存款账户

B. 个人银行结算账户

C. 预算单位开立专用存款账户

D. 因注册验资需要开立的临时存款账户

8. 存款人下列事项的变更，不需要于 5 个工作日内书面通知开户银行并提供相关证明，及时办理变更手续的为(　)。

A. 存款人名称改变

B. 法定负责人变更

C. 住址变更

D. 开户银行的改变

9. 下列存款人中可以申请开立基本存款账户的是(　)。

A. 村民委员会

B. 单位设立的非独立核算的幼儿园

C. 营级以上军队

D. 异地临时机构

10. 存款人的下列行为，中国人民银行可以给予 5000 元以上 3 万元以下罚款的有(　)。

A. 经营性存款人违反规定开立银行结算账户

B. 经营性存款人违反规定支取现金

C. 经营性存款人违反规定变造开户登记证

D. 非经营性存款人违反规定不及时撤销银行结算账户

11. 存款人的开户资料的变更事项未在规定期限内通知银行的，对于经营性的存款人，给予警告并处以(　)的罚款。

A. 1000 元　　B. 10000 元

C. 5000 元以上 3 万元以下　　D. 1 万元以上 3 万元以下

12. 下列关于票据的说法错误的是(　)。

A. 票据法上规定的票据全部都是有价证券

B. 按照付款时间分类，票据分为远期票据和即期票据

C. 发票也属于广义的票据

D. 转让票据权利只需在票据的背面做相应的记载并签章即可

13. 甲公司向乙公司购买货物，收到乙公司发来的货物后，将出票人为丙公司，收款人为甲公司的商业汇票背书转让给乙公司以抵顶货款。上述行为充分体现了票据的(　)。

A. 支付功能　　B. 信用功能

C. 结算功能　　D. 融资功能

14. 2012 年 6 月 5 日，A 公司向 B 公司开具一张金额为 5 万元的，见票后 3 个月到期的银行承兑汇票，6 月 10 日 A 公司向其开户银行提示承兑，银行于当日承兑，6 月 11 日 A 公司将票据交付给 B 公司，7 月 10 日 B 公司将该票据背书转让给 C 公司。9 月 12 日，C 公司请求承兑银行付款时，银行以 A 公司账户内只有 5000 元为由拒绝付款。C 公司遂要求 B 公司付款，B 公司于 9 月 15 日向 C 公司付清了全部款项。根据票据法律制度的规定，B 公司向 A 公司行使再追索权的期限为(　)。

A. 2012 年 12 月 5 日之前　　B. 2012 年 12 月 15 日之前

C. 2014 年 6 月 5 日之前　　D. 2014 年 9 月 10 日之前

15. (　)是出票人签发的、委托办理票据存款业务的银行在见票时无条件支付确定的金额给收款人或持票人的票据。

A. 支票　　B. 商业汇票

C. 银行汇票　　D. 本票

16. 下列关于授权补记说法正确的是(　)。

A. 只有支票可以授权补记

B. 可以授权补记的事项只有金额和付款人名称

C. 授权补记事项未补记前可以背书转让

D. 授权补记事项未补记前可以提示付款

17. 关于信用卡，下列表述正确的是（　）。

A. 出差人员在出差期间可以用单位卡支取现金

B. 信用卡持卡人在享受免息还款期的同时还享受最低还款额待遇

C. 准贷记卡透支期限最长不超过 60 天

D. 宾馆、餐饮等行业信用卡收单业务手续费不得低于交易金额的 1%

18. 下列关于票据伪造与变造的表述中不正确的有（　）。

A. 所谓“伪造”，是指无权限人假冒他人或虚构人名义签章的行为

B. 所谓“变造”，是指无权更改票据内容的人对票据上签章以外的记载事项加以改变的行为

C. 伪造、变造票据属于欺诈行为，应追究其刑事责任

D. 票据上有伪造、变造的签章的，票据无效

二、多项选择题

1. 下列各项中，单位可用现金进行结算的有（　）。

A. 支付职工工资、津贴 1000 元

B. 支付个人劳务报酬 600 元

C. 向个人发放防暑降温补贴 200 元

D. 支付出差人员差旅费 3000 元

2. 关于现金管理下列说法中错误的有（　）。

A. 现金结算起点的调整，由中国人民银行确定，报财政部备案

B. 现金结算起点的调整，由中国人民银行确定，报财政部批准

C. 各单位现金收入应于当日送存银行；如当日确有困难，由中国人民银行当地分支行确定送存时间

D. 开户单位需要增加或减少库存现金限额的，应当向中国人民银行当地分支行提出申请，由中国人民银行当地分支行核定

3. 下列关于现金管理的说法中正确的有（　）。

A. 单位最多可按 15 天日常零星开支的需要留存现金

B. 没有在银行单独开立账户的附属单位必须保留的现金及商业和服务业的找零备用现金均包括在现金使用限额之内，因此均需要核定定额

C. 开户单位在特殊情况下可以坐支现金

D. 经办人员对于审批人超越授权范围审批的货币资金业务，有权拒绝办理，并及时向单位负责人报告

4. 下列情况中，不属于开户单位的库存现金限额之内的有（　）。

A. 没有在银行单独开立账户的附属单位保留的现金

B. 商业找零备用现金

C. 服务行业找零备用现金

D. 在银行单独开立账户单位的现金

5. 银行结算账户按存款人不同可以分为（　）。

A. 单位银行结算账户

B. 个人银行结算账户

C. 一般存款账户

D. 基本存款账户

6. 下列关于银行结算账户的开立说法正确的有(　)。

A. 存款人开立单位银行结算账户，自正式开立之日起3个工作日后，方可办理付款业务

B. 存款人因借款转存开立的一般存款账户不受生效日的限制

C. 存款人开立的临时存款账户不受生效日的限制

D. 存款人在同一银行营业机构撤销银行结算账户的同时又重新开立银行结算账户的不受生效日的限制

7. 下列关于银行结算账户的开立、变更和撤销说法错误的有(　)。

A. 存款人开立银行结算账户其预留银行签章可以为该单位的公章

B. 银行接到存款人的变更通知后，应及时办理变更手续，并于3个工作日内向中国人民银行报告

C. 存款人撤销银行结算账户，应先撤销基本存款账户后再办理其他银行结算账户的撤销

D. 银行对1年未发生收付活动且未欠开户银行债务的单位银行结算账户，应通知单位自发出通知之日起30日内办理销户手续

8. 关于一般存款账户，下列表述错误的有(　)。

A. 只要有借款需要，一般存款账户在任何银行营业机构均可开立

B. 一般存款账户有效期最长不得超过2年

C. 开立一般存款账户的开户银行应于开户之日起5个工作日内报中国人民当地分支行核准

D. 开立一般存款账户需要提供基本开户行开户登记证

9. 下列专用存款账户中，不得支取现金的账户为(　)。

A. 基本建设资金

B. 单位银行卡账户

C. 财政预算外资金

D. 党、团、工会经费

10. 下列关于银行结算账户的各项表述中，错误的有(　)。

A. 存款人可以通过基本存款账户办理工资、奖金等现金的支取

B. 一般存款账户可以存现金亦可以取现金

C. 专用存款账户不得办理现金支取

D. 临时存款账户不得办理现金支取

11. 甲公司向乙公司购买货物，签发支票一张给乙公司以抵顶货款，由丙公司为保证人，乙公司拿到支票后背书转让给丁公司以抵顶前欠材料款，丁公司向甲公司开户银行A提示付款，则上述事项中属于该支票基本当事人的有(　)。

A. 甲公司　　B. 乙公司

C. 丙公司　　D. 丁公司

12. 甲私刻乙公司的财务专用章，假冒乙公司名义签发一张转账支票交给收款人丙，丙将该支票背书转让给丁，丁又背书转让给戊。当戊主张票据权利时，下列表述中错误

的有( )。

A. 甲不承担票据责任

B. 乙公司承担票据责任

C. 丙不承担票据责任

D. 丁不承担票据责任

13. 下列关于支票分类的说法错误的有( )。

A. 现金支票可以用于背书转让

B. 转账支票可以用于背书转让

C. 普通支票只能用于转账

D. 划线支票只能用于转账

14. 下列不属于支票的绝对记载事项的有( )。

A. 无条件支付的承诺

B. 付款日期

C. 付款人名称

D. 收款人名称

15. 甲公司于2011年11月11日签发一张支票给乙公司，乙公司于11月25日委托自己的开户银行收款，乙公司的开户银行以支票超过提示付款期限为由未予受理，乙公司又向甲公司开户银行提示付款，甲公司的开户银行同样以支票超过提示付款期限为由未予受理，乙公司遂要求甲公司偿还支票金额，甲公司同样以支票超过提示付款期限为由拒绝付款，则下列说法中正确的有( )。

A. 该支票的提示付款期限截至2011年11月20日24时

B. 乙公司的开户银行做法正确

C. 甲公司的开户银行做法正确

D. 甲公司的做法正确

16. 签发( )，银行应予退票;并按票面金额处以5%但不低于1000元的罚款。

A. 空头支票

B. 支付密码错误的支票

C. 出票日期使用小写填写

D. 签章与预留银行签章不符的支票

17. 下列关于商业汇票的表述中，不符合法律规定的有( )。

A. 商业汇票既可以由银行签发也可以由企业签发

B. 商业汇票的出票人必须具备的条件之一为出票人必须在银行账户中有足额的资金以保障票款可以按时支付

C. 商业汇票的提示承兑期限，为自汇票出票之日起1个月内

D. 商业汇票的付款期限，为自汇票到期日起10日内

18. 根据《票据法》的规定，下列各项中，不会导致汇票失效的是( )。

A. 未记载付款日期

B. 未记载付款地

C. 未记载出票地

D. 未记载收款人名称

19. 关于商业汇票的付款，下列表述的错误有(　)。

A. 商业汇票持票人超过提示付款期限提示付款的，代理付款人不予受理

B. 商业汇票持票人超过提示付款期限提示付款的，承兑人不予受理

C. 商业汇票持票人超过提示付款期限提示付款的，出票人不承担票据责任

D. 商业汇票持票人超过提示付款期限提示付款的，背书人不承担票据责任

20. 根据《票据法》的规定，下列关于商业汇票的说法中错误的有(　)。

A. 签发票据时委托付款附有条件，所附条件不具备票据上的效力

B. 付款人承兑汇票，不得附有条件，承兑附有条件的，所附条件不具备票据上的效力

C. 背书不得附有条件，背书附有条件的，所附条件不具备票据上的效力

D. 保证不得附有条件，保证附有条件的，所附条件不具备票据上的效力

21. 下列关于汇兑的特征的表述中，符合法律规定的有(　)。

A. 单位和个人各种款项的结算，均可使用汇兑结算方式

B. 汇款回单作为该笔汇款已转入收款人账户的证明

C. 汇款人对汇出银行尚未汇出的款项可以申请撤销

D. 汇入银行对于收款人拒绝接受的汇款，应立即办理退汇

三、判断题

1. 根据《人民币银行结算账户管理办法》的规定，存款人的基本存款账户开户登记由开户银行核发。(　)

2. 嘉信公司到外地收购粮食的资金支出，应该通过在收购地开设临时存款账户支取。(　)

3. 支票的出票人签发支票的金额不得超过签发时在付款人处实有的存款金额，禁止签发空头支票。(　)

4. 商业汇票背书转让时，背书人只在票据的背面签章而未记载被背书人名称的，可以由被背书人授权补记。(　)

5. 贷记卡存款无息，可以享受免息还款期或最低还款额，超过免息还款期后按月计收复利。(　)

6. 汇入银行对于向收款人发出取款通知，经过 2 个月无法交付的汇款，应主动办理撤汇。(　)

四、案例分析题

1. 甲公司于 2011 年 10 月 20 日向王某签发一张转账支票，出票日期为 10 月 20 日，付款人为乙银行，支票金额为 10 万元。甲公司的财务人员在支票上未记载收款人名称，授权王某自己补记。王某补记收款人名称后，向其开户银行丙银行委托收款，将款项转入其个人银行结算账户。甲公司的开户银行丁银行未要求甲公司提供相关的收款资料，王某的开户银行丙银行也未要求王某提供相关的收款依据。

要求：根据支付结算法律制度的规定，分别回答下列问题。

(1) 王某使用该支票支取现金，以下有关说法正确的是(　)。

A. 现金支票只能用于支取现金

B. 转账支票只能用于转账

C. 普通支票可以用于支取现金，也可以用于转账

D. 划线支票只能用于转账，不能支取现金

(2)甲公司在出票时，出票日期是10月20日应当记载为(　　)。

A. 零壹拾月零贰拾日

B. 壹拾月零贰拾日

C. 零壹拾月贰拾日

D. 拾月贰拾日

(3)甲公司在出票时的签章，以下有关说法正确的是(　　)。

A. 甲公司在出票时，应当盖上与该公司在银行预留签章一致的财务专用章，加盖法定代表人或者授权的代理人的签名或者盖章

B. 如果甲公司的签章不符合规定，该支票无效

C. 根据规定，出票人(甲公司)在票据上的签章不符合规定的，票据无效

D. 根据规定，出票人(甲公司)在票据上的签章不符合规定的，签章无效，不影响票据的效力

(4)甲公司的财务人员在出票时，未记载收款人名称，授权王某自己补记。关于该支票的效力及有关问题，以下有关说法正确的是(　　)。

A. 该支票有效

B. 根据规定，支票的金额可以由出票人授权补记

C. 根据规定，出票的日期可以由出票人授权补记

D. 根据规定，支票的收款人名称可以由出票人授权补记

(5)甲公司的开户银行丁银行未要求甲公司提供相关的付款依据，王某的开户银行丙银行也未要求王某提供相关的收款依据的做法是否符合法律规定？并说明理由(　　)。

A. 丙银行、丁银行的做法符合规定

B. 丙银行、丁银行的做法不符合规定

C. 根据规定，单位从银行结算账户支付给个人银行结算账户的款项，每笔超过5万元的，应当向其开户银行提供相关付款依据

D. 个人持出票人为单位的支票向开户银行委托收款，将款项转入其个人银行结算账户的，个人应当出具相关收款依据

2. 2011年1月，乙公司签订了一份金额为60万元的购货合同。合同约定:交货时付款。4月，供货商按合同交货，乙公司验收入库。但乙公司因产品销售不畅，资金紧张，没有按合同约定及时支付货款。之后，供货商多次打电话、发函催要货款，未果。9月，供货商派专人及律师顾问到乙公司再次催要货款。为了解决当时的“困境”，乙公司签发了一张金额为60万元的转账支票，交给供货商。供货商到银行提示付款时，银行以乙公司存款账户余额仅有20万元不足付款为由予以退票。

10月，乙公司收到丙公司签发的银行承兑汇票一张，票面金额为60万元，未背书转让就将该汇票交给了供货商抵付货款。之后供货商又将该汇票背书转让给了丙公司，背书时未记载丙公司的名称，丙公司拿到票据后自己将自己的公司名称记载于被背书人处。汇票到期后，丙公司填写了委托收款凭证并附上该银行承兑汇票，经其开户银行A向承兑银行B发出委托收款申请。承兑银行对该汇票进行审查后拒绝支付。

要求:根据上述资料，回答下列题目:

(1)乙公司签发的这张转账支票属于( )。

A. 空白支票　　B. 空头支票

C. 票据　　D. 有价证券

(2)对于乙公司的该项行为，供应商可以( )。

A. 有权要求乙公司赔偿1000元

B. 有权要求乙公司赔偿12000元

C. 无权要求乙公司赔偿

D. 继续找乙公司追索

(3)对于乙公司的该项行为，银行可以( )。

A. 对乙公司处以票面金额5%的罚款

B. 先付给供货商20万元，并要求乙公司补付40万元

C. 先为乙公司垫付，并要求乙公司尽快偿还，同时按日向乙公司收取利息

D. 停止乙公司签发支票

(4)关于银行承兑汇票，下列说法正确的有( )。

A. A银行是汇票的承兑人，应承担付款义务

B. 票据到期后，只要丙公司在约定期限内提示付款，承兑银行就应无条件向丙公司支付汇票金额

C. 承兑附有条件，视为拒绝承兑

D. 银行拒绝付款的做法正确

(5)关于汇票的背书，下列说法正确的有( )。

A. 乙公司将汇票转让给供货方时应在被背书人处签章，以保证背书连续

B. 丙公司自己记载名称于被背书人处的做法不具法律效力

C. 银行是因为背书不连续而拒绝付款

D. 银行是因为丙公司自己记载名称于被背书人处而拒绝付款

答案解析

一、单项选择题

1.【正确答案】D

【答案解析】自主选择银行开立银行结算账户原则是银行结算账户管理的原则。

2.【正确答案】B

【答案解析】票据出票日期使用小写填写的，银行不予受理。

3.【正确答案】D

【答案解析】在填写月、日时，月为壹、贰和壹拾的，日为壹至玖和壹拾、贰拾和叁拾的，应在其前加“零”;日为拾壹至拾玖的，应在其前面加“壹”。如2月12日，应写成零贰月壹拾贰日;10月20日，应写成零壹拾月零贰拾日。

4.【正确答案】B

5.【正确答案】C

6.【正确答案】A

【答案解析】单位银行结算账户的存款人只能在银行开立一个基本存款账户。

7.【正确答案】C

【答案解析】根据《人民币银行结算账户管理办法》和《账户管理办法实施细则》的规定，存款人开立基本存款账户、临时存款账户(因注册验资和增资验资的除外)、预算单位开立专用银行存款账户和 QFII 专用存款账户实行核准制，经中国人民银行核准后颁发开户登记证。

8.【正确答案】D

【答案解析】开户银行的改变需要办理撤销。

9.【正确答案】A

【答案解析】选项 B 应是独立核算的附属机构；选项 C 应是团级以上军队；选项 D 应是异地常设机构。

10.【正确答案】B

【答案解析】选项 AC 应给予 1 万元以上 3 万元以下的罚款。

11.【正确答案】A

【答案解析】存款人的开户资料的变更事项未在规定期限内通知银行的，对于经营性的存款人，给予警告并处以 1000 元的罚款。

12.【正确答案】D

13.【正确答案】C

14.【正确答案】D

【答案解析】本题中，A 公司为出票人。B 公司向 A 公司行使再追索权的时限，根据“持票人对商业汇票出票人的权利，自票据到期之日起 2 年”的规定，应该为 2014 年 9 月 10 日之前。

15.【正确答案】A

【答案解析】本题考核支票的概念。支票是出票人签发的、委托办理票据存款业务的银行在见票时无条件支付确定的金额给收款人或持票人的票据。

16.【正确答案】A

17.【正确答案】C

18.【正确答案】D

【答案解析】票据上有伪造、变造的签章的，不影响票据上其他真实签章的效力。

二、多项选择题

1.【正确答案】ABCD

【答案解析】1000 元结算起点以上的除了向个人收购农副产品和其他物资的价款和出差人员必须随身携带的差旅费以外，不能使用现金。

2.【正确答案】ABCD

【答案解析】现金结算起点的调整，由中国人民银行确定，报国务院备案。各单位现金收入应于当日送存银行；如当日确有困难，由开户银行确定送存时间。开户单位需要增加或减少库存现金限额的，应当向开户银行提出申请，由开户银行核定。

3.【正确答案】AC

【答案解析】对没有在银行单独开立账户的附属单位也要实行现金管理，必须保留的现金，也要核定限额，其限额包括在开户单位的库存限额之内。经办人员对于审批人超越授权范围审批的货币资金业务，有权拒绝办理，并及时向审批人上级报告。

4.【正确答案】BC

【答案解析】商业、服务业的找零备用现金不属于库存现金限额之内。

5.【正确答案】AB

6.【正确答案】ABD

【答案解析】此考点多以不定项选择形式考核。

7.【正确答案】BC

【答案解析】银行接到存款人的变更通知后，应及时办理变更手续，并于两个工作日内向中国人民银行报告。存款人撤销银行结算账户，应先撤销其他银行结算账户后再办理基本存款账户后的撤销。

8.【正确答案】ABC

【答案解析】一般存款账户是存款人因借款或其他结算需要，在基本存款账户开户银行以外的银行营业机构开立的银行结算账户。临时存款账户有效期最长不得超过 2 年。开立一般存款账户的开户银行应于开户之日起 5 个工作日内报中国人民当地分支行备案。

9.【正确答案】BC

【答案解析】基本建设资金需要支取现金的，应在开户时报中国人民银行当地分支行批准。党、团、工会经费专用存款账户支取现金，应按照国家现金管理的规定办理。

10.【正确答案】BCD

【答案解析】一般存款账户可以办理现金缴存，但是不能办理现金支取。除证券、期货结算资金专户，单位信用卡备用金专户，财政预算外专户等不得办理现金支取外，其他是可以办理现金支取的。除验资临时存款账户不得办理现金支取外，其余是可以办理的。

11.【正确答案】AB

12.【正确答案】BCD

【答案解析】本题考核票据伪造的责任承担。票据伪造行为中，对伪造人而言，由于票据上没有以自己名义所作的签章，因此也不应承担票据责任。但是，如果伪造人的行为给他人造成损害的，必须承担民事责任，构成犯罪的，还应承担刑事责任。本题中，甲公司作为伪造人不承担票据责任，乙公司作为被伪造人由于没有以自己的真实意思在票据上签章，也不承担票据责任，但是丙公司和丁公司的签章是合法有效的，因此应该承担票据责任。

13.【正确答案】AC

14.【正确答案】ABD

15.【正确答案】BC

【答案解析】支票的提示付款期为自出票日起 10 日，到期日遇法定休假日顺延。2011 年 11 月 20 日是周日，所以到期日应顺延至 2011 年 11 月 21 日。

16.【正确答案】ABD

【答案解析】签发空头支票或者签发与其预留的签章不符的支票，使用支付密码地区支付密码错误的支票，由中国人民银行处以票面金额 5% 但不低于 1000 元的罚款。

17.【正确答案】ABCD

18.【正确答案】ABC

【答案解析】本题考核商业汇票的绝对记载事项。签发商业汇票必须记载下列事项，欠缺记载上述事项之一的，商业汇票无效：(1) 表明“商业承兑汇票”或“银行承兑汇票”的字样；

(2)无条件支付的委托;(3)确定的金额;(4)付款人名称;(5)收款人名称;(6)出票日期;(7)出票人签章。ABC 都属于相对记载事项。

19.【正确答案】BC

【答案解析】持票人未按规定期限提示付款的，在作出说明后，承兑人或者付款人(出票人)仍应当继续对持票人承担付款责任。

20.【正确答案】AB

【答案解析】选项 A，委托付款附有条件的，票据无效。选项 B，承兑附有条件的，视为拒绝承兑。

21.【正确答案】ACD

【答案解析】汇款回单不可以作为该笔汇款已转入收款人账户的证明。

三、判断题

1.【正确答案】×

【答案解析】存款人的基本存款账户开户登记由中国人民银行当地分支行核发。

2.【正确答案】×

【答案解析】食品加工厂到外地收购粮食的资金支出，应该通过在收购地开设专用存款账户支取。

3.【正确答案】×

【答案解析】支票的出票人签发支票的金额不得超过付款时在付款人处实有的存款金额，禁止签发空头支票。

4.【正确答案】×

【答案解析】背书人未记载被背书人名称，即将票据交付他人的，持票人在票据被背书人栏内记载自己的名称与背书人记载具有同等法律效力。

5.【正确答案】√

6.【正确答案】×

【答案解析】根据支付结算法律制度的有关规定，汇入银行对于向收款人发出取款通知，经过 2 个月无法交付的汇款，应主动办理退汇。

四、案例分析题

1.(1)【正确答案】ABCD

【答案解析】本题考核支票的种类及能否转账、支取现金的规定。故选 ABCD。

(2)【正确答案】A

【答案解析】本题考核支票出票日期填写的规定。为防止变造支票的出票日期在填写月日时应注意:①月为壹、贰和壹拾的，日为壹至玖和壹拾、贰拾和叁拾的，应在其前加“零”;②日为壹至拾玖的，应该在其前加“壹”。故选 A。

(3)【正确答案】ABC

【答案解析】本题考核出票人的签章，出票人为单位的，为与该单位在银行预留签章一致的财务专用章或者公章加其法定代表人或者其授权的代理人的签名或者盖章;出票人为个人的，为与该个人在银行预留签章一致的签名或盖章。故选 ABC。

(4)【正确答案】ABD

【答案解析】本题考核支票未记载的事项，哪些可以授权补记。支票的金额、收款人名称可以由出票人授权补记。故选 ABD。

(5)【正确答案】BCD

【答案解析】单位从银行结算账户支付给个人银行结算账户的款项，每笔超过 5 万元的，应当向其开户银行提供相关付款依据。当个人持出票人为单位的支票向开户银行委托收款，将款项转入其个人银行结算账户的，个人应当出具相关收款依据。故选 BCD。

2. (1)【正确答案】BCD

【答案解析】本题考核支票的相关规定。该转账支票属于空头支票；支票属于票据结算方式；票据属于有价证券。

(2)【正确答案】BD

【答案解析】本题考核支票的相关规定。供应商有权要求乙公司给予赔偿票面金额 2% 的赔偿金，具体数额是 12000 元；供应商不获付款可以找乙公司追索。

(3)【正确答案】A

【答案解析】本题考核支票的相关规定。根据规定，签发空头支票的，银行应对当事人按支票票面金额处以 5% 但不低于 1000 元的罚款。因本题票面金额为 60 万元，显然 5% 要超过 1000 元，因此 A 的说法正确；对于屡次签发空头支票的，银行应停止其签发支票，本案中并未提及乙公司屡次签发，因此 D 选项错误。

(4)【正确答案】CD

【答案解析】本题考核银行承兑汇票的相关规定。B 银行是汇票的承兑人，应承担付款义务，因此 A 的说法错误；付款人及代理付款人付款时，应当审查汇票背书的连续，因此 B 的说法错误。

(5)【正确答案】C

【答案解析】本题考核汇票背书转让的相关规定。乙公司将汇票转让给供货方时应在背书人处签章，因此 A 的说法错误；如在背书转让时背书人未记载被背书人名称即将票据交付他人，持票人在票据被背书人栏内记载自己的名称与背书人记载具有同等法律效力，因此 BD 的说法错误。

项目三　税收法律制度应用

任务一　税收法律制度认知

实训目标

☞ 了解税收的概念和分类。

☞ 熟悉税法及构成要素。

☞ 理解征税人、纳税义务人、税目、税率等 11 个税法的构成要素。

一、税收的认知

(一)税收基本认知

知识准备

<table>
<tr><td colspan="2">税收的概念</td><td>税收是政府为了满足社会公共需要，凭借政治权力，强制、无偿地取得财政收入的一种形式。
(1)税收与国家存在直接联系，是政府赖以生存并实现其职能的物质基础。
(2)税收是国家参与并调节国民收入分配的一种手段，是国家财政收入的主要形式。
(3)税收是以国家为主体的分配关系。</td></tr>
<tr><td rowspan="3">税收的特征</td><td>强制性</td><td>是指国家凭借政治权力对社会产品进行的强制性分配，而非纳税人的一种自愿交纳，纳税人必须依法纳税，否则会受到法律制裁。</td></tr>
<tr><td>无偿性</td><td>是指国家征税后对纳税人既不需要直接偿还，也不付出任何直接形式的报酬。</td></tr>
<tr><td>固定性</td><td>是指税收是国家通过法律形式预先规定了对什么征税及其征收比例等税制要素，并保持相对的连续性和稳定性。</td></tr>
</table>

续表

税收的作用	是国家组织财政收入的主要形式	主要表现在三个方面：一是税收具有强制性、无偿性和固定性，因而能保证其收入的稳定；二是税收按期征收，均匀入库，有利于财力调度，满足日常财政支出；三是税收的源泉十分广泛，多税种、多税目、多层次、全方位的课税制度，能从多方面筹集财政收入。
	是国家调控经济运行的重要手段	国家通过税种的设置、税率高低以及减免税等手段对资源配置和经济发展产生影响，从而达到调控经济运行的目的。
	具有维护国家政权的作用	国家政权的存在依赖于税收。没有税收，国家机器就不可能有效运转。
	是国际经济交往中维护国家利益的可靠保证	在国际经济交往中，任何国家对本国境内从事生产经营的外国企业或个人都拥有税收管辖权，这是国家权益的具体体现。

操作练习

【训 1－1・单选题】税收的(　　)特征是区别于其他财政收入形式的最基本的特征。

A. 无偿性　　　　B. 固定性

C. 强制性　　　　D. 收益性

【答案】A

【解析】本题考核税收的特征。

(二)税收的分类

知识准备

按征税对象分	流转税类	是以商品生产、商品流通和劳动服务的流转额为征税对象的一类税收。我国现行的增值税、消费税、关税等都属于流转税类。
	所得税类	是以纳税人的各种应纳税所得额为征税对象的税种。现阶段，我国所得税主要包括企业所得税、个人所得税等。
	财产税类	是以纳税人所拥有或支配的某些财产为征税对象的一类税收。如房产税、车船税等。
	资源税类	是指对在我国境内从事资源开发的单位和个人征收的一类税。税负高低与资源级差收益水平关系密切；资源税类除包括资源税以外，还包括城镇土地使用税等其他税种。
	行为税类	是以某些特定行为为征税对象的一类税收。具有特殊的目的性、较强的政策性、临时性和偶然性、税源的分散性。如印花税、车辆购置税、城市维护建设税、契税、耕地占用税等。

续表

<table>
<tr><td rowspan="2">按照征收管理的分工体系分</td><td>工商税类</td><td>是指以从事工业、商业和服务业的单位和个人为纳税人的各税种的总称。该类税收由税务机关负责征收管理。</td></tr>
<tr><td>关税类</td><td>是指对进出境的货物、物品征收的税收总称，主要包括:进出口关税、由海关代征的进口环节增值税、消费税和船舶吨税。该类税收由海关负责征收管理。</td></tr>
<tr><td rowspan="3">按照税收的征收权限和收入支配权限分</td><td>中央税</td><td>是指由中央政府征收和管理使用或由地方政府征收后全部上解中央政府所有并支配使用的一类税。如:关税，海关代征的进口环节增值税，消费税等。</td></tr>
<tr><td>地方税</td><td>是指收入划归地方并由地方政府征收和管理使用的一类税。如:城镇土地使用税、城市维护建设税、房产税、车船税、契税、土地增值税等。</td></tr>
<tr><td>中央地方共享税</td><td>是指税收的管理权和使用权属中央政府和地方政府共同拥有的一类税。如:增值税、企业所得税、资源税等。</td></tr>
<tr><td rowspan="3">按照计税标准不同分</td><td>从价税</td><td>是指以征税对象的价值或价格为计税依据，按一定比例征收的一种税，如增值税、所得税。</td></tr>
<tr><td>从量税</td><td>是指以征税对象的实物量作为计税依据，按固定数额征收的一种税，一般采用定额税率，如耕地占用税、城镇土地使用税等。</td></tr>
<tr><td>复合税</td><td>是指对征税对象采取从价和从量相结合的复合计税方法征收的一种税，如对卷烟、白酒征收的消费税。</td></tr>
</table>

操作练习

【训 1－2·单选题】下列税种中，属于地方税的是(　)。

A. 关税　B. 增值税　C. 房产税　D. 消费税

【答案】C

【解析】本题考核税收的分类。

【训 1－3·多选题】下列各项中，属于流转税类的有(　)。

A. 增值税　B. 消费税　C. 企业所得税　D. 契税

【答案】AB

【解析】本题考核流转税的类型。我国现行的增值税、消费税、营业税、关税等都属于流转税类。

【训 1－4·多选题】某大型超市在缴纳的下列税种中，属于地方税务局征收的有(　)。

A. 增值税　B. 房产税　C. 印花税　D. 车船税

【答案】BCD

【解析】本题考核税收的分类。增值税属于中央地方共享税,由国家税务局征收。

【训 1－5·单选题】下列各项中属于税法核心要素的是(　)。

A. 征税人　B. 纳税义务人　C. 征税对象　D. 税率

【答案】D

【解析】税率是税法的核心要素，是衡量国家税收负担是否适当的标志。基本要素包括：纳税义务人、征税对象、税率。

【训1-6·多选题】下列选项中不属于执行从价定率与从量定额相结合的复合征收方式的有（　）。

A. 卷烟　　B. 雪茄　　C. 烟丝　　D. 药酒

【答案】BCD

二、税法及构成要素

（一）税收与税法的关系

知识准备

关系	联系	税法是税收的法律依据和法律保障；税收制度则是税法所确定的具体内容。
	区别	税收作为一种经济活动，属于经济基础范畴；而税法则是一种法律制度，属于上层建筑范畴。

（二）税法的分类

知识准备

按照税法的功能作用划分	税收实体法	主要是指确定税种立法，具体规定各税种的征收对象、征收范围、税目、税率、纳税地点等。如《中华人民共和国企业所得税法》。
	税收程序法	是指税务管理方面的法律，具体规定税收征收管理、纳税程序、发票管理、税务争议处理等内容。如《中华人民共和国税收征收管理法》。
按照主权国家行使税收管辖权划分	国内税法	一般是按照属人或属地原则，规定一个国家的内部税收制度。
	国际税法	是指国家间形成的税收制度，主要包括双边或多边国家间的税收协定、条约和国际惯例等，一般而言，其效力高于国内税法。
	外国税法	是指外国制定的税收制度。
按照税法法律级次划分	税收法律	税收法律是由全国人民代表大会及其常务委员会制定的，其地位和效力仅次于宪法，而高于税收法规、规章。如《中华人民共和国个人所得税法》。
	税收行政法规	由国务院依据宪法和税收法律制定。如《消费税暂行条例》等。
	税收规章	分为税收部门规章和地方税收规章。税收部门规章由财政部、国家税务总局以及海关总署等部门制定。如《增值税暂行条例实施细则》等。地方税收规章由省级人民政府或较大的市的人民政府制定。
	税收规范性文件	我国的税收规范性文件是由县以上（含本级）税务机关依照法定职权和规定程序制定并公布的，规定纳税人、扣缴义务人及其他税务行政相对人的权利、义务，在本辖区内具有普遍约束力并反复适用的文件。

操作练习

【训1－7·多选题】下列各项中属于税收程序法的有(　)。

A.《中华人民共和国海关法》

B.《中华人民共和国个人所得税法》

C.《中华人民共和国税收征收管理法》

D.《进出口关税条例》

【答案】ACD

【解析】本题考核税法的分类。税收程序法是指税务管理方面的法律，如《税收征收管理法》、《中华人民共和国海关法》、《中华人民共和国进出口关税条例》。

(三)税法的构成要素

知识准备

<table>
<tr><td colspan="2">概念</td><td colspan="2">税法的构成要素，是指各种单行税法应当具备的共同的基本要素的总称。其中纳税义务人、征税对象、税率是构成税法的三个最基本要素。</td></tr>
<tr><td rowspan="6">构成要素</td><td>征税人</td><td colspan="2">征税人是指代表国家行使税收征管职权的各级税务机关和其他征收机关。包括各级税务机关、财政机关和海关。如增值税的征税人是税务机关，关税的征税人是海关。</td></tr>
<tr><td>纳税义务人</td><td colspan="2">是指税法规定的直接负有纳税义务的单位和个人。纳税义务人可以是自然人，也可以是法人或其他社会组织。</td></tr>
<tr><td>征税对象</td><td colspan="2">是指税法对什么征税，是征纳双方权利义务共同所指的对象。征税对象包括物或行为，它是区别一种税与另一种税的重要标志。不同的征税对象构成不同的税种，如企业所得税的征税对象是应税所得；增值税的征税对象就是货物或者应税劳务在生产和流通过程中的增值额。</td></tr>
<tr><td>税目</td><td colspan="2">是指税法中规定的征税对象的具体项目，它规定了征税对象的具体范围。凡列入税目的即为应税项目，未列入税目的，则不属于应税项目。制定税目的基本方法一般有两种：一是列举法，即按照每种商品或经营项目分别设置税目，必要时还可以在一个税目下设若干子目；二是概括法，即把性质相近的产品或项目归类设置税目，如按产品大类或行业设置税目等。
征税对象和税目具有内在的联系，征税对象是编制税目的依据，税目是征税对象的具体化。</td></tr>
<tr><td rowspan="2">税率</td><td>概念</td><td>是指对征税对象的征收比例或征收额度，是计算税额的尺度。税率是税法的核心要素。</td></tr>
<tr><td>分类</td><td>(1)比例税率是指对同一征税对象，不分数额大小，规定相同的征收比例。如增值税、营业税。
(2)定额税率是指对单位征税对象规定固定的税额，而不采用百分比的形式，它适用于从量计征的税种。
(3)累进税率是指按征税对象数额的大小，划分为若干个等级，不同等级分别适用不同的税率，数额越大税率越高。累进税率又分为全额累进税率、超额累进税率、超率累进税率三种。</td></tr>
</table>

续表

	计税依据	概念	是据以计算应纳税额的直接数量依据，是在确定征税对象之后解决如何计量的问题。
		分类	(1)从价计征。计税金额是从价计征应纳税额的计税依据。公式为:应纳税额 = 计税金额 × 适用税率 (2)从量计征。计税数量是从量计征应纳税额的计税依据。公式为:应纳税额 = 计税数量 × 单位税额 (3)复合计征。是指同时按照从量、从价两种计税依据计算应纳税额。其计算公式为:应纳税额 = 计税数量 × 单位税额 + 计税金额 × 适用税率
	纳税环节	概念	是指税法规定的征税对象从生产到消费的流转过程中缴纳税款的环节。可分为一次课征制和多次课征制。
		分类	(1)一次课征制是指同一税种在商品流转的全过程中只选择某一环节课征的制度。如对金银首饰在零售环节征收消费税。 (2)多次课征制是指同一税种在商品流转全过程中选择两个或两个以上环节课征的制度。如在商品的生产、批发、零售环节均征收增值税。
	纳税期限	含义	指纳税人在发生纳税义务后，应向税务机关申报纳税的起止时间。
		分类	(1)按期纳税。如增值税的纳税期限分别为 1 日、3 日、5 日、10 日、15 日、1 个月或 1 个季度。 (2)按次纳税。如进口商品应纳的增值税。
	纳税地点		是指纳税人依据税法规定向征税机关申报纳税的具体地点。我国在税法上规定的纳税地点主要是机构所在地、经济活动发生地、财产所在地、报关地等。
	减免税	概念	是指国家对某些纳税人和征税对象给予鼓励和照顾的一种特殊规定。
		形式	(1)减税和免税。减税是指从应征税额中减征部分税款;免税是指对按规定应征收的税款全部免除。 (2)起征点。起征点是指对征税对象达到一定数额才开始征税的界限。征税对象的数额没有达到规定数额的不征税，达到规定数额的，就其全部数额征税。 (3)免征额。免征额是指对征税对象总额中免予征税的数额。即将征税对象中的一部分给予减免，只就减免后的剩余部分计征税款。如《个人所得税法》对工资、薪金所得，以每月收入额减除费用 3500 元后的余额为应纳税所得额。 【提示】起征点和免征额的区别
	法律责任		是指对违反国家税法规定的行为人采取的处罚措施。包括违法行为和法律责任两部分内容。违法行为是指违反税法规定的行为，包括作为和不作为。法律责任包括行政责任和刑事责任。

操作练习

【训 1 - 8 · 判断题】消费税的税目执行的是概括法，凡是囊括在消费税税目中的商品均为应征消费税的应税消费品。(　)

【答案】×

【解析】消费税的税目执行的是列举法，而不是概括法。

【训1－9·单选题】根据消费税法律制度的规定，下列应税消费品中，实行从价定率与从量定额相结合的复合计税方法的是(　)。

A.烟丝　　B.卷烟

C.摩托车　　D.木制一次性筷子

【答案】B

【解析】本题考核消费税计税方法。目前只有卷烟、白酒实行从价定率与从量定额相结合的复合计税方法。

【训1－10·多选题】下列关于税法的构成要素表述正确的有(　)。

A.征税人是指税务机关，其他机构无权征税

B.征税对象是区别不同类型税种的主要标志

C.我国现行的税率主要有比例税率、定额税率和累进税率

D.计税依据分为从价计征、从量计征和复合计征

【答案】BCD

【解析】本题考核税法的构成要素。征税人是指代表国家行使税收征管职权的各级税务机关和其他征收机关。

任务二　主要税种的法律应用

实训目标

☞ 熟悉增值税、消费税、营业税、企业所得税、个人所得税等税种的概念、税目、税率等。

☞ 会对增值税、消费税、营业税、企业所得税、个人所得税的应纳税额进行计算。

一、增值税

(一)增值税认知

知识准备

概念		增值税是对在我国境内销售或进口货物，提供加工、修理修配劳务以及应税服务的单位和个人实现的增值额为计税依据征收的一种税。 增值额是指从销售额中扣除当期购进商品与劳务、服务的价值而课征的一种流转后的余额，即在生产经营过程中新创造的价值。 我国采用税款抵扣的办法，即根据销售商品或提供劳务、服务的销售额，按规定的税率计算出销项税额，然后扣除取得该商品或劳务时所支付的进项税额，其差额就是增值部分应交的税额。
分类	分类依据	根据购进固定资产所含税款扣除方式的不同，增值税分为生产型增值税、收入型增值税、消费型增值税三种类型。
	三种类型	(1)生产型增值税是在计算应纳税额时，只允许从当期销项税额中扣除原材料等劳动对象的已纳税款，而不允许扣除固定资产所含税款。 (2)收入型增值税是在计算应纳税额时，除扣除中间产品已纳税款外，还允许在当期销项税额中扣除固定资产折旧部分所含税款。 (3)消费型增值税是在计算应纳税额时，除扣除中间产品已纳税款外，允许将购入固定资产的已纳税款一次性从当期销项税额中全部扣除。 【提示】我国从2009年1月1日起全面实行消费型增值税。

【训 2－1 · 多选题】下列关于增值税的概念与分类说法错误的有(　)。

A. 增值税是对在我国境内生产、委托加工和进口货物的企业和个人，就其增值额而征收的一种流转税

B. 电力、热力和气体不属于有形动产，因此销售此类产品不征收增值税

C. 2009 年 1 月 1 日起，我国增值税实行生产型增值税

D. 生产型增值税允许纳税人在计算增值税时，将外购固定资产的价值一次性全部扣除

【答案】ABCD

(二) 增值税纳税人

知识准备

<table>
<tr><td>概念</td><td colspan="3">在中国境内销售或进口货物(有形动产)或者提供加工、修理修配劳务，以及应税服务的单位和个人，为增值税的纳税人。纳税人按其经营规模大小，分为一般纳税人和小规模纳税人。</td></tr>
<tr><td rowspan="4">分类</td><td rowspan="2">一般纳税人</td><td>概念</td><td>增值税一般纳税人一般是指年应税销售额超过国家规定的小规模纳税人标准的企业和企业性单位。但是，对于未超过小规模纳税人标准以及新开业的纳税人，也可申请一般纳税人资格认定。</td></tr>
<tr><td>资格认定</td><td>同时符合下列条件的，应当为其办理一般纳税人资格认定：
(1)有固定的生产经营场所；
(2)能够依法设置账簿，根据合法、有效凭证核算，能够提供准确税务资料。</td></tr>
<tr><td rowspan="2">小规模纳税人</td><td>概念</td><td>是指年销售额在规定标准以下，并且会计核算不健全，不能按规定报送有关税务资料的增值税纳税人。</td></tr>
<tr><td>资格认定</td><td>小规模纳税人的认定标准如下：
(1)从事货物生产或提供应税劳务的纳税人，以及以从事货物生产或提供应税劳务为主并兼营货物批发或零售的纳税人，年应税销售额在 50 万元以下的。
(2)提供应税服务的纳税人，年应征增值税销售额在 500 万以下的。
(3)对上述规定以外的纳税人，年应税销售额在 80 万元以下的。
年应税销售额超过小规模纳税人标准的其他个人按小规模纳税人纳税，年销售额超过规定标准但不经常发生应税行为的单位和个体工商户可选择按照小规模纳税人纳税。</td></tr>
</table>

【训 2－2 · 单选题】在以下单位或者个人中，不属于增值税纳税人的是(　)。

A. 进口设备的企业　　B. 销售商品房的房地产公司

C. 零售杂货的个体户　　D. 生产销售家用电器的公司

【答案】B

【解析】销售商品房的房地产公司目前交营业税。

（三）增值税的征收范围

知识准备

销售应税货物	一般情况下，在我国境内销售有形动产（包括电力、热力、气体在内），应缴纳增值税。
进口应税货物	进口应税货物除依法征收关税外，在进口环节还要由海关代收增值税。
提供应税劳务	提供应税劳务，是指有偿提供加工、修理修配劳务。单位或者个体工商户聘用的员工为本单位或者雇主提供加工、修理修配劳务，不包括在内。
提供应税服务	是指在中国境内有偿提供交通运输业、邮政业和部分现代服务业（研发和技术服务、信息技术服务、文化创意服务、物流辅助服务、有形动产租赁服务、鉴证咨询服务、广播影视服务）的应税服务。

（四）增值税税率

知识准备

税率	适用范围
17%	（1）增值税一般纳税人销售或者进口货物，除低税率适用范围和销售个别旧货适用征收率外，税率一律为17% （2）提供加工、修理修配劳务 （3）提供有形动产租赁服务
13%	（1）粮食、食用植物油、鲜奶 （2）自来水、暖气、冷气、热水、煤气、石油液化气、天然气、沼气、居民用煤炭制品 （3）图书、报纸、杂志 （4）饲料、化肥、农药、农机、农膜 （5）其他货物（农产品、音像制品、电子出版物、二甲醚）
11%	（1）提供交通运输业服务 （2）提供邮政业服务
6%	现代服务业服务（包括研发和技术服务、信息技术服务、文化创意服务、物流辅助服务、鉴证咨询服务、广播影视服务）
0%	纳税人出口货物（含输往海关管理的保税工厂、保税仓库和保税区的货物）
3%	小规模纳税人增值税征收率一律为3% 按简易办法征收增值税的一般纳税人，征收率为4%或6%。

【训2-3·单选题】根据《增值税暂行条例》的规定，下列关于增值税的说法不正确的是（　）。

A. 除国务院另有规定外，纳税人出口货物税率为零

B. 纳税人提供加工、修理修配劳务，税率为17%

C. 农业生产者销售饲料、化肥、农药、农机、农膜、自产农作物，适用13%的增值税税率

D. 纳税人兼营不同税率的货物或者应税劳务，应当分别核算不同税率货物或者应税劳务的销售额

【答案】C

【解析】农业生产者销售的自产农业产品免征增值税。“农业生产者销售的自产农业产品”是指直接从事植物的种植、收割和动物的饲料、捕捞的单位和个人销售的注释所列的自产农业产品；对上述单位和个人销售的外购的农业产品，以及单位和个人外购农业产品生产、加工后销售的仍然属于税法注释所列的农业产品，不属于免税的范围，应当按照规定税率征收增值税。

（五）增值税应纳税额的计算

1. 一般纳税人应纳税额的计算

知识准备

<table>
<tr><td rowspan="3">一般纳税人应纳税额的计算</td><td colspan="2">原理公式</td><td>增值税最常用的计算方法是购进扣税法，即当期销项税额抵扣当期进项税额的方法。公式为：
应纳税额 = 当期销项税额 - 当期进项税额
应纳税额 = 当期销售额 × 增值税税率 - 当期进项税额
如果当期销项税额小于进项税额，其不足抵扣的部分可以结转到下期继续抵扣。</td></tr>
<tr><td rowspan="2">公式相关概念</td><td>销项税额</td><td>销项税额是指纳税人销售货物或者提供应税劳务或应税服务，按照销售额或提供应税劳务、应税服务收入和规定的税率计算并向购买方收取的增值税额。销项税额的计算公式为：
销项税额 = 当期销售额 × 适用税率
一般纳税人因销货退回或折让而退还给购买方的增值税额，应从发生销货退回或折让当期的销项税额中冲减。</td></tr>
<tr><td>销售额</td><td>销售额是纳税人销售货物或者提供应税劳务向购买方收取的全部价款和价外费用，但是不包括向购买方收取的销项税额。如果销售货物是消费税应税产品，则全部价款中应包括消费税。
价外费用包括价外向购买方收取的手续费、补贴、基金、集资费、返还利润、奖励费、违约金、滞纳金、延期付款利息、赔偿金、代收款项、代垫款项、包装费、包装物租金、储备费、优质费、运输装卸费以及其他各种性质的价外收费。
价外费用不包括下列项目：
①受托加工应征消费税的消费品所代收代缴的消费税。
②同时符合以下条件的代垫运输费用：承运部门的运输费用发票开具给购买方的；纳税人将该项发票转交给购买方的。
③同时符合以下条件代为收取的政府性基金或者行政事业性收费：
第一，由国务院或者财政部批准设立的政府性基金，由国务院或者省级人民政府及其财政、价格主管部门批准设立的行政事业性收费；
第二，收取时开具省级以上财政部门印制的财政票据；
第三，所收款项全额上缴财政。
④销售货物的同时代办保险等而向购买方收取的保险费，以及向购买方收取的代购买方缴纳的车辆购置税、车辆牌照费。</td></tr>
</table>

<table>
<tr><td rowspan="2">一般纳税人应纳税额的计算</td><td rowspan="2">公式相关概念</td><td>销项税额</td><td>如果纳税人将销售货物的销售额和销项税额合并定价，成为含税的销售额，在计税时先要将含税销售额换算为不含税销售额，其换算公式为：
不含税销售额 = 含税销售额 ÷ (1 + 适用税率)
纳税人销售货物或提供劳务的价格明显偏低并无正当理由的，或者发生视同销售行为而无销售额的，由主管税务机关按照下列顺序核定销售额：①按纳税人最近时期同类货物的平均售价确定；②按其他纳税人最近时期同类货物的平均售价确定；③按组成计税价格确定。公式为：组成计税价格 = 成本 × (1 + 成本利润率)
如果该货物同时征收增值税和消费税的，其组成计税价格中应加上消费税税额。其组成计税价格公式为：
组成计税价格 = 成本 × (1 + 成本利润率) + 消费税税额
或：组成计税价格 = 成本 × (1 + 成本利润率) ÷ (1 − 消费税税率)
公式中的成本是指：销售自产货物的为实际生产成本，销售外购货物的为实际采购成本。公式中的成本利润率由国家税务总局确定。但属于应从价定率征收消费税的货物，其组成计税价格公式中的成本利润率，为国家税务总局确定的成本利润率。</td></tr>
<tr><td>进项税额</td><td>进项税额是纳税人购进货物或应税劳务所支付或所负担的增值税额。除税法规定不得抵扣的项目外，准予从销项税额中抵扣的进项税额主要有：
①一般纳税人购进货物或者应税劳务的进项税额，为从销售方取得的增值税专用发票上注明的增值税额。
②一般纳税人进口货物的进项税额，为从海关取得的海关进口增值税专用缴款书上注明的增值税额。
③一般纳税人向农业生产者购买的免税农产品，准予按照农产品收购发票或销售发票上注明的农产品买价和13%的扣除率计算进项税额。
纳税人因进货退回或折让而收回的增值税税额，应当从当期发生的进项税额中冲减。
以下项目的进项税额不得从销项税额中抵扣。
①纳税人购进货物、接受应税服务或者应税劳务，取得的增值税扣税凭证不符合有关规定的，其进项税额不得从销项税额中抵扣
②用于简易计税方法计税项目、非增值税应税项目、免征增值税项目、集体福利或者个人消费的购进货物、接受加工修理修配劳务或者应税服务。
③非正常损失的购进货物及相关的加工修理修配劳务或者交通运输业服务。非正常损失，是指因管理不善造成被盗、丢失、霉烂变质的损失，以及被执法部门依法没收或者强令自行销毁的货物。
④非正常损失的在产品、产成品所耗用的购进货物（不包括固定资产）、加工修理修配劳务或者交通运输业服务。
⑤接受的旅客运输服务。
⑥适用一般计税方法的纳税人，兼营简易计税方法计税项目、非增值税应税劳务、免征增值税项目而无法划分不得抵扣的进项税额，按照下列公式计算不得抵扣的进项税额：</td></tr>
</table>

续表

		进项税额	不得抵扣的进项税额＝当期无法划分的全部进项税额×（当期简易计税方法计税项目销售额＋非增值税应税劳务营业额＋免征增值税项目销售额）÷（当期全部销售额＋当期全部营业额） ⑦纳税人发生规定不允许抵扣而已经抵扣进项税额的行为，应将该项购进货物或应税劳务的进项税额从当期发生的进项税额中扣减。无法准确确定该项进项税额的，按当期实际成本计算应扣减的进项税额。 实际成本＝进价＋运费＋其他有关费用 应扣减的进项税额＝实际成本×征税时该货物或应税劳务适用的税率 ⑧因发生服务中止、购进货物退出、折让而收回的增值税额，应当从当期的进项税额中扣减。

操作练习

【训2－4·单选题】财信公司为增值税一般纳税人，其本月进口产品200000元，海关征收34000元增值税，向农业生产者购入免税产品30000元；购入原材料300000元，增值税专用发票上注明的增值税额为51000元。本月销售产品1000000元，适用的增值税税率为17%，则该企业本月应缴纳的增值税税额为（　）元。

A. 81100　　B. 89040　　C. 80995　　D. 114960

【答案】A

【解析】本月增值税进项税额＝34000＋30000×13%＋51000＝88900（元）

本月增值税销项税额＝1000000×17%＝170000（元）

本月应缴纳的增值税税额＝170000－88900＝81100（元）。

2. 小规模纳税人应纳税额的计算

小规模纳税人应纳税额的计算	原理公式		小规模纳税人销售货物或提供应税劳务，按不含税销售额和规定的征收率计算应纳税额，不得抵扣进项税额。其计算公式为： 应纳税额＝当期销售额×征收率
	公式相关概念	销售额	【注意】计算公式中的销售额也不包含增值税税额。当小规模纳税人采取价税合计方式销售货物或提供应税劳务时，应将含税销售额换算为不含税销售额。其换算公式为：不含税销售额＝含税销售额÷（1＋征收率）
		征收率	小规模纳税人的征收率为3%。征收率的调整由国务院决定。 小规模纳税人（除其他个人外）销售自己使用过的固定资产，减按2%征收率征收增值税。

操作练习

【训2－5·单选题】根据我国《增值税暂行条例》的规定，某零售商店2011年的销售额为60万元，则应纳增值税为（　）万元。

A. 8.72　　B. 1.8　　C. 1.75　　D. 10.2

【答案】C

【解析】由题目知，该商店为小规模纳税人，所以应纳增值税＝60/（1＋3%）×3%＝1.75万元。

(六)增值税征收管理

知识准备

<table>
<tr><td rowspan="3">纳税义务发生的时间</td><td colspan="2">概念</td><td>纳税义务发生时间是纳税人发生应税行为应当承担纳税义务的起始时间。</td></tr>
<tr><td rowspan="2">认定标准</td><td>一般规定</td><td>①纳税人销售货物或者应税劳务或应税服务，其纳税义务发生时间为收讫销售款项或者取得索取销售款项凭据的当天；先开具发票的，为开具发票的当天。
②纳税人进口货物，其纳税义务发生时间为报关进口的当天。
③增值税扣缴义务发生时间为纳税人增值税纳税义务发生的当天。</td></tr>
<tr><td>具体规定</td><td>①采取直接收款方式销售货物，不论货物是否发出，均为收到销售款或者取得索取销售款凭据的当天；
②采取托收承付和委托银行收款方式销售货物，为发出货物并办妥托收手续的当天；
③采取赊销和分期收款方式销售货物，为书面合同约定的收款日期的当天，无书面合同的或者书面合同没有约定收款日期的，为货物发出的当天；
④采取预收款项方式销售货物，为货物发出的当天，但销售工期超过12个月的大型机械设备、船舶、飞机等，为收到预收款或合同约定的收款日期的当天；
⑤委托其他纳税人代销货物，为收到代销单位的代销清单或者收到全部或者部分货款的当天，未收到代销清单及货款的，为发出代销货物满180天的当天；
⑥提供应税劳务或者应税服务的，为提供劳务或服务同时收讫销售款或者取得索取销售款的凭据的当天；
⑦纳税人发生视同销售行为，为货物移送的当天。</td></tr>
<tr><td>纳税期限</td><td colspan="3">增值税的纳税期限分别为1日、3日、5日、10日、15日、1个月或者1个季度。
纳税人以1个月或者1个季度为1个纳税期的，自期满之起15日内申报纳税；以1日、3日、5日、10日或15日为1个纳税期的，自期满之日起5日内预缴税款，于次月1日起15日内申报纳税并结清上月应纳税款。
纳税人进口货物，应当自海关填发海关进口增值税专用缴款书之日起15日内缴纳税款。</td></tr>
<tr><td>纳税地点</td><td colspan="3">(1)固定业户应向其机构所在地主管税务机构申报。
总机构和分支机构不在同一县(市)的，应当分别向各自所在地的主管税务机关申报纳税；经国务院财政、税务主管部门或者其授权的财政、税务机关批准，可以由总机构汇总向总机构所在地的主管税务机关申报纳税。
(2)固定业户到外县(市)销售货物或应税劳务，应向其机构所在地主管税务机关申请开具外管证，并向其机构所在地的主管税务机关申报纳税；未开具证明的，应向销售地或劳务发生地主管税务机关申报纳税；没申报的，由其机构所在地主管税务机关补征税款。
(3)非固定业户应向销售地或劳务发生地的主管税务机关申报。
(4)进口货物应当向报关地海关申报纳税。
(5)扣缴义务人应向其机构所在地或者居住地主管税务机关申报。</td></tr>
</table>

操作练习

【训2－6·多选题】下列关于增值税纳税义务发生时间的表述中，正确的有(　)。

A. 采取直接收款方式销售货物，不论货物是否发出，均为收到销售额或取得索取销售额的凭据，并将提货单交给买方的当天

B. 采取托收承付和委托银行收款方式销售货物，为发出货物并办妥托收手续的当天

C. 采取赊销和分期收款方式销售货物，为按合同约定的收款日期的当天

D. 采取预收货款方式销售货物，为货物发出的当天

【答案】ABCD

【训2－7·多选题】下列关于增值税纳税地点的表述中错误的有(　)。

A. 固定业户总分机构不在同一县(市)的，应当汇总后向总机构所在地的主管税务机关申报纳税

B. 固定业户临时到外省市销售应税货物未持有外出经营活动税收管理证明，也未向销售地主管税务机关申报纳税的，由销售地主管税务机关补征税款

C. 非固定业户应当向销售地或劳务发生地的主管税务机关申报纳税

D. 进口货物的纳税人应当向进口地海关申报纳税

【答案】ABD

【解析】总机构和分支机构不在同一县(市)的，应当分别向各自所在地的主管税务机关申报纳税；经国务院财政、税务主管部门或者其授权的财政、税务机关批准，可以由总机构汇总向总机构所在地的主管税务机关申报纳税，故A不对。固定业户到外县(市)销售货物或应税劳务，没有申报纳税的，由其机构所在地主管税务机关补征税款，故B不对。进口货物应当向报关地海关申报纳税，所以D不对。

(七)营业税改征增值税

知识准备

背景	2011年，经国务院批准，财政部、国家税务总局联合下发营业税改征增值税试点方案。从2012年1月1日起，在上海交通运输业和部分现代服务业开展营业税改征增值税试点。至此，货物劳务税收制度的改革拉开序幕。 自2012年8月1日起至年底，国务院将扩大营改增试点至10省市，北京或9月启动。截止2013年8月1日，“营改增”范围已推广到全国试行。 从2014年1月1日起，将铁路运输和邮政服务业纳入营业税改征增值税试点，至此交通运输业已全部纳入营改增范围。
纳税人	是指在中国境内有偿提供交通运输业、邮政业和部分现代服务业的应税服务单位和个人，为增值税纳税人。 在中华人民共和国境内提供应税服务，是指应税服务提供方或者接受方在中国境内。下列情形不属于在中国境内提供应税服务： ①境外单位或者个人向境内单位或者个人提供“完全在境外消费”的应税服务。 ②境外单位或者个人向境内单位或者个人出租“完全在境外使用”的有形动产。 ③财政部和国家税务总局规定的其他情形。

续表

征税范围	有偿提供应税服务(包括视同销售提供劳务)。 非营业活动提供的交通运输业和部分现代服务业不属于提供应税服务。非营业活动指: (1)非企业性单位按照法律和行政法规的规定，为履行国家行政管理和公共服务职能收取政府性基金或行政事业性收费的活动。 (2)单位和个体工商户的员工为本单位或雇主提供交通运输业和部分现代服务业服务。 (3)单位或个体工商户为员工提供交通运输业和部分现代服务业服务。 (4)其他。
税目	(1)交通运输业:包括陆路运输服务、水路运输服务、航空运输服务和管道运输服务。 (2)邮政业:包括邮政普遍服务、邮政特殊服务和其他邮政服务。 (3)部分现代服务业(生产性)主要有以下几项: ①研发和技术服务，包括研发服务、技术转让服务、技术咨询服务、合同能源管理服务、工程勘察勘探服务。 ②信息技术服务，包括软件服务、电路设计及测试服务、信息系统服务和业务流程管理服务。 ③文化创意服务，包括设计服务、商标和著作权转让服务、知识产权服务、广告服务和会议展览服务。 ④物流辅助服务，包括航空服务、港口码头服务、货运客运场站服务、打捞救助服务、货物运输代理服务、代理报关服务、仓储服务、装卸搬运服务和收派服务。 ⑤有形动产租赁服务，包括有形动产融资租赁和有形动产经营性租赁。 ⑥鉴证咨询服务，包括认证服务、鉴证服务和咨询服务。 ⑦广播影视服务，包括广播影视节目(作品)的制作服务、发行服务和播映(含放映，下同)服务。
税率	(1)有形动产租赁服务:17% (2)交通运输业服务、邮政服务业:11% (3)现代服务业服务:6% (4)零税率:国际运输服务、向境外单位提供的研发服务和设计服务。 (5)小规模纳税人征收率:3%

操作练习

【训 2-8·单选题】在营业税改征增值税试点改革地区，不属于试点范围中的部分现代服务业的是(　)。

A. 研发和技术服务　　B. 文化创意服务

C. 不动产租赁服务　　D. 物流辅助服务

【答案】C

【训 2-9·多选题】下列运输业务中，属于营改增征税范围的有(　)。

A. 公路运输服务　　B. 水路运输服务

C. 铁路运输服务　　D. 航空运输服务

【答案】ABCD

【训 2-10·多选题】下列纳税人中，属于营改增试点范围的有(　)。

A. 某商业银行　　B. 某会计师事务所

C. 某航空运输公司　　D. 某广告公司

【答案】BCD

【解析】选项A属于金融业。

【训2-11·多选题】下列项目中，属于营改增征税范围的有(　)。

A. 广告设计　　B. 会议展览

C. 技术咨询　　D. 有形动产租赁

【答案】ABCD

二、消费税

(一)消费税认知

知识准备

<table>
<tr><td colspan="2">消费税的概念</td><td>消费税是指对特定的消费品和消费行为按消费流转额征收的一种商品税。
消费税一般可分为一般消费税和特别消费税。前者是对所有消费品普遍征税;后者主要对特定消费品或特定消费行为征税。我国现行消费税是对我国境内从事生产、委托加工和进口应税消费品的单位和个人，就其应税消费品征收的一种税，属于特别消费税。</td></tr>
<tr><td rowspan="3">消费税纳税人</td><td>生产销售的应税消费品</td><td>以生产销售单位和个人为纳税人，由生产者直接缴纳。</td></tr>
<tr><td>委托加工的应税消费品</td><td>以委托方为纳税人，由受托方代收代缴消费税。委托加工是指由委托方提供原料和主要材料，受托方只收取加工费和代垫部分辅助材料加工的应税消费品。委托方将委托加工收回的应税消费品直接出售且不高于受托方计税价格的，一般不再缴纳消费税。</td></tr>
<tr><td>进口的应税消费品</td><td>以进口的单位和个人为纳税人，由海关代为征收。</td></tr>
<tr><td rowspan="2">消费税税目与税率</td><td>消费税税目</td><td>我国现行消费税税目共有14个，即烟、酒及酒精、化妆品、贵重首饰及珠宝玉石、鞭炮焰火、成品油、汽车轮胎、小汽车、摩托车、高尔夫球及球具、高档手表、游艇、木制一次性筷子、实木地板。</td></tr>
<tr><td>消费税税率</td><td>采用比例税率、定额税率两种形式。
纳税人兼营不同税率的应税消费品，应当分别核算不同税率应税消费品的销售额、销售量;未分别核算销售额、销售量，或者将不同税率的应税消费品组成成套消费品销售的，按最高税率征税。</td></tr>
</table>

操作练习

【训2-12·单选题】下列表述内容中，不属于消费税纳税人的有(　)。

A. 生产应税消费品的单位和个人　　B. 进口应税消费品的单位和个人

C. 委托加工应税消费品的单位和个人　　D. 加工应税消费品的单位和个人

【答案】D

【解析】接受委托加工应税消费品的单位和个人，是消费税代收代缴义务人，不属于消费税纳税人。

【训2－13·多选题】甲委托乙加工化妆品，则下列说法正确的是(　　)。

A. 甲是增值税的纳税义务人　　B. 甲是消费税的纳税义务人

C. 乙是增值税的纳税义务人　　D. 乙是消费税的纳税义务人

【答案】BC

【训2－14·多选题】目前，下列不应当征收消费税的有(　　)。

A. 酒精　　B. 复合地板　　C. 木质筷子　　D. 音像制品

【答案】BCD

【解析】消费税税目包括：烟、酒及酒精、化妆品、贵重首饰及珠宝玉石、鞭炮和焰火、成品油、汽车轮胎、小汽车、摩托车、高尔夫球及球具、高档手表、游艇、木制一次性筷子、实木地板。

(二)消费税应纳税额计算

知识准备

<table>
<tr><td rowspan="5">从价定率</td><td colspan="2">原理公式</td><td>计算公式为：应纳税额＝应税消费品的销售额×适用税率</td></tr>
<tr><td rowspan="4">相关概念</td><td>销售额</td><td>销售额是纳税人销售应税消费品向购买方收取的全部价款和价外费用。</td></tr>
<tr><td rowspan="2">价外费用</td><td>价外费用是指价外收取的手续费、违约金、包装费、包装物租金、储备费、运输装卸费等各种性质的价外收费。</td></tr>
<tr><td>价外费用包括的内容同增值税税法中规定的价外费用内容一致，即不包括符合相关规定的代收款项等。</td></tr>
<tr><td colspan="2">【提示】应税消费品的销售额，不包括应向购货方收取的增值税税款。如果纳税人销售应税消费品取得含税销售额的，在计算消费税时，应将含增值税销售额换算成不含增值税税款的销售额。换算公式为：
应税消费品的销售额＝含增值税的销售额÷(1＋增值税税率或征收率)</td></tr>
<tr><td rowspan="2">从量定额征收</td><td colspan="2">适用范围</td><td>黄酒、啤酒、成品油适用</td></tr>
<tr><td colspan="2">计算公式</td><td>计算公式为：
应纳税额＝应税消费品的销售数量×单位税额
(1)销售应税消费品的，为销售数量。
(2)自产自用应税消费品的，为移送使用数量。
(3)委托加工应税消费品的，为收回的数量。
(4)进口的应税消费品，为海关核定的进口数量。</td></tr>
<tr><td rowspan="2">从价定率和从量定额复合征收</td><td colspan="2">适用范围</td><td>现行消费税的征税范围中，只有卷烟(甲类卷烟、乙类卷烟)和白酒采用复合计征方法。</td></tr>
<tr><td colspan="2">计算公式</td><td>计算公式为：
应纳税额＝销售额×比例税率＋销售量×定额税率</td></tr>
<tr><td colspan="4">应税消费品已纳税款的扣除
(1)应税消费品若是用外购已缴纳消费税的应税消费品连续生产出来的，在对这些连续生产出来的应税消费品征税时，按当期生产领用数量计算准予扣除的外购应税消费品已缴纳的消费税税款。
(2)对于委托加工的应税消费品，委托方收回货物后用于连续生产应税消费品的，其已纳税款准予按照规定从连续生产的应税消费品应纳消费税税额中抵扣。</td></tr>
</table>

操作练习

【训2－15·计算题】某企业对消费者销售一批应税消费品取得23400元，开出普通发票，其适用的消费税税率为10%、增值税税率为17%。则其应交纳的消费税税额为：

【答案】不含增值税的销售额＝23400÷（1＋17%）＝20000（元）；

应交纳的消费税税额＝20000×10%＝2000（元）。

【训2－16·单选题】某啤酒厂2011年8月份销售乙类啤酒400吨，每吨出厂价格2800元。8月该啤酒厂应纳消费税税额为（　）元。（乙类啤酒定额税率220元/吨）

A. 88000　　B. 190400　　C. 100000　　D. 616000

【答案】A

【解析】应纳税额＝销售数量×定额税率＝400×220＝88000（元）。

【训2－17·单选题】下列消费品中，实行从价定率和从量定额相结合的复合计征办法的是（　）。

A. 啤酒　　B. 白酒　　C. 酒糟　　D. 葡萄酒

【答案】B

【解析】只有卷烟、白酒实行复合计征的方法。

【训2－18·单选题】某汽车轮胎厂（增值税一般纳税人）下设一非独立核算门市部，该厂将一批汽车轮胎交门市部，计价60万元。门市部零售取得含增值税的销售收入77.22万元。汽车轮胎的消费税税率为3%。该企业应缴纳消费税（　）。

A. 1.98万元　　B. 1.8万元　　C. 2.32万元　　D. 7.72万元

【答案】A

【解析】该企业应缴纳消费税＝77.22/（1＋17%）＊3%＝1.98万元

【训2－19·单选题】2011年5月，某白酒企业（一般纳税人）从农业生产者手中购进大米，农产品收购凭证注明价款120万元，委托某加工企业（小规模纳税人）加工粮食酒精50吨，取得税务机关代开的专用发票，发票上注明加工费67.02万元，加工企业没有同类酒精的销售价格，受托方应代收代缴的消费税为（　）万元。（酒精消费税税率5%）

A. 8.98　　B. 8.94　　C. 8.9　　D. 9.02

【答案】D

【解析】税法规定，委托加工业务中受托方应代收代缴的消费税按受托方的同类售价计算，没有同类售价的按组价公式计算。受托方应代收代缴的消费税＝[120×（1－13%）＋67.02]÷（1－5%）×5%＝9.02（万元）

【训2－20·单选题】某卷烟生产企业，某月初库存外购应税烟丝金额20万元，当月又外购应税烟丝金额50万元（不含增值税），月末库存烟丝金额10万元，其余被当月生产卷烟领用。卷烟厂当月准许扣除的外购烟丝已缴纳的消费税税额为（　）万元（烟丝适用的消费税税率为30%）。

A. 15　　B. 18　　C. 6　　D. 3

【答案】B

【解析】当期准许扣除的外购烟丝买价＝20＋50－10＝60（万元），当月准许扣除的外购烟丝已缴纳的消费税税额＝60×30%＝18（万元）。

（三）消费税征收管理

知识准备

<table>
<tr><td rowspan="4">纳税义务发生时间</td><td>纳税人销售的应税消费品</td><td>纳税人销售的应税消费品，其纳税义务发生时间为：
（1）纳税人采取赊销和分期收款结算方式的，为销售合同规定的收款日期的当天；
（2）纳税人采取预收货款结算方式的，为发出应税消费品的当天；
（3）纳税人采取托收承付和委托银行收款方式销售的，为发出应税消费品并办妥托收手续的当天；
（4）纳税人采取其他结算方式的，其纳税义务的发生时间，为收讫销售款或者取得索取销售款的凭据的当天。</td></tr>
<tr><td>纳税人自产自用的应税消费品</td><td>纳税人自产自用的应收消费品，其纳税义务的发生时间，为移送使用的当天。</td></tr>
<tr><td>纳税人委托加工的应税消费品</td><td>纳税人委托加工的应税消费品，其纳税义务的发生时间，为纳税人提货的当天。</td></tr>
<tr><td>纳税人进口的应税消费品</td><td>纳税人进口的应税消费品，其纳税义务的发生时间，为报关进口的当天。</td></tr>
<tr><td colspan="2">纳税期限（同增值税）</td><td>消费税的纳税期限分别为1日、3日、5日、10日、15日、1个月或者1个季度。不能按照固定期限纳税的，可以按次纳税。
纳税人以1个月或者1个季度为一个纳税期的，自期满之日起15日内申报纳税；以1日、3日、5日、10日或者15日为一个纳税期的，自期满之日起5日内预缴税款，于次月1日起15日内申报纳税并结清上月应纳税款。
纳税人进口应税消费品，应当自海关填发税款缴纳书之日起15日内缴纳税款。</td></tr>
<tr><td rowspan="5">纳税地点</td><td>销售的应税消费品以及自产自用的应税消费品</td><td>纳税人销售的应税消费品以及自产自用的应税消费品，除另有规定外，应当向纳税人机构所在地或居住地主管税务机关申报纳税；</td></tr>
<tr><td>委托加工的应税消费品</td><td>委托加工的应税消费品，除受托方为个人外，由受托方向机构所在地主管税务机关解缴税款；委托个人加工的，由委托方向其机构所在地或居住地主管税务机关申报纳税；</td></tr>
<tr><td>进口的应税消费品</td><td>进口的应税消费品，由进口人或其代理人向报关地海关申报纳税；</td></tr>
<tr><td>到外县（市）销售或者委托外县（市）代销自产应税消费品</td><td>纳税人到外县（市）销售或者委托外县（市）代销自产应税消费品的，在应税消费品销售后，向机构所在地或者居住地主管税务机关申报纳税；</td></tr>
<tr><td>纳税人销售的应税消费品退回</td><td>纳税人销售的应税消费品，如因质量等原因由购买者退回时，经所在地或居住地主管税务机关审核批准后，可退还已征收的消费税税款，但不能自行直接抵减应纳税款。</td></tr>
</table>

操作练习

【训 2－21·判断题】委托个人加工的应税消费品，由受托方向其机构所在地或者居住地主管税务机关申报纳税。(　)

【答案】×

【解析】委托个人加工的应税消费品，由委托方向其机构所在地或者居住地主管税务机关申报纳税。

【训 2－22·判断题】A 市甲企业委托 B 市乙企业加工一批应税消费品，该批消费品应缴纳的消费税税款应由乙企业向 B 市税务机关解缴。(　)

【答案】√

三、营业税

(一)营业税的认知

知识准备

营业税的概念		营业税是以在我国境内提供应税劳务、转让无形资产或销售不动产所取得的营业额为课税对象而征收的一种税。
营业税的纳税人		在中国境内提供应税劳务、转让无形资产或者销售不动产的单位和个人，为营业税纳税人。上述应税劳务包括建筑业、金融保险业、电信业、文化体育业、娱乐业、服务业的劳务。单位或个体经营者聘用的员工为本单位或雇主提供的劳务，不属于营业税的应税劳务。
营业税的税目、税率	税目	"营改增"以后，营业税的应税劳务是指属于建筑业、金融保险业、电信业、文体业、娱乐业、传统服务业税目征收范围的劳务和销售不动产以及转让土地使用权。单位和个体经营者聘用的员工为本单位或雇主提供劳务不属于营业税的应税劳务。
	税率	建筑业、电信业、文化体育业税率为 3%； 金融保险业、服务业、转让土地使用权、销售不动产税率为 5%； 娱乐业为 5%—20%。

操作练习

【训 2－23·多选题】根据《营业税暂行条例》的规定，下列各项中，属于营业税征收范围的有(　)。

A. 保险业　　B. 修理业　　C. 服务业　　D. 建筑业

【答案】ACD

【解析】选项 B 属于增值税征收范围。

【训 2－24·多选题】根据营业税暂行条例的规定，下列各项中，属于营业税征收范围的有(　)。

A. 电信业　　B. 旅游业　　C. 不动产　　D. 加工业

【答案】ABC

【解析】选项 D 属于增值税征收范围。

(二)营业税应纳税额计算

知识准备

营业税应纳税额计算	计算公式	营业税应纳税额的计算公式为: 应纳税额 = 营业额 × 税率
	相关概念	营业额为纳税人提供应税劳务、转让无形资产或者销售不动产向对方收取的全部价款和价外费用。 价外费用包括收取的手续费、基金、集资费、代收款项、代垫款项、返还利润、奖励费、违约金、滞纳金、延期付款利息、赔偿金、罚息以及其他各种性质的价外收费。但不包括同时符合条件代为收取的政府性基金或者行政事业性收费。(同增值税,消费税)

操作练习

【训 2－25・计算题】某企业 8 月份取得销售房屋收入 3000000 元,土地使用权转让收入 150000 元。则该月应交纳的营业税税额为:

【答案】该月应交纳的营业税 = 3000000 × 5% + 150000 × 5% = 150000 + 7500 = 157500(元)

【训 2－26・单选题】某娱乐城 10 月份取得门票收入 12 万元,包场收入 24 万元,点歌费 4 万元,烟酒、饮料费收入 36 万元。该企业适用营业税税率为 10%,当月应缴纳的营业税税额为(　)万元。

A. 5.6　　B. 4

C. 7.6　　D. 5

【答案】C

【解析】本题考核营业税应纳税额的计算。娱乐业的营业额为经营娱乐业向顾客收取的各项费用,包括门票收入、台位费、点歌费、烟酒和饮料收费及经营娱乐业的其他各项收费。应缴纳的营业税 = (12 + 24 + 4 + 36) × 10% = 7.6(万元)。

（三）营业税征收管理

知识准备

营业税征收管理	纳税义务发生时间	营业税纳税义务发生时间为纳税人收讫营业收入款或者取得索取营业收入款凭据的当天。 具体规定为： (1)纳税人转让土地使用权、销售不动产、提供建筑业或者不动产租赁业劳务，采取预收款方式的，为收到预收款的当天。 (2)纳税人将不动产或土地使用权无偿赠送他人的，为不动产所有权、土地使用权转移的当天。 (3)纳税人发生自建行为的，为4销售自建建筑物并收讫营业收入款项或取得索取营业收入款项凭据的当天。 (4)纳税人将自建建筑物对外赠与的，为该建筑物产权转移的当天。
	纳税期限	营业税纳税期限分别为5日、10日、15日、1个月或者1个季度。不能按照固定期限纳税的，可以按次纳税。 纳税人以1个月或者1个季度为一个纳税期的，自期满之日起15日内申报纳税；以5日、10日或者15日为一期纳税的，自期满之日起5日内预缴税款，于次月1日起15日内申报纳税并结清上月应纳税款。 【提示】和增值税、消费税的区别。
	纳税地点	(1)纳税人提供应税劳务，应向其机构所在地或居住地的主管税务机关申报纳税。但纳税人提供的建筑业劳务以及国家规定的其他应税劳务，应向应税劳务发生地的主管税务机关申报纳税。 (2)纳税人转让无形资产应向其机构所在地或居住地的主管税务机关申报纳税。但纳税人转让、出租土地使用权，应当向土地所在地的主管税务机关申报纳税。 (3)纳税人销售、出租不动产应向不动产所在地的主管税务机关申报纳税。

操作练习

【训2－27·多选题】关于营业税的申报与缴纳的规定，正确的是(　)。

A.营业税的纳税义务发生时间基本规定是，纳税人收讫营业收入款项或者取得索取营业收入款项凭据的当天

B.营业税纳税期限，由主管税务机关依纳税人应纳税款大小分别核定为1日、3日、5日、10日、15日、1个月或一个季度

C.纳税人销售、出租不动产应当向不动产所在地的主管税务机关申报纳税

D.纳税人提供建筑业劳务，其营业税纳税地点为纳税人所在地或居住地

【答案】AC

【解析】营业税纳税期限，由主管税务机关依纳税人应纳税款大小分别核定为5日、10日、15日、1个月或一个季度，B不正确。纳税人提供建筑业劳务，其营业税纳税地点为建筑业劳务发生地，D，不正确。

四、企业所得税

(一)企业所得税认知

知识准备

<table>
<tr><td>企业所得税的概念</td><td colspan="3">企业所得税是指对我国境内的企业和其他取得收入的组织的生产经营所得和其他所得征收的一种税。</td></tr>
<tr><td rowspan="3">企业所得税的纳税人</td><td>概念</td><td colspan="2">中华人民共和国境内的企业和其他取得收入的组织，均为企业所得税纳税义务人。但个人独资企业、合伙企业不缴纳企业所得税。
根据登记注册地标准和实际管理机构所在地标准，企业所得税的纳税人分为居民企业和非居民企业。</td></tr>
<tr><td rowspan="2">分类</td><td>居民企业</td><td>是指依法在中国境内注册成立，或者依照外国法律成立但实际管理机构在中国境内的企业。包括国有企业、集体企业、私营企业、联营企业、股份制企业、外商投资企业、外国企业以及有生产、经营所得和其他所得的其他组织。</td></tr>
<tr><td>非居民企业</td><td>是指依照外国法律注册成立且实际管理机构不在中国境内，但在中国境内设立机构、场所的，或者在中国境内未设立机构、场所，但有来源于中国境内所得的企业。</td></tr>
<tr><td rowspan="2">企业所得税的征税对象</td><td>对居民企业征税对象</td><td colspan="2">居民企业应就来源于中国境内外的所得为征税对象。包括销售货物所得、提供劳务所得、转让财产所得、股息红利所得等权益性投资所得，及利息所得、租金所得、特许权使用费所得、接受捐赠所得和其他所得。</td></tr>
<tr><td>非居民企业征税对象</td><td colspan="2">非居民企业在中国境内设立机构、场所的，应当就其所设机构、场所取得的来源于中国境内的所得，以及发生在中国境外但与其所设机构、场所有实际联系的所得，缴纳企业所得税。在中国境内未设立机构、场所的，或虽设立机构、场所但取得的所得与其所设机构、场所没有实际联系的，应就来源于中国境内的所得缴纳企业所得税。</td></tr>
<tr><td rowspan="3">企业所得税税率</td><td>基本税率</td><td colspan="2">基本税率为25%，适用于居民企业和在中国境内设有机构、场所且所得与机构、场所有关联的非居民企业。</td></tr>
<tr><td>低税率</td><td colspan="2">在中国境内未设立机构、场所的，或者虽设立机构、场所但取得的所得与其所设机构、场所没有实际联系的非居民企业，适用20%低税率。</td></tr>
<tr><td>优惠税率</td><td colspan="2">对符合条件的小型微利企业，减按20%的税率；对国家需要重点扶持的高新技术企业，减按15%的税率。</td></tr>
</table>

操作练习

【训2－28·单选题】下列不属于企业所得税纳税人的有(　　)。

A. 集体企业　　　　B. 国有企业

C. 个体工商户　　　D. 股份有限公司

【答案】C

【解析】个体工商户、个人独资企业、合伙企业不缴纳企业所得税。

【训2－29·单选题】根据企业所得税法的规定，下列企业中属于非居民企业的是（ ）。

A. 设在北京市的某国有独资企业

B. 依照美国法律设立且管理机构在上海的某公司

C. 总部设在上海的外资企业

D. 依照加拿大法律成立，未在中国境内设立机构、场所，但有来源于中国境内所得的某公司

【答案】D

【解析】选项ABC属于居民企业。

【训2－30·判断题】A企业是按美国法律成立总部设在纽约的公司，在我国没有设立办事机构，因此，在我国不用交企业所得税。（ ）

【答案】×

【解析】A企业虽然属于非居民企业，如果有来源于中国境内的所得，应缴纳企业所得税。

（二）企业所得税应纳税额的计算

知识准备

项目		内容
原理公式		计算公式:应纳税额＝应纳税所得额×相应税率 应纳税所得额是企业所得税的计税依据。计算公式为: 应纳税所得额＝收入总额－不征税收入－免税收入－各项扣除－允许弥补的以前年度亏损
收入总额		是指以货币和非货币形式从各种来源取得的收入。 应纳税所得额的计算，应以权责发生制为原则。
不征税收入	含义	不征税收入是依法不征企业所得税的财政性资金收入。
	内容	包括:（1）财政拨款，即各级政府对纳入预算管理的事业单位、社会团体等组织拨付的财政资金。（2）依法收取并纳入财政管理的行政事业性收费和政府性基金，前者是在实施社会公共管理，及在向社会提供特定公共服务的过程中，依法向特定服务对象收取并纳入财政管理的费用。后者是企业依法代政府收取的具有专项用途的财政资金。（3）其他不征税收入。
免税收入	含义	免税收入是指属于企业的应税所得，但是按照《企业所得税法》的规定免予征收企业所得税的收入。
	内容	包括:（1）国债利息收入;（2）符合条件的居民企业之间的股息、红利等权益性收益;（3）在中国境内设立机构、场所的非居民企业从居民企业取得与该机构、场所有实际联系的股息、红利等权益性收益;（4）符合条件的非营利组织的收入。 【提示】不征税收入和免税收入的区别，不征税收入不属于企业营利性活动带来的经济利益，不负有纳税义务。免税收入属于企业的应税所得，但是依法免税。

续表

准予扣除的项目	含义	《企业所得税法》规定企业实际发生的与取得收入有关的、合理的支出，包括成本、费用、税金、损失和其他支出，准予在计算应纳税所得额时扣除。
	内容	(1)成本。包括销售成本、销货成本、业务支出以及其他耗费。 (2)费用。包括销售(经营)费用、管理费用和财务费用。①企业的业务招待费支出，按发生额的60%扣除，但最高不得超过当年销售(营业)收入的5‰。②企业的广告费和业务宣传费支出，除国家另有规定外，不超过当年销售(营业)收入15%的部分，准予扣除;超过部分，准予在以后纳税年度结转扣除。③职工福利费不超过工资薪金总额14%的部分准予扣除;工会经费不超过工资薪金总额2%的部分准予扣除;除国家另有规定外，职工教育经费不超过工资薪金总额2.5%的部分，准予扣除，超过部分，准予在以后纳税年度结转扣除。 (3)税金。是企业发生的除企业所得税和允许抵扣的增值税以外的各项税金及其附加。如消费税、营业税、印花税。企业所得税和允许抵扣的增值税不得扣除。 (4)损失。是企业在生产经营活动中发生的固定资产和存货的盘亏、毁损、报废损失，转让财产损失，呆账损失，坏账损失，自然灾害等不可抗力因素造成的损失以及其他损失。 (5)其他支出。是指除成本、费用、税金、损失外，企业发生的与生产经营活动有关的、合理的支出。
不得扣除的项目		(1)向投资者支付的股息、红利等权益性投资收益款项; (2)企业所得税税款; (3)税收滞纳金; (4)罚金、罚款和被没收财物的损失，不包括按合同支付的违约金、银行罚息和诉讼费; (5)超过规定标准的捐赠支出。企业发生的公益性捐赠支出，在年度利润总额12%以内的部分，准予扣除，超过部分不得扣除; (6)赞助支出，是指企业发生的与生产经营活动无关的各种非广告性质支出; (7)未经核定的准备金支出，是指不符合国家规定的各项资产减值准备、风险准备等准备金支出; (8)企业之间支付的管理费、企业内营业机构之间支付的租金和特许权使用费，以及非银行企业内营业机构之间支付的利息; (9)与取得收入无关的其他支出。
亏损弥补		企业某一纳税年度的亏损可以用下一年度的所得弥补，下一年度的所得不足以弥补的，可以逐年延续弥补，但最长不得超过5年。

操作练习

【训2-31·单选题】下列收入是企业所得税不征税收入的是(　　)。

A. 银行存款利息收入

B. 财政拨款收入

C. 国债利息收入

D. 符合条件的居民企业之间的股息收入

【答案】B

【解析】选项 A 属于征税收入，选项 CD 属于免税收入。

【训 2－32 · 单选题】某企业 2011 年税前会计利润为 150 万元，其中包括 30 万元通过红十字会向某灾区的捐款，已知该企业适用的企业所得税税率为 25%，则该企业 2011 年应纳税额为(　)万元。

A. 40.5　　B. 37.5

C. 30　　D. 42.5

【答案】C

【解析】则该企业 2011 年应纳税额 = [150 + (30 - 150 × 12%)] × 25% = 40.5(万元)。

【训 2－33 · 单选题】根据企业所得税法律制度的规定，下列各项中，纳税人在计算企业所得税应纳税所得额时不准扣除的项目有(　)。

A. 消费税　　B. 营业税　　C. 土地增值税　　D. 增值税

【答案】D

【解析】增值税属于价外税，纳税人在计算企业所得税应纳所得税额时不能扣除增值税。

【训 2－34 · 单选题】下列各项可以在所得税税前列支的有(　)。

A. 消费税

B. 向投资者支付的股息

C. 赞助支出

D. 罚金

【答案】A

【解析】根据所得税法的规定，不得扣除的项目包括向投资者支付的股息、红利等权益性投资收益款项，企业所得税税款，税收滞纳金，罚金、罚款和被没收财物的损失，超过规定标准的公益性捐赠支出及其他捐赠支出，赞助支出，未经核定的准备金支出、与取得收入无关的其他支出。

【训 2－35 · 单选题】某企业 2011 年销售货物收入 3000 万元，转让专利使用权收入 300 万元，包装物出租收入 100 万元，转让商标所有权收入 300 万元，捐赠收入 20 万元，当年实际发生业务招待费 30 万元，该企业当年可在所得税前列支的业务招待费金额为(　)万元。

A. 17　　B. 18　　C. 25　　D. 52.55

【答案】A

【解析】业务招待费的计算基数 = 3000 + 300 + 100 = 3400(万元)。

转让商标所有权、捐赠收入属于营业外收入范畴，不能作为计算业务招待费的基数。

第一标准为发生额的 60%：30 × 60% = 18(万元)；

第二标准为限度计算：3400 × 5‰ = 17(万元)。

该企业当年可在所得税前列支的业务招待费金额是 17 万元。

【训 2－36 · 单选题】2011 年某企业实现商品销售收入 2000 万元，发生现金折扣 100 万元，接受捐赠收入 500 万元，转让无形资产所有权收入 100 万元。该企业当年实际发生业务招待费 30 万元，广告费 240 万元，业务宣传费 80 万元。2011 年度该企业可税前扣除的业务招待费、广告费、业务宣传费合计(　)万元。

A. 275　　B. 310　　C. 325.5　　D. 330

【答案】B

【解析】业务招待费按发生额的60%扣除，但不得超过当年销售收入的5‰；广告费和业务宣传费不得超过当年销售收入的15%。可扣除业务招待费=2000×5‰=10(万元)<30×60%；可扣除广告费、业务宣传费=2000×15%=300(万元)；合计可扣除10+300=310(万元)。

【训2-37·计算题】某企业2004年发生亏损20万元，2005年盈利12万元，2006年亏损1万元，2007年盈利4万元，2008年亏损5万元，2009年盈利2万元，2010年盈利为38万元。则该企业2004-2010年总计应缴纳的企业所得税税额是多少？(适用的企业所得税税率为25%)

【答案】应纳税所得额=38-1-5=32(万元)；

企业应纳所得税=32×25%=8(万元)。

(三)企业所得税征收管理

知识准备

纳税地点	(1)居民企业以登记注册地为纳税地点；登记注册地在境外的，以实际管理机构所在地为纳税地点。居民企业在中国境内设立不具有法人资格的营业机构的，应当汇总计算并缴纳企业所得税。 (2)非居民企业在中国境内设立机构、场所的，应当就其所设机构、场所取得的来源于中国境内的所得，以及发生在中国境外但与其所设机构、场所有实际联系的所得，以机构、场所所在地为纳税地点。 (3)非居民企业在中国境内未设立机构、场所的，或者虽设立机构、场所，但取得的所得与其所设机构、场所没有实际联系的所得，以扣缴义务人所在地为纳税地点。 (4)除国务院另有规定外，企业之间不得合并缴纳企业所得税。
纳税期限	企业所得税按年计征，分月或分季预缴，年终汇算清缴，多退少补。 企业所得税的纳税年度，自公历1月1日起至12月31日止。企业在一个纳税年度中间开业，或由于合并、关闭等原因终止经营活动，使该纳税年度实际经营期不足12个月的，应以其实际经营期为一个纳税年度。企业清算时，应当以清算期间作为一个纳税年度。
纳税申报	按月或按季预缴的，应当自月份或季度终了之日起15日内，向税务机关报送预缴企业所得税纳税申报表，预缴税款。企业应当自年度终了之日起五个月内，向税务机关报送年度企业所得税纳税申报表，并汇算清缴，结清应缴应退税款。 依法缴纳的企业所得税，以人民币计算。以人民币以外的货币计算的，应当折合成人民币计算并缴纳税款。

操作练习

【训2-38·多选题】下列有关居民企业纳税人企业所得税纳税地点的表述中，不正确的有(　)。

A. 企业一般以实际经营管理地为纳税地点

B. 企业一般以登记注册地为纳税地点

C. 登记注册地在境外的，以登记注册地为纳税地点

D. 登记注册地在境外的，以实际管理机构所在地为纳税地点

【答案】AC

【解析】除法律法规另有规定外，居民企业以企业登记注册地为纳税地点；但登记注册地在境外的，以实际管理机构所在地为纳税地点。非居民企业在中国境内设立机构、场所，但取得的所得与所设机构场所无关的，以扣缴义务人所在地为纳税地点。

五、个人所得税

知识准备

（一）个人所得税认知

<table>
<tr><td>个人所得税的概念</td><td colspan="2">个人所得税是指以个人（即自然人）取得的各项应税所得为征税对象而征收的一种税。</td></tr>
<tr><td rowspan="2">个人所得税的纳税义务人</td><td>含义</td><td>个人所得税的纳税义务人包括：中国公民，个体工商户，在中国境内有所得的外籍个人和香港、澳门、台湾同胞等。对个人独资企业和合伙企业投资者也征收个人所得税。
个人所得税纳税人分为居民纳税人和非居民纳税人。</td></tr>
<tr><td>分类</td><td>（1）居民纳税人是指在中国境内有住所，或者无住所而在境内居住满 1 年的个人。对于居民纳税人，应就来源于中国境内和境外的全部所得征税。
（2）非居民纳税人是指在中国境内无住所又不居住或者无住所而在境内居住不满 1 年的个人。非居民纳税人只就其来源于中国境内的所得向中国缴纳个人所得税。</td></tr>
</table>

（二）个人所得税的税目

知识准备

<table>
<tr><td rowspan="3">个人所得税税目</td><td>（1）工资、薪金所得，是指个人因任职或受雇而取得的工资、薪金、奖金、年终加薪、劳动分红、津贴、补贴以及有关的其他所得。
下列项目不属于工资、薪金性质的补贴、津贴，不征收个人所得税：
①独生子女补贴；
②执行公务员工资制度未纳入基本工资总额的补贴、津贴差额和家属成员的副食补贴；
③托儿补助费；
④差旅费津贴、误餐补助。</td></tr>
<tr><td>（2）个体工商户的生产、经营所得。
①个体工商户从事工业、手工业、建筑业、交通运输业、商业、饮食业、服务业、修理业及其他行业取得的所得。
②个人经政府有关部门批准，取得执照，从事办学、医疗、咨询以及其他有偿服务活动取得的所得。
③上述个体工商户和个人取得的与生产、经营有关的各项应税所得。
④其他个人从事个体工商业生产、经营取得的所得。</td></tr>
<tr><td>（3）对企事业单位的承包经营、承租经营所得，即个人承包经营或承租经营以及转包、转租取得的所得。</td></tr>
</table>

续表

	(4)劳务报酬所得，是指个人从事各种服务及其他劳务取得的所得。
	(5)稿酬所得，是指个人因其作品以图书、报刊形式出版、发表而取得的所得。
	(6)特许权使用费所得，是指个人提供专利权、商标权、著作权、非专利技术以及其他特许权的使用权取得的所得。
	(7)利息、股息、红利所得，是指个人拥有债权、股权而取得的利息、股息、红利所得。
	(8)财产租赁所得，是指个人出租建筑物、土地使用权、机器设备、车船以及其他财产取得的所得。
	(9)财产转让所得，是指个人转让各种财产取得的所得。目前，国家对股票转让所得暂不征收个人所得税。对个人转让自用5年以上并且是家庭唯一生活用房取得的所得，免征个人所得税。
	(10)偶然所得，即个人得奖、中奖、中彩等所得。
	(11)经国务院财政部门确定征税的其他所得。

(三)个人所得税税率

知识准备

1.工资、薪金所得适用3%～45%的超额累进税率。

级数	全月应纳税所得额		税率(%)	速算扣除数
	含税级距	不含税级距		
1	不超过1500元的	不超过1455元的	3	0
2	超过1500元至4500元的部分	超过1455元至4155元的部分	10	105
3	超过4500元至9000元的部分	超过4155元至7755元的部分	20	555
4	超过9000元至35000元的部分	超过7755元至27255元的部分	25	1005
5	超过35000元至55000元的部分	超过27255元至41255元的部分	30	2755
6	超过55000元至80000元的部分	超过41255元至57505元的部分	35	5505
7	超过80000元的部分	超过57505元的部分	45	13505

2.个体工商户生产、经营所得和对企事业单位的承包经营、承租经营所得适用5%～35%的超额累进税率。

级数	全年应纳税所得额		税率(%)	速算扣除数
	含税级距	不含税级距		
1	不超过15000元的	不超过14250元的	5	0
2	超过15000元至30000元的部分	超过14250元至27750元的部分	10	750
3	超过30000元至60000元的部分	超过27750元至51750元的部分	20	3750
4	超过60000元至100000元的部分	超过51750元至79750元的部分	30	9750
5	超过100000元的部分	超过79750元的部分	35	14750

3.稿酬所得适用20%比例税率，并按应纳税额减征30%，即只征收70%的税额，其实际

税率为 14%。

4. 劳务报酬所得适用 20% 比例税率。对劳务报酬所得一次收入畸高的，可以实行加成征收。

级数	每次应纳税所得额	税率(%)	速算扣除数
1	不超过 20000 元的	20	0
2	超过 20000 元至 50000 元的部分	30	2000
3	超过 50000 元的部分	40	7000

5. 特许权使用费，利息、股息、红利所得，财产转让所得，偶然所得和其他所得适用 20% 比例税率。

（四）个人所得税应纳税额计算

知识准备

<table>
<tr><td rowspan="3">工资、薪金所得应纳税额的计算</td><td colspan="2">计算公式</td><td>应纳税额 = 应纳税所得额 × 适用税率 − 速算扣除数
=（每月收入 − 3500 元）× 适用税率 − 速算扣除数
工资、薪金所得，以每月收入额减除费用 3500 元后的余额，为应纳税所得额。</td></tr>
<tr><td rowspan="2">附加减除</td><td>适用范围</td><td>特殊人员可以附加减除费用：
①在中国境内的外商投资企业和外国企业中工作的外籍人员。②应聘在中国境内的机构中工作的外籍专家。③在中国境内有住所而在中国境外任职或受雇取得工资、薪金所得的个人。④其他人员（华侨和港、澳、台同胞）。</td></tr>
<tr><td>减除费用标准</td><td>上述适用范围内的人员每月工资、薪金所得在减除 3500 元费用的基础上，再减除 1300 元，共减除 4800 元。</td></tr>
<tr><td>个体工商户生产经营所得应纳税额</td><td colspan="3">计算公式为：
应纳税额 = 应纳税所得额 × 适用税率 − 速算扣除数
=（全年收入总额 − 成本、费用以及损失等）× 适用税率 − 速算扣除数</td></tr>
<tr><td>对企事业单位承包经营、承租经营所得的应纳税额</td><td colspan="3">计算公式为：
应纳税额 = 应纳税所得额 × 适用税率 − 速算扣除数
=（纳税年度收入总额 − 必要费用）× 适用税率 − 速算扣除数</td></tr>
<tr><td>劳务报酬所得的应纳税额</td><td colspan="3">劳务报酬所得，以每次收入减除 800 元或 20% 的费用后的余额为应纳税所得额。
应纳税额计算公式为：
（1）每次收入不超过 4000 元的：应纳税额 =（每次收入 − 800）× 20%
（2）每次收入超过 4000 元不足 20000 元的：
应纳税额 = 每次收入额 ×（1 − 20%）× 20%
（3）每次应纳税所得额超过 20000 元的：应纳税额 = 每次收入额 ×（1 − 20%）× 适用税率 − 速算扣除数</td></tr>
</table>

续表

稿酬所得的应纳税额	稿酬所得，以每次收入减除800元或20%的费用后的余额为应纳税所得额，应纳税额计算公式为： (1)每次收入不超过4000元的：应纳税额＝(每次收入额－800)×20%×(1－30%) (2)每次收入超过4000元的：应纳税额＝每次收入额×(1－20%)×20%×(1－30%)
财产转让所得的应纳税额	公式为： 应纳税额＝应纳税所得额×适用税率 ＝(收入总额－财产原值－合理税费)×20%
利息、股息、红利所得，偶然所得和其他所得应纳税税额计算	以每次收入额为应纳税所得额。应纳税额计算公式为： 应纳税额＝应纳税所得额×适用税率＝每次收入额×20%

操作练习

【训2－39·计算题】小李2013年11月取得薪金6000元，计算应纳税所得额和应纳所得税税额。(全月应纳税所得额1500元以下的税率3%；超过1500元不超过4500元的税率10%，速算扣除数为105)

【答案】应纳税所得额：6000－3500＝2500(元)；

可以用两种方法计算应纳所得税额。

第一种方法是按照速算扣除数简易计算法计算：

2500×10%－105(速算扣除数)＝145(元)。

第二种方法是按照超额累进税率定义分解计算：

1500×3%＋(2500－1500)×10%＝45＋100＝145(元)。

【训2－40·计算题】张某年内共取得5次劳务报酬，分别为3000元；10000元；22000元；30000元；100000元。要求计算各次应缴纳的所得税税额。

【答案】第一次：(3 000－800)×20%＝440元

第二次：10000×(1－20%)×20%＝1 600元

第三次：22000×(1－20%)×20%＝3 520元

第四次：20000×20%＋[30000×(1－20%)－20000]×20%×1.5＝5200元

第五次：20000×20%＋30000×20%×1.5＋[100000×(1－20%)－50000]×20%×2＝25000元

【训2－41·单选题】王某购买福利彩票支出500元，取得中奖收入15000元，其应纳个人所得税为(　)元。

A. 2900　　B. 750

C. 3000　　D. 725

【答案】C

【解析】应纳税额＝15000×20%＝3000(元)。

【训2－42·单选题】某画家2009年8月将其精选的毛笔书法作品交由某出版社出版，从出版社取得报酬10万元。该笔报酬在缴纳个人所得税时适用的税目是(　)。

A. 工资薪金所得　B. 劳务报酬所得

C. 稿酬所得　D. 特许权使用费所得

【答案】C

(五)个人所得税征收管理

知识准备

自行申报纳税	概念	自行申报纳税是由纳税人自行在税法规定的纳税期限内，向税务机关申报应税所得项目和数额，如实填写纳税申报表，并按照税法规定计算应纳税额，据此缴纳个人所得税的一种方法。
	适用范围	下列人员为自行申报纳税人:(1)年所得12万元以上的;(2)从中国境内两处或两处以上取得工资、薪金所得的;(3)从中国境外取得所得的;(4)取得应纳税所得，没有扣缴义务人的;(5)其他情形。
代扣代缴	概念	代扣代缴是指按照税法规定负有扣缴税款义务的单位或个人，在向个人支付应纳税所得时，应计算应纳税额，从其所得中扣除并缴入国库，同时向税务机关报送扣缴个人所得税报告表。
	适用范围	凡向个人支付应纳税所得的企业、事业单位、机关、社会团体、军队、驻华机构、个体户等单位或个人，为个人所得税的扣缴义务人。 代扣代缴的范围包括个人的所有正当收入。

操作练习

【训2－43·多选题】个人所得税的纳税办法，应当按照规定到主管税务机关办理纳税申报的情形有(　)。

A. 从中国境内两处或者两处以上取得劳务报酬所得的

B. 年所得12万元以上的

C. 从中国境外取得所得的

D. 取得应税所得、没有扣缴义务人的

【答案】BCD

【解析】选项A应该是从中国境内两处或者两处以上取得工资、薪金所得。

任务三　税收征管法律应用

实训目标

☞ 了解税务登记的概念、范围、种类、作用和管理，熟悉银行账户管理以及违反税务登记规定的法律责任等。

☞ 熟悉发票的概念、种类、印制、领购、开具、保管以及违反发票管理法规的法律责任。

☞ 熟悉纳税申报的概念、对象、内容、方式以及违反纳税申报规定的法律责任，能够依法进行纳税申报。

☞ 熟悉税收征收的原则、方式，掌握核定应纳税额的适用范围、方法，知道加收滞纳金、税收保全措施、强制执行措施以及违反税收征收管理规定的法律责任。

☞ 了解税务代理的概念、特点和法定业务范围。

☞ 熟悉税务检查的内容与法律责任。

一、税务登记

(一)税务登记认知

知识准备

税务登记	概念	税务登记是税务机关依据税法规定，对纳税人的生产、经营活动进行登记管理的一种法定制度，也是纳税人为履行纳税义务就有关纳税事宜依法向税务机关办理登记的一种法定手续。税务登记是税务机关对纳税人实施税收管理的首要环节和基础工作。
	分类	税务登记种类包括:开业登记，变更登记，停业、复业登记，注销登记，外出经营报验登记，纳税人税种登记，扣缴义务人扣缴税款登记等。

操作练习

【训3－1·多选题】根据《税收征管法》的规定，需要办理税务登记的纳税人有(　)。

A. 不从事生产经营活动，法律、法规规定负有纳税义务的单位和个人

B. 领取营业执照从事生产经营活动的纳税人

C. 只交纳个人所得税的自然人

D. 企业在外地设立分支机构

【答案】ABD

【解析】企业，企业在外地设立的分支机构和从事生产、经营的场所，个体工商户和从事生产、经营的事业单位，均应当按照《税收征管法》、《税收征管法实施细则》和《税务登记管理办法》的规定办理税务登记。

(二)开业登记

知识准备

<table>
<tr><td>概念</td><td colspan="2">开业登记是指从事生产经营的纳税人，经工商部门批准开业后，向主管税务机关办理的纳税登记。</td></tr>
<tr><td>开业登记的对象</td><td colspan="2">开业登记的对象，分为以下两类：
(1)领取营业执照从事生产、经营的纳税人。包括：①企业；②企业在外地设立的分支机构和生产经营场所；③个体工商户；④从事生产经营的非企业性单位。
(2)对不从事生产经营活动，但依法负有纳税义务的单位和个人，除临时取得应税收入或发生应税行为及只缴纳个人所得税、车船税的外，均应按规定办理税务登记。</td></tr>
<tr><td>开业登记的时间和地点</td><td colspan="2">(1)从事生产、经营的纳税人，应当自领取营业执照之日起30日内，向生产、经营地或者纳税义务发生地的主管税务机关申报办理税务登记。
(2)其他纳税人，除国家机关和个人外，应当自纳税义务发生之日起30日内，向所在地主管税务机关申报办理税务登记。
(3)以下几种情况应比照开业登记办理：
①跨地区的非独立核算分支机构应当自设立之日起30日内，向所在地税务机关办理注册税务登记。
②从事生产、经营的纳税人外出经营，在同一地连续12个月内累计超过180天的，应当自期满之日起30日内，向生产、经营所在地税务机关办理税务登记手续。</td></tr>
<tr><td>申报办理税务登记需提供的资料</td><td colspan="2">纳税人在申报办理税务登记时，应当根据不同情况向税务机关如实提供以下证件和资料：
(1)工商营业执照或其他核准执业证件；
(2)有关合同、章程、协议书；
(3)组织机构统一代码证书；
(4)法定代表人或负责人、业主的居民身份证、护照或者其他合法证件。</td></tr>
<tr><td>开业登记的内容</td><td colspan="2">(1)单位名称、法定代表人或业主名称及其居民身份证、护照或者其他证明身份的合法证件；(2)住所、经营地点；(3)登记注册类型及所属主管单位；(4)核算方式；(5)行业、经营范围、经营方式；(6)注册资金(资本)、投资总额、开户银行及账号；(7)经营期限、从业人数、营业执照号码；(8)财务负责人、办税人员；(9)其他有关事项。</td></tr>
<tr><td rowspan="2">税务登记证</td><td>作用</td><td>税务机关应当自收到纳税人申报税务登记之日起30日内审核并发给税务登记证件。
除按照规定不需要发给税务登记证件的外，纳税人办理下列事项时必须持税务登记证件：开立银行账户；申请减税、免税、退税；申请办理延期申报、延期缴纳税款；领购发票；申请开具外出经营活动税收管理证明；办理停业、歇业；其他有关税务事项。</td></tr>
<tr><td>使用管理</td><td>(1)税务登记证不得转借、涂改、损毁、买卖或伪造。
(2)税务机关对税务登记证实行定期验证和换证制度。
(3)纳税人应将税务登记证正本在其生产、经营或办公场所内明显易见的地方公开悬挂，接受税务机关检查。
(4)纳税人遗失税务登记证件的，应当在15日内书面报告主管税务机关，并登报声明作废。</td></tr>
</table>

操作练习

【训3－2·单选题】王某在某市A县设立公司并在A县税务局登记，王某经过对该市各地区对其产品需求的调查，确定到B县销售产品。王某2012年8月至2013年3月在B县累计经营180天，则王某应向（　）税务机关办理税务登记手续。

A. A县　　B. B县

C. A县或B县　　D. 不用办理税务登记

【答案】B

【解析】王某应向B县税务局办理税务登记手续。根据税务登记的有关规定，从事生产、经营的纳税人外出经营，在同一地累计超过180天的，应当在营业地办理税务登记手续，所以王某应在B县税务机关申报办理税务登记手续。

【训3－3·单选题】企业领取工商营业执照后，应当在（　）日内向主管税务机关办理税务登记手续。

A. 45　　B. 20

C. 60　　D. 30

【答案】D

【解析】根据我国税收法律制度的规定，从事生产、经营的纳税人，应当自领取营业执照（含临时工商营业执照）之日起30日内，向生产、经营地或者纳税义务发生地的主管税务机关申报办理税务登记。

【训3－4·多选题】企业向税务机关办理税务登记时需要提供的资料有（　）。

A. 营业执照

B. 法人代表人的身份证

C. 企业章程

D. 企业财务报表

【答案】ABC

【解析】我国税收法律制度规定，纳税人办理税务登记时应提供的证件、资料包括：营业执照或其他核准执行证件及工商登记表；有关机关、部门批准设立的文件；有关合同、章程、协议书；法定代表人和董事会成员名单；法定代表人（负责人）或业主居民身份证、护照或者其他证明身份的合法证件；组织机构统一代码证书；住所或经营场所证明；委托代理协议书复印件；属于享受税收优惠政策的企业，还应包括需要提供的相应证明、资料，税务机关需要的其他资料、证件。

【训3－5·单选题】税务机关对已核发的税务登记证件，实行定期验证和换证制度，每（　）年换证一次。

A. 3　　B. 1

C. 2　　D. 4

【答案】A

【解析】根据税收征收管理制度的规定，税务机关对已核发的税务登记证件每3年换证一次。

【训3－6·判断题】税务登记的主管机关是县以上国家税务局。（　）

【答案】×

【解析】根据税收法律规定，税务登记的主管机关是县以上国家税务局、地方税务局，负责税务登记的开业登记、变更登记、注销登记和税务登记证验证、换证以及非正常户处理、报验登记等有关事项。

(三)变更登记

知识准备

概念	是指纳税人在办理税务登记后，原登记内容发生变化，应向原税务机关申报办理的税务登记。
适用范围	包括:改变名称、改变法定代表人、改变经济性质或经济类型、改变住所和经营地点、改变生产经营或经营方式、增减注册资本、改变隶属关系、改变生产经营期限、改变或增减银行账号、改变生产经营权属及改变其他税务登记内容的。
时间要求	纳税人已在工商机关办理变更登记的，应当自工商机关办理变更登记之日起30日内，向原税务登记机关申报办理变更税务登记。 纳税人按规定不需要在工商机关办理变更登记，或者其变更登记的内容与工商登记内容无关的，应当自税务登记内容实际发生变化之日起30日内，或者自有关机关批准或者宣布变更之日起30日内，到原税务登记机关申报办理变更税务登记。

操作练习

【训3－7·多选题】在下列情况下，企业需要办理变更登记的有(　　)。

A.企业改变开户银行

B.企业改变住所但不改变主管税务机关

C.企业改变法定代表人

D.企业被吊销营业执照

【答案】ABC

【解析】根据我国税收法律制度的规定，纳税人办理税务登记后发生改变名称、改变法定代表人、改变经济性质或经济类型、改变依据和经营地点(不涉及主管税务机关变动的)、改变生产或经营方式、增减注册资金(资本)、改变隶属关系、改变生产经营期限、改变或增减银行账号、改变生产经营权属以及改变其他税务登记内容的应当办理变更税务登记手续。

【训3－8·单选题】企业银行账户发生变更的，应在(　　)日内向主管税务机关办理变更手续。

A.5　　B.15　　C.20　　D.60

【答案】B

【解析】根据我国税收法律制度的规定，从事生产、经营的纳税人应当自开立基本存款账户或者其他存款账户之日起15日内，向主管税务机关书面报告其全部账号;发生变化的，应当自变化之日起15日内，向主管税务机关书面报告。

【训3－9·单选题】企业办理变更税务登记的，税务机关应当自受理之日起(　　)内，审核办理变更税务登记。

A.10日　　B.10个工作日

C. 30 个工作日　　　　D. 30 日

【答案】D

【解析】根据我国税收法律制度的规定，企业办理变更税务登记的，税务机关应当自受理之日起 30 日内，审核办理变更税务登记。

【训 3－10·多选题】企业发生下列内容变更的，需要重发税务登记证的情况有（　）。

A. 纳税人名称

B. 核算方式

C. 财务负责人

D. 生产经营范围

【答案】ABD

【解析】根据税收法律规定，税务登记证件的主要内容包括：纳税人名称、税务登记代码、法定代表人或负责人、生产经营地址、登记类型、核算方式、生产经营范围（主营、兼营）、发证日期、证件有效期等。

（四）停业、复业登记

知识准备

停业登记	实行定期定额征收方式的纳税人，在营业执照核准的经营期限内需要停业的，应在停业前向税务机关申报办理停业登记。纳税人的停业期限不得超过一年。纳税人在申报时，应如实填写停业申请登记表，说明停业理由、停业期限、停业前的纳税情况和发票的领、用、存情况，并结清应纳税款、滞纳金、罚款。税务机关应收存其税务登记证及副本、发票领购簿、未使用完的发票和其他税务证件。
复业登记	纳税人应在恢复生产经营之前，向税务机关申报办理复业登记，如实填写《停业复业报告书》，领回或启用税务登记证件、发票领购簿及其停业前领购的发票。 纳税人停业期满不能及时恢复生产经营的，应在停业期满前向税务机关提出延长停业登记申请，并如实填写《停业复业报告书》。纳税人停业期满未按期复业又不申请延长停业的，税务机关应视为已恢复营业，实施正常的税收征收管理。纳税人在停业期间发生纳税义务的，应当依法申报缴纳税款。

操作练习

【训 3－11·判断题】企业在停业期间发生纳税义务的，应当在复业后与其他发生的纳税义务一起申报纳税。（　）

【答案】×

【解析】根据我国税收法律制度的规定，纳税人停业期间发生纳税义务的，应当及时向主管税务机关申报，依法缴纳税款，而不是在复业后办理。

(五)注销登记

知识准备

概念	是指纳税人解散、破产、撤销及依法终止纳税义务的其他情形时，向原税务机关申请办理的取消税务登记的手续。
适用范围	(1)因经营期限届满而自动解散;(2)因改组、分立、合并等原因而被撤销;(3)破产;(4)住所、经营地址迁移而涉及改变主管税务机关的;(5)被工商部门吊销营业执照;(6)依法终止纳税义务的其他情形。
时间要求	(1)按规定不需要在工商机关或其他机关办理注销登记的，应当自有关机关批准或者宣告终止之日起15日内，向原税务登记机关申报办理注销税务登记。 (2)纳税人被工商机关吊销营业执照或被其他机关予以撤销登记的，应自营业执照被吊销或被撤销登记之日起15日内，向原税务登记机关申报办理注销税务登记。 (3)纳税人因住所、经营地点变动，涉及改变税务登记机关的，应先向原税务登记机关申报办理注销税务登记，并在注销税务登记之日起30日内向迁达地税务机关申报办理税务登记。如遇纳税人已经或正在享受税收优惠待遇的，迁出地税务机关应当在迁移通知书上注明。 纳税人办理注销税务登记前，应当向税务机关提交相关证明文件和资料，结清应纳税款、多退(免)税款、滞纳金和罚款，缴销发票、税务登记证件和其他税务证件，经税务机关核准后，办理注销税务登记手续。

操作练习

【训3－12·多选题】纳税人需要申请办理注销税务登记的情况有(　)。

A. 解散　　B. 破产　　C. 撤销　　D. 暂停营业

【答案】ABC

【解析】注销税务登记的适用范围包括:纳税人因经营期限届满而自动解散;企业由于改组、分立、合并等原因而被撤销;企业资产不抵债而破产;纳税人住所、经营地址迁移而涉及改变原主管税务机关;纳税人被工商行政管理部门吊销营业执照;以及纳税人依法终止履行纳税义务的其他情形。

【训3－13·单选题】下列不属于变更税务登记的事项是(　)。

A. 纳税人因经营地的迁移而要改变原主管税务机关

B. 改变法定代表人

C. 增减注册资金

D. 改变开户银行账号

【答案】A

【解析】纳税人需要办理变更税务登记的情形:改变名称、改变法定代表人、改变经济性质或经济类型、改变住所和经营地点、改变生产或经营方式、增减注册资金、改变隶属关系、改变生产经营期限、改变或增减银行账号、改变生产经营权属以及改变其他税务登记内容的。

(六)外出经营报验登记

知识准备

概念	指从事生产经营的纳税人到外县(市)进行临时性生产经营活动，按规定向经营地税务机关申报办理的一种税务登记手续。
适用范围	纳税人到外县(市)临时从事生产、经营活动的，应向所在地主管税务机关申请开具《外出经营活动税收管理证明》(简称《外管证》)。《外管证》实行一地一证原则，即纳税人每到一县(市)都要开具一份《外管证》。《外管证》的有效期限一般为30日，最长不得超过180天。
异地报验	纳税人在到达经营地进行生产、经营前，应持税务登记证副本和《外管证》，向经营地税务机关申请报验登记，接受税务管理。
缴销管理	纳税人外出经营活动结束，应当向经营地税务机关填报《外出经营活动情况申请表》，按规定结清税款、缴销未使用完的发票。并由经营地税务机关在《外管证》上注明纳税人的经营、纳税及发票使用情况。纳税人应在《外管证》有效期满10日内，回到原税务登记地主管税务机关办理《外管证》缴销手续。

(七)纳税人税种登记

知识准备

概念		是纳税人在办理注册或变更税务登记的同时申请填报的，由税务机关根据纳税人的生产、经营范围及拥有的财产等情况，认定录入纳税人所适用的税种、税目、税率、报缴税款期限、征收方式和缴库方式的一种登记手续。
办理程序	申请	纳税人在办理注册或变更登记的同时，领取并填写《纳税人税种等登记表》一式两份，同时携带财务、会计制度或者财务会计处理办法，到主管税务机关申报税种登记。
	受理	税务机关对纳税人报送的《纳税人税种登记表》进行审核，核对填报内容是否准确齐全，并核查其会计财务会计制度或者财务会计处理办法是否符合要求，依据其生产、经营范围及拥有的财产等情况，确定纳税人所适用的税种、税目、税率、报缴税款期限、征收方式和缴库方式等。
	登记	税务机关依照《纳税人税种登记表》所填写的项目，进行税种登记。

(八)扣缴义务人扣缴税款登记

知识准备

概念	包括代扣代缴税款义务人和代收代缴税款义务人。
登记范围	(1)代扣代缴是指负有扣缴税款的法定义务人，在向纳税人支付款项时，从中直接扣收税款并代为缴入国库。如个人所得税由支付应税所得的单位代扣代缴。 (2)代收代缴是指负有收缴税款的法定义务人，在向纳税人收取款项时依法收取税款并代为缴入国库。如委托加工应税消费品由受托方代收代缴消费税。
时间要求	(1)已办理税务登记的扣缴义务人应当在扣缴义务发生之日起30日内，向税务登记地税务机关申报办理扣缴税款登记。税务机关在其税务登记证件上登记扣缴税款事项，不再发给扣缴税款登记证件。 (2)根据规定可不办理税务登记的扣缴义务人，应当在扣缴义务发生之日起30日内向机构所在地税务机关申报办理扣缴税款登记，税务机关核发扣缴税款登记证件。

二、发票开具与管理

(一)发票的认知

知识准备

<table>
<tr><td>概念</td><td colspan="2">发票是指在购销商品、提供或接受服务及从事其他经营活动中，开具、收取的收付款书面证明。是确定经营收支行为发生的法定凭证，是会计核算的原始依据，也是税务稽查的重要依据。</td></tr>
<tr><td>管理主体</td><td colspan="2">发票管理的主体是税务机关，税务机关负责对发票的印制、领购、开具、取得、保管及缴销的全过程进行管理和监督。财政、审计、工商、公安等有关部门在各自职责范围内，配合税务机关做好发票管理工作。
在全国范围内统一式样的发票，由国家税务总局确定，如增值税专用发票。在省、自治区、直辖市范围内统一式样的发票，由省级税务机关确定。</td></tr>
<tr><td rowspan="3">发票的种类</td><td>增值税专用发票</td><td>(1)增值税专用发票的构成。其基本联次为三联：第一联为发票联，作为买方核算采购成本和增值税进项税额的记账凭证；第二联为抵扣联，作为买方报送主管税务机关认证和留存备查的凭证；第三联为记账联，是销货方核算销售收入和销项税额的记账凭证。
(2)增值税专用发票的领购。只有增值税一般纳税人才能领购增值税专用发票，小规模纳税人和法定情形的一般纳税人不得领购使用。增值税一般纳税人有下列情形之一者，税务机关应当停止向其发售增值税专用发票：①不能准确核算增值税的销项税额、进项税额和应纳税额的；②不能向税务机关准确提供增值税的销项税额、进项税额和应纳税额有关纳税资料的；③未按规定使用和保管防伪税控系统专用设备的。</td></tr>
<tr><td>普通发票</td><td>普通发票主要由营业税纳税人和增值税小规模纳税人使用，增值税一般纳税人在不能开具增值税专用发票的情况下也可使用普通发票。
普通发票由行业发票和专用发票组成。前者适于某个行业的经营业务，如商业零售统一发票。后者仅适于某一经营项目，如技术贸易专用发票。其基本联次为三联：第一联为存根联，由收款方或开票方留存备查；第二联为发票联，付款方或受票方作为付款原始凭证；第三联为记账联，由收款方或开票方作为记账原始凭证。</td></tr>
<tr><td>专业发票</td><td>专业发票是指国有金融、保险企业的存贷、汇兑、转账凭证、保险凭证；国有邮政、电信企业的邮票、邮单、话务、电报收据；国有铁路、民用航空企业和交通部门、国有公路、水上运输企业的客票、货票等。
专业发票可由政府主管部门自行管理，不套印税务机关的统一发票监制章，也可根据需要纳入统一发票管理。专业发票由主管部门自定式样，自行印制、发放和管理，自行负责。这是专业发票的特征。</td></tr>
</table>

操作练习

【训3－14・多选题】下列属于专业发票的有(　　)。

A. 电报收据　　B. 商业零售统一发票　　C. 保险凭证　　D. 国有铁路货票

【答案】ACD

【解析】商业零售统一发票属于普通发票里的行业发票。

(二)发票的开具与管理

知识准备

<table>
<tr><td colspan="3">单位和个人对外发生经营业务收取款项，收款方应向付款方开具发票;特殊情况下，由付款方向收款方开具发票。</td></tr>
<tr><td>发票的开具要求</td><td colspan="2">发票的开具和保管应符合以下规定:
(1)单位和个人应在发生经营业务、确认营业收入时，才能开具发票，未发生经营业务，一律不得开具发票。开具发票后，如发生销货退回需要开红字发票的，必须收回原发票并注明“作废”字样或取得对方有效证明;发生销售折让的，在收回原发票并注明“作废”字样后，重新开具销售发票。
(2)开票时应按号码顺序填开，填写项目齐全、内容真实、字迹清楚、全部联次一次性复写或打印，内容完全一致，并在发票联和抵扣联加盖单位财务印章或发票专用章。
(3)填写发票应使用中文。民族自治地区可同时使用当地通用的一种民族文字;外商投资企业和外国企业可同时使用一种外国文字。
(4)使用电子计算机开具发票必须报主管税务机关批准，并使用税务机关统一监制的机打发票。开具后的存根联应当按顺序号装订成册，以备税务机关检查。
(5)开票时限、地点应符合规定。
(6)任何单位和个人不得转借、转让、代开发票;未经税务机关批准，不得拆本使用发票;不得自行扩大专业发票的使用范围;禁止倒买倒卖发票、发票监制章和发票防伪专用品等违法行为。
(7)发票限于领购单位和个人在本省、自治区、直辖市内开具。省、自治区、直辖市税务机关可规定跨市、县开具发票的办法。除特殊情形外，任何单位和个人不得跨规定区域携带、邮寄、运输空白发票。禁止携带、邮寄或运输空白发票出入境。
(8)开票单位和个人应建立发票使用登记制度，设置发票登记簿，并定期向主管税务机关报告发票使用情况。
(9)开票单位和个人应按税务机关的规定妥善存放和保管发票，不得擅自销毁。已开具的发票存根联和发票登记簿应保存5年。保存期满，经税务机关查验后销毁。
(10)发票丢失，应于丢失当日书面报告主管税务机关，并在报刊和电视等传播媒介上公告声明作废。</td></tr>
<tr><td rowspan="2">发票的管理</td><td>发票的印制</td><td>(1)增值税专用发票由国务院税务主管部门确定的企业印制;其他发票由省、自治区、直辖市税务机关确定的企业印制。禁止私自印制、伪造、变造发票。
(2)印制发票应使用国务院税务主管部门确定的全国统一的发票防伪专用品。禁止非法制造发票防伪专用品。
(3)发票应当套印全国统一发票监制章。其式样和发票版面印刷的要求，由国务院税务主管部门规定。发票监制章由省、自治区、直辖市税务机关制作。禁止伪造发票监制章。
(4)各省、自治区、直辖市内的单位和个人使用的发票，除增值税专用发票外，应在本省、自治区、直辖市内印制;确有必要到外省、自治区、直辖市印制的，应当由省、自治区、直辖市税务机关商印制地省、自治区、直辖市税务机关同意，由印制地省、自治区、直辖市税务机关确定的企业印制。禁止在境外印制发票。</td></tr>
<tr><td>发票的领购</td><td>需要领购发票的单位和个人，应当持税务登记证、经办人身份证明、按照规定式样制作的发票专用章的印模，向主管税务机关办理发票领购手续。主管税务机关根据领购单位和个人的经营范围和规模，确认领购发票的种类、数量以及领购方式，在5个工作日内发给发票领购簿。
单位和个人领购发票时，应按照税务机关的规定报告发票使用情况，税务机关应按规定进行查验。</td></tr>
</table>

操作练习

【训 3－15·判断题】企业普通发票防伪用品由省级税务机关指定企业生产。(　)

【答案】×

【解析】根据我国税收法律制度的规定，发标防伪用品由国家税务总局指定企业印制。

【训 3－16·单选题】企业有下列(　)情形的，不得领购开具增值税专用发票。

A. 借用他人增值税专用发票

B. 会计核算不健全，不能准确提供增值税进项税额、销项税额、应纳税额等资料

C. 私自印制增值税专用发票

D. 未按规定保管增值税专用发票

【答案】B

【解析】只要是会计制度不健全就不准领用增值税专用发票，而 A、C、D 三种情况是税务机关给一定的期限责令改正，如果逾期没有改正者才不得领用增值税专用发票。

【训 3－17·多选题】下列有关发票的表述中，符合《发票管理办法》规定的有(　)。

A. 经营业务已经发生，营业收入已经确认时，才能开具发票

B. 开具发票应按编号顺序填开，内容真实、全部联次一次性复写或打印

C. 经单位负责人同意，可以代其他单位开具发票

D. 开具的发票存根联应当保存 5 年

【答案】ABD

【解析】本题考核增值税专用发票的开具要求。

【训 3－18·判断题】开具发票应当按照规定的时限，逐栏、逐联顺序填开，并加盖单位财务印章或者发票专用章。(　)

【答案】×

【解析】开具发票应当按照规定的时限、顺序、栏目，全部联次一次性如实开具，并加盖发票专用章，不得逐联填开。

三、纳税申报

知识准备

<table>
<tr><td colspan="2">概念</td><td>纳税申报是指纳税人、扣缴义务人依法在申报期内就纳税事项向税务机关提出书面申报的一种法定手续。
纳税人在纳税期内没有应纳税款的，应当按照规定办理纳税申报。纳税人享受减税、免税待遇的，在减税、免税期间应当按照规定办理纳税申报。</td></tr>
<tr><td rowspan="5">纳税申报的方式</td><td>直接申报</td><td>即上门申报。纳税人直接到税务机关办理纳税申报。</td></tr>
<tr><td>邮寄申报</td><td>即纳税人经税务机关批准，使用统一规定的纳税申报特快专递专用信封，通过邮政部门办理交寄手续，并向邮政部门索取收据作为申报凭据的方式。
邮寄申报以寄出地的邮戳日期为实际申报日期，凡实行查账征收方式的纳税人，经主管税务机关批准，可采用邮寄申报的办法。</td></tr>
<tr><td>数据电文申报</td><td>数据电文，是指经税务机关确定的电话语音、电子数据交换和网络传输等电子方式。如目前纳税人的网上申报就是数据电文申报的一种形式。
采用数据电文形式进行纳税申报的，纳税人将申报数据发送到税务机关特定系统，该数据电文进入特定系统的时间，视为申报日期。</td></tr>
<tr><td>简易申报</td><td>(1)以缴纳税款凭证代替申报即由实行定期定额征收方式的纳税人在规定的期限内按照法律、行政法规规定缴清应纳税款，税务机关可以视同申报，纳税人当期(纳税期)可以不办理申报手续。
(2)简并征期即实行定期定额征收方式的纳税人经批准，可以采取将纳税期限合并为按季、半年或一年的方式缴纳税款。</td></tr>
<tr><td>其他方式</td><td>如代理申报纳税或报送代扣代缴、代收代缴报告表。</td></tr>
</table>

操作练习

【训3－19·判断题】纳税人享受减税、免税待遇的，在减税、免税期间内可以不办理纳税申报。(　　)

【答案】×

【解析】纳税人享受减税、免税待遇的，在减税、免税期间也应当按照规定办理纳税申报。

【训3－20·单选题】邮寄申报纳税的申报日期是(　　)。

A. 填表日期

B. 寄出地邮戳日期

C. 收邮地邮戳日期

D. 税务机关收到日期

【答案】B

【解析】邮寄申报以寄出地的邮局邮戳日期为实际申报日期。

四、税款征收

知识准备

概念		税款征收是指征税机关依法将纳税人应缴纳的税款及扣缴义务人代扣代缴、代收代缴的税款通过不同的方式征收入库的一系列活动。税款征收是税收征收管理工作的中心环节，是全部税收征管工作的目的和归宿。
方式	查账征收	即税务机关按照纳税人提供的账表所反映的经营情况，依照适用税率计算缴纳税款的方式。该征收方式适于财会制度较为健全、能如实核算和提供生产经营情况、正确计算应纳税款、认真履行纳税义务的纳税人。
	查定征收	税务机关根据纳税人的从业人员、生产设备、采用原材料等因素，对其应税产品查实核定产量、销售额并据以征税的方式。该征收方式适于产品零星、税源分散、会计账册不健全，但能控制原材料或进销货的纳税人。
	查验征收	即税务机关对纳税人的应税商品，通过查验数量，按市场价计算其销售收入并据以征税的方式。该征收方式适于经营品种比较单一，经营地点、时间和商品来源不固定的纳税人。
	定期定额征收	即税务机关通过典型调查，逐户确定营业额和所得额并据以征税的方式。该征收方式适于经认定批准的生产经营规模小，达不到设置账簿的标准，难以查账征收，不能准确计算计税依据的个体工商户。
	代扣代缴	即负有扣缴税款义务的人，在向纳税人支付款项时，从所支付的款项中直接扣收税款的税款征收方式。代扣代缴的目的是对零星分散、不易控制的税源实行源泉控制，如个人所得税。
	代收代缴	即负有代收代缴税款义务的人，在向纳税人收取款项时，依法收取税款并代为缴入国库。如受托加工应缴消费税的消费品，由受托方代收代缴消费税。
	委托征收	即受托单位按照税务机关核发的代征证书的要求，以税务机关的名义向纳税人征收零散税款的征税方式。该方式有利于控制税源，方便征纳双方，降低征收成本。
	其他方式	自核自缴是指纳税人按照税务机关的要求，在规定的缴款期限内，自行计算税款，自行填写纳税缴款书，自行向开户银行缴纳税款，税务机关对纳税人进行定期或不定期检查的一种征税方式。

操作练习

【训3－21·单选题】ABC公司是一家在我国境内上市的公司，税务机关应当对其采取的税款征收方式为(　　)。

A. 查账征收　　　　B. 查定征收

C. 查验征收　　　　D. 定期定额征收

【答案】A

【解析】ABC为上市公司，所以财务会计制度健全，会计记录完整，所以适合用查账征收。

【训3－22·单选题】受托单位按照税务机关核发的代征证书的要求，以税务机关的名义向纳税人征收零散税款的税款征收方式是(　　)。

A. 定期定额征收　　B. 委托代征

C. 代扣代缴　　D. 代收代缴

【答案】B

【解析】委托征收是指受托单位按照税务机关核发的代征证书的要求，以税务机关的名义向纳税人征收一些零散税款的一种税款征收方式。

【训 3－23・单选题】某单位为负有扣缴税款的法定义务人，在支付职工工资时，按个人所得税法规定，对超过法定扣除额的工资部分，应(　)个人所得税。

A. 代收代缴　　B. 代扣代缴

C. 委托代征　　D. 自报核缴

【答案】B

【解析】代扣代缴是指负有扣缴税款的法定义务人，在向纳税人支付款项时，从所支付的款项中直接扣收税款的方式。

【3－24・单选题】我国税务机关根据纳税人的生产经营状况对小型无账证的个体工商户可以采取(　)征收税款。

A. 查定征收方式　　B. 查验征收方式

C. 委托代征方式　　D. 定期定额征收方式

【答案】D

【解析】定期定额征收方式适用于生产经营规模小，又确无建账能力，经主管税务机关审核批准可以不设置账簿或暂缓建账的小型纳税人。

五、税务代理

知识准备

概念	即税务代理人在法定的代理范围内，以代理机构的名义，接受纳税人、扣缴义务人委托，代为办理税务行为。
特点	(1)中介性。税务代理业是独立的社会中介服务行业。 (2)法定性。税务代理机构的设立、业务范围、业务开展必须按国家法律的规定进行。 (3)自愿性。委托税务代理人代办税务是纳税人、扣缴义务人自愿采取的一种办税方式，任何人不能强制。 (4)公正性。税务代理机构应站在公正、客观的立场，既不能损害纳税人、扣缴义务人的权益，也不能损害国家利益。
范围	税务师必须加入税务代理机构才能从事税务代理业务，一个税务师只能加入一个税务代理机构。 税务代理人可以接受下列范围内的业务代理：办理税务登记、变更登记和注销登记；办理发票领购手续；办理纳税申报和扣缴税款报告；办理缴纳税款和申请退税；制作涉税文书；审查纳税情况；建账建制，办理账务；开展税务咨询、受聘税务顾问；申请税务行政复议或税务行政诉讼等。但不能代理应由税务机关行使的行政职权，税务机关依法委托其代理的除外。

操作练习

【训 3－25・多选题】税务代理的特点包括(　)。

A. 中介性　　B. 强制性　　C. 法定性　　D. 公正性

【答案】ACD

【解析】税务代理的特点是中介性、法定性、自愿性和公正性。

【训 3－26 · 多选题】下列各项中，属于税务代理的法定业务的有(　)。

A. 受聘税务顾问

B. 办理发票领购手续

C. 制作涉税文书

D. 提供审计报告

【答案】ABC

【解析】《税务代理试行办法》规定，税务代理人可以接受纳税人、扣缴义务人的委托从事下列范围内的业务代理：办理税务登记、变更税务登记、办理发票领购手续；办理纳税申报和扣缴税款报告；办理缴纳税款和申请退税；制作涉税文书；审查纳税情况；建账建制，办理账务；开展税务咨询、受聘税务顾问；申请税务行政复议或税务行政诉讼等。

六、税收检查及法律责任

(一)税收检查

知识准备

概念		税收检查是税务机关依照税收法律法规的规定，对纳税人、扣缴义务人履行纳税义务或者扣缴义务及其他有关税务事项进行审查、核实、监督活动的总称。
形式		税收检查的形式包括：重点检查、分类计划检查、集中性检查、临时性检查、专项检查等。
税收保全措施	概念	是指税务机关在规定的纳税期之前，对有逃避纳税义务的纳税人，限制其处理存款、商品、货物等财产的一种行政强制措施。
	措施	税务机关有根据认为纳税人有逃避纳税义务行为的，可在纳税期之前，责令限期缴纳税款。在限期内发现纳税人有明显的转移、隐匿其商品、货物及其他财产迹象的，应责令其提供纳税担保。如纳税人不能提供担保的，经县以上税务局局长批准，可采取下列税收保全措施： (1)书面通知纳税人开户银行或者其他金融机构冻结纳税人的金额相当于应纳税款的存款。 (2)扣押、查封纳税人的价值相当于应纳税款的商品、货物或者其他财产。
	注意问题	(1)个人及其所扶养家属维持生活必需的住房和用品，不在税收保全措施的范围之内。但不包括机动车、金银饰品、古玩字画、豪华住宅或一处以外的住房。税务机关对单价5000元以下的其他生活用品，不采取税收保全措施和强制执行措施。 (2)应经县以上税务局(分局)局长批准。 (3)冻结的存款数额要以相当于纳税人应纳税款的数额为限，而不是全部存款。 (4)如果纳税人在税务机关采取税收保全措施后按照税务机关规定的期限缴纳了税款，税务机关应按规定在收到税款或银行转回的完税凭征之日起24小时内解除税收保全。

续表

税收强制执行	概念	是指税务机关对未按规定期限履行纳税义务的纳税人、扣缴义务人、纳税担保人，依法采取强制手段，迫使其履行法定义务的一种征管制度。
	措施	纳税人、扣缴义务人未按规定期限缴纳或解缴税款，纳税担保人未按规定期限缴纳所担保的税款，由税务机关责令限期缴纳，逾期仍未缴纳的，经县以上税务局(分局)局长批准，税务机关可以采取下列强制执行措施： (1)书面通知其开户银行或者其他金融机构从其存款中扣缴税款。 (2)扣押、查封、依法拍卖或者变卖其价值相当于应纳税款的商品、货物或者其他财产，以拍卖或者变卖所得抵缴税款。
	注意问题	税务机关采取强制执行措施时，对纳税人、扣缴义务人、纳税担保人未缴纳的滞纳金同时强制执行。个人及其所扶养家属维持生活所必需的住房和用品，不在强制执行措施的范围内。

操作练习

【训3-27·判断题】根据《税收征管法》的规定税收强制执行措施仅适用从事生产经营的纳税人。(　)

【答案】×

【解析】根据《税收征管法》的规定税收强制执行措施的对象包括:从事生产经营的纳税人、扣缴义务人、纳税担保人。

【训3-28·多选题】根据《税收征收管理法》的规定，下列各项中，不属于税收保全措施的是(　)。

A. 暂扣纳税人营业执照

B. 书面通知纳税人开户银行从其存款中扣缴税款

C. 依法拍卖纳税人价值相当于应纳税款的货物，以拍卖所得抵缴税款

D. 书面通知纳税人开户银行冻结纳税人的金额相当于应纳税款的存款

【答案】ABC

【解析】税收保全措施:(1)书面通知纳税人开户银行或者其他金融机构冻结纳税人的金额相当于应纳税款的存款;(2)扣押、查封纳税人的价值相当于应纳税款的商品、货物或者其他财产。

(二)法律责任

1. 税收法律责任认知

知识准备

<table>
<tr><td>概念</td><td colspan="2">税收法律责任是指征税主体和纳税主体由于其行为违法，按照法律规定必须承担的消极法律后果。税收违法行为承担的法律责任包括行政责任和刑事责任两大类。</td></tr>
<tr><td rowspan="2">税务违法行政处罚</td><td>概念</td><td>税务违法行政处罚是指从事生产经营的纳税人和其他税务当事人违反税收征收管理的行为，尚未构成犯罪，依法应当承担行政责任的，由税务机关依法对其实施一定的制裁措施。</td></tr>
<tr><td>措施</td><td>主要包括：
(1)责令限期改正。主要适用于情节轻微或尚未构成实际危害后果的违法行为。
(2)罚款。是对违反税收法律法规，不履行法定义务的当事人的一种经济上的处罚。
加收滞纳金是一种特殊形式的罚款，根据《税收征管法》的规定，纳税人未按照规定期限缴纳税款的，扣缴义务人未按照规定期限解缴税款的，税务机关除责令限期缴纳外，从滞纳税款之日起，按日加收滞纳税款万分之五的滞纳金。
(3)没收财产。是对违法者的财产权予以剥夺的处罚。包括非法所得的财物和用于非法活动的财产。
(4)收缴未用发票和暂停供应发票。纳税人、扣缴义务人有税收违法行为，拒不接受税务机关处理的，税务机关可以收缴其发票或者停止向其发售发票。
(5)停止出口退税权。纳税人以假报出口或者其他欺骗手段，骗取国家出口退税款的，税务机关可以在规定期间内停止为其办理出口退税。</td></tr>
<tr><td>税务违法刑事处罚</td><td>概念</td><td>税务违法刑事处罚是对违反法律情节严重，构成犯罪的责任人给予的刑事制裁。根据我国《刑法》规定，刑罚分为主刑和附加刑。主刑分为管制、拘役、有期徒刑、无期徒刑和死刑。附加刑分为罚金、剥夺政治权利、没收财产。对犯罪的外国人，可驱逐出境。</td></tr>
</table>

2. 违反税收征管程序的行为责任

税收违法行为	行政处罚	刑事处罚
违反税务登记、纳税资料保管、财务制度备案、银行账号报告和税控装置安装使用规定的	处2000元以下的罚款；情节严重的，处2000元至1万元的罚款	×
纳税人不办理税务登记	责令限期改正；逾期不改正的，提请工商机关吊销营业执照	×
未按照规定使用税务登记证件，或者转借、涂改、损毁、买卖、伪造税务登记证件的	处2000元至1万元罚款；情节严重的，处1万元至5万元罚款	×
扣缴义务人未按照规定设置、保管账簿或者保管记账凭证及有关资料的	责令限期改正，处2000元以下罚款；情节严重的，处2000元至5000元罚款	×
扣缴义务人应扣未扣、应收而不收税款的	向纳税人追缴税款，对扣缴义务人处税款50%至3倍的罚款	×
未按期办理纳税申报的	责令限期改正，处2000元以下罚款；情节严重的，可以处2000元至1万元罚款	×
逃避、拒绝或者以其他方式阻挠税务机关检查的	责令改正，处1万元以下的罚款；情节严重的，处1万元至5万元罚款	×

13. 税务行政复议

税务行政复议	概念	税务行政复议是指当事人不服税务机关及其工作人员作出的具体行政行为，依法向上一级税务机关提出申请，复议机关经审理对原税务机关具体行政行为依法作出维持、变更、撤销等决定的活动。
	行政复议事项	(1)征税行为； (2)行政许可、行政审批； (3)发票管理； (4)税收保全措施、强制执行措施； (5)行政处罚； (6)不依法履行职责的行为； (7)资格认定行为； (8)其他行为。
	行政复议申请	(1)申请人对征税行为不服的，必须先依照税务机关的决定缴纳或解缴税款及滞纳金或提供相应担保，然后才可以依法申请行政复议。对行政复议决定不服的，可以依法向人民法院起诉。 【注意】先复议，后起诉。 (2)当事人对税务机关的处罚决定、强制执行措施或者税收保全措施等征税行为之外的其他具体行政行为不服的，可以申请行政复议，也可以直接向人民法院起诉。
	行政复议机关	对各级国家税务局的具体行政行为不服的，向其上一级国家税务局申请行政复议。 对各级地方税务局的具体行政行为不服的，可以选择向其上一级地方税务局或者该税务局的本级政府申请行政复议。 对国家税务总局的具体行政行为不服的，向国家税务总局申请行政复议；对行政复议决定不服，申请人可以向人民法院提起行政诉讼，也可以向国务院申请裁决；国务院的裁决为最终裁决。

技能训练

一、单项选择题

1. 我国现行税法中采用超额累进税率的税种是(　)。

A. 企业所得税　　B. 个人所得税

C. 土地使用税　　D. 契税

2. 下列各项中，允许纳税人在计算增值税时，将外购固定资产折旧部分扣除的增值税类型是(　)。

A. 消费型增值税　　B. 收入型增值税

C. 生产型增值税　　D. 实耗型增值税

3. 下列各项中，不应计入增值税的应税销售额的是(　)。

A. 向购买者收取的包装物租金

B. 向购买者收取的销项税额

C. 因销售货物向购买者收取的手续费

D. 因销售货物向购买者收取的代收款项

4. 某食品厂为增值税一般纳税人，6 月购进免税农产品的收购凭证上注明收购价为 20000 元，支付运输公司运费 6000 元、装卸费 500 元、保险费 100 元，并取得了运输公司开具的运输业专用发票。根据规定，该食品厂准予抵扣的进项税额为(　)元。

A. 2420　　B. 2600　　C. 3020　　D. 3062

5. 根据《消费税暂行条例》的规定，下列各项中，属于在零售环节缴纳消费税的是(　)。

A. 高档手表　　B. 鞭炮　　C. 成品油　　D. 钻石

6. 某酒厂为增值税一般纳税人。2010 年 4 月销售粮食白酒 4000 斤，取得销售收入 14040 元(含增值税)。已知粮食白酒消费税定额税率为 0.5 元/斤，比例税率为 20%。该酒厂 4 月应缴纳的消费税税额为(　)元。

A. 6229.92　　B. 5510　　C. 4400　　D. 4000

7. 根据消费税的规定，纳税人采取分期收款方式销售应税消费品的，其纳税义务发生时间为(　)。

A. 书面合同约定的收款日期当天

B. 收到第一笔销售款的当天

C. 应税消费品发出的当天

D. 取得索取销售款凭据的当天

8. 根据营业税的规定，下列属于营业税纳税人的是(　)。

A. 销售建材的商贸公司

B. 提供汽车修理劳务的汽车行

C. 销售不动产的个人

D. 批发烟酒的批发商店

9. 在中国境内未设立机构、场所的，或者虽设立机构、场所但取得的所得与其所设机构、场所没有实际联系的非居民企业，适用的企业所得税税率为(　)。

A. 10%　　B. 15%　　C. 20%　　D. 25%

10. 税收“三性”的核心是(　)。

A. 无偿性　　B. 固定性　　C. 收益性　　D. 强制性

11. 地方税是指由中央统一立法或授权立法、收入划归地方并由地方负责征收管理的税收，包括(　)。

A. 消费税　　B. 营业税　　C. 增值税　　D. 关税

12. 下列税收与税法关系的表述中，正确的是(　)。

A. 二者没有关系

B. 税法是税收的法律依据和法律保障

C. 税收是税法的法律依据和法律保障

D. 税法以税收为其依据和保障

13. 按照税法的功能作用的不同，可以将税法分为(　)。

A. 税收实体法和税收程序法

B. 税收实体法和税收行政法规

C. 国内税法、国际税法和外国税法

D. 税收法律、税收行政法规、税收规章和税收规范性文件

14. 纳税人以1日、3日、5日、10日或者15日为1个纳税期的，自期满之日起(　)内预缴税款，于次月1日起15日内申报纳税并结清上月应纳税款。

A. 3日　　B. 5日　　C. 10日　　D. 15日

15. 某外贸进出口公司2010年3月进口100辆小轿车，每辆车关税完税价格为人民币14.3万元，每辆缴纳关税4.1万元。已知小轿车适用的消费税税率为5%。该批进口小轿车应缴纳的消费税税额为(　)万元。

A. 76　　B. 87　　C. 123　　D. 96.8

16. 某啤酒厂3月份生产啤酒50吨，当月销售自产啤酒30吨，取得含税收入40000元，啤酒每吨适用的消费税额为250元，则其应缴纳的消费税税额为(　)元。

A. 0　　B. 5000　　C. 7500　　D. 12500

17. 下列不属于消费税纳税人的是(　)。

A. 生产销售卷烟的烟厂

B. 进口化妆品的企业

C. 委托加工木质一次性筷子的个体工商户

D. 生产销售电视机的单位

18. 下列关于增值税纳税义务发生时间的表述中，不正确的是(　)。

A. 采取分期收款方式销售货物，为按合同约定的收款日期的当天

B. 采取预收货款方式销售货物，为收到预收款的当天

C. 采取托收承付方式销售货物，为发出货物并办妥托收手续的当天

D. 进口货物，为报关进口的当天

19. 某增值税一般纳税人2011年2月份销售货物取得价款100万元(不含税)，另外收取各种价外费用5.85万元。该纳税人销售货物适用17%的增值税税率。则该纳税人的销项税额为(　)万元。

A. 16　　B. 17　　C. 17.85　　D. 17.99

20. 从事货物生产或者提供应税劳务为主，并兼营货物批发或者零售的纳税人，年应税销售额在(　)万元以下的，认定为小规模纳税人。

A. 50　　B. 60　　C. 70　　D. 80

二、多项选择题

1. 下列关于增值税类型的说法中正确的是(　)。

A. 生产型增值税不允许纳税人在计算增值税时扣除外购固定资产的价值

B. 收入型增值税允许纳税人在计算增值税时，将外购固定资产折旧部分扣除

C. 消费型增值税允许纳税人在计算增值税时，将外购固定资产的价值一次性全部扣除

D. 我国现行增值税属于消费型增值税

2. 下列各项中，属于税收实体法的有(　)。

A.《中华人民共和国海关法》

B.《中华人民共和国个人所得税法》

C.《中华人民共和国税收征收管理法》

D.《中华人民共和国企业所得税法》

3. 下列关于税收与税法的关系表述正确的有(　)。

A. 税法是税收的法律依据和法律保障

B. 税收属于经济基础范畴，而税法属于上层建筑范畴

C. 税收活动必须严格依照税法的规定进行

D. 国家和社会对税收收入与税收活动的客观需要，决定了与税收相对应的税法的存在

4. 税收与其他财政收入相比所具有的特征有(　)。

A. 强制性　　B. 群众性　　C. 受益性　　D. 固定性

5.《税收征管法》规定了税收优先权，主要内容有以下几个方面(　)。

A. 税务机关征收税款，税收优先于无担保债权，法律另有规定的除外

B. 纳税人欠缴的税款发生在纳税人以其财产设定抵押、质押或者纳税人的财产被留置之前的，税收应当先于抵押权、质押权和留置权执行

C. 罚款、没收违法所得优先于税收，即纳税人欠缴税款，同时又被行政机关决定处以罚款、没收违法所得的，罚款、没收违法所得优先于税收

D. 以上答案都正确

6. 下列各项中，属于税务代理的法定业务的有(　)。

A. 受聘税务顾问

B. 办理发票领购手续

C. 制作涉税文书

D. 扣缴税款报告

7. 凡已办理税务登记的纳税人，无正当理由连续3个月未向税务机关进行纳税申报的，税务机关可(　)。

A. 责令限期改正

B. 派人进行实地检查

C. 暂停其税务登记证件、发票领购簿和发票的使用

D. 制作非正常户认定书，存入纳税人档案

8. 下列关于开具发票的说法，正确的有(　)。

A. 单位和个人应在发生经营业务、确认营业收入时，才能开具发票

B. 任何单位和个人不得转借、转让、代开发票

C. 发票限于领购单位和个人在本省、直辖市内开具

D. 开具发票时，应按顺序填开，全部联次一次如实开具

9. 下列各项中属于需办理注销税务登记的情形有(　)。

A. 企业破产终止纳税义务的

B. 被吊销营业执照的

C. 企业名称发生改变的

D. 经营地点变动改变税务机关的

10. 下列关于个人所得税应纳税所得额的说法中，正确的有(　)。

A. 2011年9月1日以后，工资、薪金所得，以每月收入额减除费用3600元后的余额，为

应纳税所得额

B. 个体工商户的生产、经营所得，以每一纳税年度的收入总额，减除成本、费用以及损失后的余额，为应纳税所得额

C. 劳务报酬所得每次收入不超过4000元的，减除费用800元后的余额为应纳税所得额

D. 利息、股息、红利所得，偶然所得和其他所得，以每次收入额为应纳税所得额

11. 下列属于我国个人所得税应税项目的是（ ）。

A. 稿酬所得

B. 财产租赁所得

C. 利息、股息、红利所得

D. 个体工商户的生产、经营所得

12. 根据企业所得税法律制度的规定，下列各项中，属于免税收入的是（ ）。

A. 国债利息收入

B. 符合规定条件的居民企业之间的股息、红利等权益性投资收益

C. 财政拨款

D. 接受捐赠的收入

13. 下列属于营业税纳税人的有（ ）。

A. 提供建筑业的建筑公司

B. 提供金融保险业的保险公司

C. 转让无形资产的单位

D. 销售不动产的个人

14. 下列有关消费税的计算公式正确的有（ ）。

A. 实行从价定率计税的计算公式为：应纳税额 = 销售额 × 税率

B. 实行从量定额计税的计算公式为：应纳税额 = 销售数量 × 单位税额

C. 实行从量定额与从价定率相结合的复合计税公式为：应纳税额 = 销售数量 × 单位税额 + 销售额 × 税率

D. 实行从量定额与从价定率相结合的复合计税公式为：应纳税额 = 销售数量 × 单位税额 - 销售额 × 税率

15. 下列关于增值税纳税义务发生时间的表述中，正确的有（ ）。

A. 采取直接收款方式销售货物，不论货物是否发出，均为收到销售额或取得索取销售额的凭据，并将提货单交给买方的当天

B. 采取托收承付和委托银行收款方式销售货物，为发出货物并办妥托收手续的当天

C. 采取赊销和分期收款方式销售货物，为按合同约定的收款日期的当天

D. 采取预收货款方式销售货物，为货物发出的当天

16. 甲批发商（一般纳税人），2月份从某生产厂购进一批生活日用品，取得生产厂开具的增值税专用发票上注明的价款为50万元，税款8.5万元；甲当月将该批货物以70万元（不含税）的价格全部批发给某零售商（一般纳税人），并开具增值税专用发票。则下列说法中正确的有（ ）。

A. 生产厂销售生活日用品的销售额为50万元

B. 甲批发商批发生活日用品的销售额为70万元

C. 甲批发商当期应缴纳的增值税为 3.4 万元

D. 零售商购进该批生活日用品支付的进项税额为 11.9 万元

17. 按照现行规定，下列纳税人可以认定为一般纳税人的有(　)。

A. 年不含税销售额 120 万元，从事货物生产的纳税人

B. 年不含税销售额 60 万元，从事货物零售的纳税人

C. 年不含税销售额 90 万元，从事货物批发的纳税人

D. 年不含税销售额 45 万元，从事货物生产的纳税人

三、判断题

1. 纳税人申报办理变更税务登记的，税务机关应当自受理之日起 30 日内，审核办理变更税务登记，并一律重新核发税务登记证件。(　)

2. 扣缴义务人应扣未扣的税款，其应纳税款仍然由纳税人缴纳，扣缴义务人应承担应扣未扣税款 50% 以上到 10 倍的罚款。(　)

3. 对企业事业单位的承包、承租经营所得，以每一纳税年度的收入总额，减除成本、费用以及损失后的余额，为应纳税所得额。(　)

4. 现行企业所得税法规定，企业应当自年度终了之日起 6 个月内，向税务机关报送年度企业所得税申报表，并汇算清缴税款。(　)

5. 企业之间支付的管理费、企业内营业机构之间支付的租金和特许权使用费，以及非银行企业内营业机构之间支付的利息，不得扣除。(　)

6. 税务机关采取强制执行措施时，纳税人、扣缴义务人、纳税担保人未缴纳的滞纳金同时强制执行，个人及所抚养家属维护生活所必需的住房和用品，不在强制执行措施的范围内。(　)

7.《注册税务师资格制度暂行规定》规定，增值税专用发票的领购事宜可以由注册税务师代理。(　)

8. 代扣代缴是负有收缴税款的法定义务人，对纳税人应纳的税款进行代收代缴的方式。即由与纳税人有经济业务往来的单位和个人向纳税人收取款项时，依照税收的规定收取税款。(　)

9. 纳税人在停业期间发生纳税义务的，可以暂不办理纳税申报，待复业后一并办理纳税申报。(　)

10. 专用发票适用于某个行业的经营业务，如商业零售统一发票、商业批发统一发票、工业企业产品销售统一发票等。(　)

11. 扣缴义务人应当向纳税人机构所在地或者居住地的主管税务机关申报缴纳其扣缴的营业税税款。(　)

12. 现行消费税规定，将外购应税消费品和委托加工收回的应税消费品继续生产应税消费品销售的，可以将外购应税消费品和委托加工收回应税消费品已缴纳的消费税给予扣除。(　)

13. 现行消费税的征税范围中，只有烟丝、粮食白酒、薯类白酒采用复合计征方法。(　)

14. 采取直接收款方式销售货物，不论货物是否发出，其纳税义务发生时间为均为收到销售额或取得索取销售额的凭据，并将提货单交给买方的当天。(　)

15. 小规模纳税人和采用简易办法征税的一般纳税人，适用低税率。(　)

16. 纳税人伪造、变造、隐藏、擅自销毁账簿、会计凭证或在账簿上多列支出或不列、少列收入，或经税务机关通知申报而拒不申报或进行虚假的纳税申报，不缴或少缴应纳税款的，属于骗税行为。(　)

17. 税收规范性文件是行政机关依据法律、行政法规、规章的规定制定的，是对税收法律、行政法规、规章的具体化和必要补充。它在税收工作领域中数量最多、法律效力最低。(　)

18. 税收属于经济基础范畴；而税法则是一种法律制度，属于上层建筑范畴。(　)

19. 中央税属于中央财政的财政收入，由国家税务局负责征收管理，如增值税和关税。(　)

20. 国家政权是税收产生和存在的必要条件，而国家政权的存在又依赖于税收的存在。(　)

四、案例分析题

1. 森威公司主要从事建筑工程，2010 年开展了以下业务：

(1) 承包本市某建筑工程项目，并与建设方签订建筑工程施工总包合同，总包合同明确工程总造价 3000 万元，其中 200 万元的建筑工程项目分包给甲建筑工程公司。年底工程项目全部完工，森威公司取得工程款 3000 万元，并支付甲建筑工程公司 200 万元工程款。

(2) 向乙建筑工程公司转让闲置办公用房一幢(购置原价 700 万元)，取得转让收入 1300 万元。

(3) 森威公司所属招待所(独立核算)取得客房收入 30 万元，取得歌厅舞厅收入共 55 万元，招待所客房收入与歌厅舞厅收入均分别核算。

已知：森威公司招待所在地娱乐业营业税税率为 10%。

要求：根据以上述材料，回答下列问题。

(1) 森威公司开展的上述业务中适用 5% 营业税税率的有(　)。

A. 招待所歌厅舞厅收入

B. 招待所客房收入

C. 转让闲置办公用房

D. 承包建筑工程项目

(2) 下列关于森威公司开展承包建筑工程应缴纳和代扣代缴的营业税税额说法正确的是(　)。

A. 应缴纳营业税税额 84 万元

B. 应缴纳营业税税额 90 万元

C. 应代扣代缴营业税税额 6 万元

D. 应代扣代缴营业税税额 10 万元

(3) 森威公司转让办公用房应缴纳的营业税税额为(　)。

A. 30 万元　　B. 65 万元　　C. 18 万元　　D. 39 万元

(4) 森威公司所属招待所取得客房和歌厅舞厅收入应缴纳的营业税税额为(　)。

A. 7 万元　　B. 1.5 万元　　C. 4.25 万元　　D. 5.5 万元

(5) 下列关于森威公司营业税纳税地点的说法中，正确的有(　)。

A. 森威公司转让办公用房，应当向办公用房所在地主管税务机关申报纳税

B. 森威公司承包建筑工程项目，应当向单位所在地主管税务机关申报纳税

C. 森威公司转让办公用房，应当向单位所在地主管税务机关申报纳税

D. 森威公司承包建筑工程项目，应当向建筑工程项目所在地主管税务机关申报纳税

2. 作家赵某是一名自由职业者，2012 年开了一家书店并取得个体工商户营业执照，其 2012 年收入如下：

(1)被某电视台“五一”文艺晚会组聘为顾问，取得顾问费 4000 元；

(2)在某高校中文系兼课，每月两次，每次课酬 400 元；

(3)与某高校两位老师共写一本书，共得稿费 24000 元，赵某得主编费 6000 元，其余稿费 3 人平分；

(4)出版个人作品集，取得收入 20000 元；

(5)赵某书店全年销售额 90000 元，扣除进货成本、税金、费用后，纯收入 30000 元。

要求，根据上述材料，回答下列问题。

(1) 赵某取得的顾问费 4000 元属于(　)。

A. 劳务报酬所得

B. 偶然所得

C. 稿酬所得

D. 工资薪金所得

(2) 赵某与两位老师共写一本书，三人的个人所得税纳税情况包括(　)。

A. 三人各自纳税 672 元

B. 除赵某外的两人各纳税 672 元

C. 赵某一人纳税 1344 元

D. 此笔稿费共纳税 2688 元

(3) 出版个人作品集属于稿酬收入，稿酬所得应纳个人所得税的计算公式为(　)。

A. 每次收入不足 4000 元的，应纳税额 =（每次收入额 − 800）×20%

B. 每次收入超过 4000 元的，应纳税额 = 每次收入额 ×（1 − 20%）×20%

C. 每次收入超过 4000 元的，应纳税额 = 每次收入额 ×（1 − 20%）×20% ×（1 − 30%）

D. 每次收入不足 4000 元的，应纳税额 =（每次收入额 − 800）×20% ×（1 − 30%）

答案解析

一、单项选择题

1.【正确答案】B

【答案解析】本题考核税率。个人所得税中的工资、薪金所得采用超额累进税率。

2.【正确答案】B

【答案解析】本题考核增值税的类型。收入型增值税允许纳税人在计算增值税时，将外购固定资产折旧部分扣除。

3.【正确答案】B

【答案解析】本题考核销售额包含的内容。增值税是价外税，销售额不包括向购买方收取

的销项税额。

4.【正确答案】C

【答案解析】本题考核进项税额的计算。准予抵扣的进项税额 = 20000 × 13% + 6000 × 7% = 3020(元)。(注意,此题未考虑营该增)

5.【正确答案】D

【答案解析】本题考核消费税的纳税环节。根据规定，金银首饰、钻石的消费税在零售环节征收。

6.【正确答案】C

【答案解析】本题考核消费税的复合计税方式。该酒厂 4 月应缴纳的消费税税额 = 14040 ÷ (1 + 17%) × 20% + 4000 × 0.5 = 4400(元)。

7.【正确答案】A

【答案解析】本题考核消费税的纳税义务发生时间。采取赊销和分期收款结算方式的，为书面合同约定的收款日期的当天，书面合同没有约定收款日期或者无书面合同的，为发出应税消费品的当天。

8.【正确答案】C

【答案解析】本题考核营业税的纳税人。在中华人民共和国境内提供应税劳务、转让无形资产或者销售不动产的单位和个人，为营业税的纳税人。选项 ABD 属于增值税的纳税人。

9.【正确答案】C

【答案解析】本题考核企业所得税的税率。在中国境内未设立机构、场所的，或者虽设立机构、场所但取得的所得与其所设机构、场所没有实际联系的非居民企业，适用的企业所得税税率为 20%。

10.【正确答案】A

【答案解析】本题考核税收的特征。税收的无偿性至关重要，体现了财政分配的本质，它是税收"三性"的核心。

11.【正确答案】B

【答案解析】本题考核税收的分类。地方税包括城镇土地使用税、契税、营业税等。(注意,新大纲将营业税归入了共享税)

12.【正确答案】B

【答案解析】本题考核税收与税法的关系。

13.【正确答案】A

【答案解析】本题考核税法的分类。按照税法的功能作用的不同，可以将税法分为税收实体法和税收程序法。

14.【正确答案】B

【答案解析】本题考核消费税的纳税期限。纳税人以 1 个月或者 1 个季度为 1 个纳税期的，自期满之日起 15 日内申报纳税;以 1 日、3 日、5 日、10 日或者 15 日为 1 个纳税期的，自期满之日起 5 日内预缴税款，于次月 1 日起 15 日内申报纳税并结清上月应纳税款。

15.【正确答案】D

【答案解析】本题考核进口应税消费品消费税的计算。进口消费税 = (关税完税价格 + 关税) ÷ (1 - 消费税税率) × 消费税税率 = (14.3 + 4.1) ÷ (1 - 5%) × 5% × 100 = 96.8(万元)。

16.【正确答案】C

【答案解析】本题考核消费税的计算。应缴纳的消费税 =30×250=7500(元)。

17.【正确答案】D

【答案解析】本题考核消费税的纳税人。消费税纳税人包括:(1)生产应税消费品的单位和个人;(2)进口应税消费品的单位和个人;(3)委托加工应税消费品的单位和个人。电视机不属于应税消费品,所以选项 D 不属于消费税的纳税人。

18.【正确答案】B

【答案解析】本题考核增值税纳税义务发生的时间。采取预收货款方式销售货物,为货物发出的当天。

19.【正确答案】C

【答案解析】本题考核增值税的应纳税额。销项税额 = 销售额 × 税率 =[100+5.85÷(1+17%)]×17% =17.85(万元)。

20.【正确答案】A

【答案解析】本题考核增值税的纳税人。目前,认定小规模纳税人的具体年应税销售额的标准为:(1)从事货物生产或者提供应税劳务的纳税人,以及以从事货物生产或者提供应税劳务为主,并兼营货物批发或者零售的纳税人,年应税销售额在 50 万元以下的。(2)除上述规定以外的纳税人,年应税销售额在 80 万元以下的。

二、多项选择题

1.【正确答案】ABCD

【答案解析】本题考核增值税的类型。

2.【正确答案】BD

【答案解析】本题考核税收实体法的范围。选项 A、C 属于税收程序法。实体法是规定和确认权利和义务以及职权和责任为主要内容的法律,如宪法、行政法、民法、商法、刑法等等;程序法是规定以保证权利和职权得以实现或行使,义务和责任得以履行的有关程序为主要内容的法律,如行政诉讼法、行政程序法、民事诉讼法、刑事诉讼法、立法程序法等等。简单来讲,实体法规定了权利义务的具体内容,而程序法规定了权利行使及义务履行的程序。

3.【正确答案】ABCD

【答案解析】本题考核税收与税法的关系。

4.【正确答案】AD

【答案解析】本题考核税收的特征。税收与其他财政收入形式相比较,具有强制性、无偿性和固定性的特征。

5.【正确答案】AB

【答案解析】本题考核税款征收。税款优先原则包括:税收优先于无担保债权,法律另有规定的除外;纳税人发生欠税在前的,税收优先于抵押权、质权和留置权的执行;税收优先于罚款、没收违法所得。

6.【正确答案】ABCD

【答案解析】本题考核税务代理的法定业务范围。

7.【正确答案】ABCD

【答案解析】凡已办理税务登记的纳税人,无正当理由连续 3 个月未向主管地方税务机关进行纳税申报的，主管地方税务机关应当派员实地检查，查有下落按照规定予以处罚；查无下落并且无法强制其履行纳税义务的，主管地方税务机关应当发出公告，责令限期改正；逾期不改正的，可以暂停其税务登记证件、发票领购簿和发票的使用，同时制作非正常户认定书，存入纳税人档案。

8.【正确答案】ABCD

【答案解析】本题考核发票的开具要求。

9.【正确答案】ABD

【答案解析】本题考核注销税务登记。需办理注销税务登记的情形包括：纳税人解散、破产、撤销，终止纳税义务的；被撤掉营业执照或被撤销；因住所、经营地点变动，涉及改变税务机关的。选项C属于办理变更税务登记的情形。

10.【正确答案】BCD

【答案解析】本题考核个人所得税应纳税所得额的确定。

11.【正确答案】ABCD

【答案解析】本题考核个人所得税税目。

12.【正确答案】AB

【答案解析】本题考核企业所得税免税收入的规定。《企业所得税法》规定，收入总额中的下列收入为免税收入：(1)国债利息收入；(2)符合规定条件的居民企业之间的股息、红利等权益性投资收益；(3)在中国境内设立机构、场所的非居民企业从居民企业取得的与该机构、场所有实际联系的股息、红利等权益性投资收益；(4)符合规定条件的非营利组织的收入。选项C属于不征税收入，选项D属于应征税的收入。

13.【正确答案】ABCD

【答案解析】本题考核营业税的纳税人。

14.【正确答案】ABC

【答案解析】本题考核消费税的计税方法。

15.【正确答案】ABCD

【答案解析】本题考核增值税的纳税义务发生时间。

16.【正确答案】ABCD

【答案解析】本题考核增值税应纳税额。在开具增值税专用发票的情况下，销售方收取的销项税额，就是购买方支付的进项税额。甲批发企业批发生活日用品给零售商的销项税额 $=70\times17\%=11.9$（万元），即零售商的进项税额为11.9万元；甲批发商应缴纳的增值税 $=70\times17\%-8.5=3.4$（万元）。

17.【正确答案】AC

【答案解析】本题考核增值税一般纳税人。

三、判断题

1.【正确答案】错

【答案解析】本题考核变更税务登记。纳税人申报办理变更税务登记的，税务机关应当自受理之日起30日内，审核办理变更税务登记，税务机关不重新核发税务登记证件。

2.【正确答案】错

【答案解析】本题考核个人所得税的征收管理。扣缴义务人应扣未扣的税款，其应纳税款仍然由纳税人缴纳，扣缴义务人应承担应扣未扣税款50%以上到3倍的罚款。

3.【正确答案】对

【答案解析】本题考核个人所得税应纳税所得额的确定。

4.【正确答案】错

【答案解析】本题考核企业所得税的纳税申报。企业应当自年度终了之日起5个月内，向税务机关报送年度企业所得税申报表，并汇算清缴，结清应缴应退税款。

5.【正确答案】对

【答案解析】本题考核企业应纳税所得税的规定。

6.【正确答案】对

【答案解析】本题考核税收强制措施。

7.【正确答案】错

【答案解析】本题考核税务代理的业务范围。《注册税务师资格制度暂行规定》明确规定，增值税专用发票的领购事宜必须由纳税人自行办理，注册税务师不得代理。

8.【正确答案】错

【答案解析】本题考核税款征收方式。代收代缴是负有收缴税款的法定义务人，对纳税人应纳的税款进行代收代缴的方式。即由与纳税人有经济业务往来的单位和个人向纳税人收取款项时，依照税收的规定收取税款。

9.【正确答案】错

【答案解析】本题考核纳税人的申报纳税。纳税人在停业期间发生纳税义务的，应当办理纳税申报。

10.【正确答案】错

【答案解析】本题考核行业发票的概念。行业发票适用于某个行业的经营业务，如商业零售统一发票、商业批发统一发票、工业企业产品销售统一发票等。

11.【正确答案】错

【答案解析】本题考核营业税的纳税地点。扣缴义务人应当向其机构所在地或者居住地的主管税务机关申报缴纳其扣缴的营业税税款。

12.【正确答案】对

【答案解析】本题考核消费税应纳税额。

13.【正确答案】错

【答案解析】本题考核消费税的计征方式。现行消费税的征税范围中，只有卷烟、粮食白酒、薯类白酒采用复合计征方法。

14.【正确答案】对

【答案解析】本题考核增值税的纳税义务发生时间。采取直接收款方式销售货物，不论货物是否发出，其纳税义务发生时间均为收到销售额或取得索取销售额的凭据，并将提货单交给买方的当天。

15.【正确答案】错

【答案解析】本题考核增值税的税率。小规模纳税人和采用简易办法征税的一般纳税人，适用征收率。注意，征收率和低税率不是一个概念。

16.【正确答案】错

【答案解析】本题考核税收法律责任。纳税人伪造、变造、隐藏、擅自销毁账簿、会计凭证或在账簿上多列支出或不列、少列收入，或经税务机关通知申报而拒不申报或进行虚假的纳税申报，不缴或少缴应纳税款的，属于偷税行为。

17.【正确答案】对

【答案解析】本题考核税法的分类。

18.【正确答案】对

【答案解析】本题考核税收与税法的关系。税收作为一种经济活动，属于经济基础范畴；而税法则是一种法律制度，属于上层建筑范畴。

19.【正确答案】错

【答案解析】本题考核税收的分类。增值税属于中央地方共享税，不属于中央税。

20.【正确答案】对

【答案解析】本题考核税收的作用。

四、案例分析题

1.(1)【正确答案】BC

【答案解析】本题考核营业税的税目税率。根据规定，服务业、转让无形资产、销售不动产的税率为5%。

(2)【正确答案】AC

【答案解析】本题考核营业税的计算。森威公司开展承包建筑工程应缴纳的营业税 =(3000－200)×3% =84(万元)。应代扣代缴的营业税 =200×3% =6(万元)。

(3)【正确答案】A

【答案解析】本题考核营业税的计算。纳税人销售其购置的不动产，以销售不动产的全部收入减去购置不动产的原价后的余额为营业额征收营业税。森威公司转让办公用房应缴纳的营业税 =(1300－700)×5% =30(万元)。

(4)【正确答案】A

【答案解析】本题考核营业税的计算。招待所取得客房收入应纳营业税 =30×5% =1.5(万元)，歌厅舞厅收入应纳营业税 =55×10% =5.5(万元)。

(5)【正确答案】AD

【答案解析】本题考核营业税的纳税地点。纳税人转让土地使用权或者销售不动产，应当向该土地或不动产的所在地税务机关申报纳税。纳税人提供应税劳务，应向劳务发生地的主管税务机关申报缴税。

2.(1)【正确答案】A

【答案解析】本题考核个人所得税的应税项目。

(2)【正确答案】BCD

【答案解析】本题考核个人稿酬所得应纳税额。赵某应纳税额 =12000×(1－20%)×20%×(1－30%)=1344(元)，其余两人各纳应纳税额 =6000×(1－20%)×20%(1－30%)=672(元)。此笔稿费共纳税 =1344+672+672=2688(元)。

(3)【正确答案】CD

【答案解析】本题考核稿酬所得应纳个人所得税的计算公式。

项目四　财政法律制度应用

实训目标

- ☞ 了解预算法律制度的构成。
- ☞ 了解国家预算的概念与构成。
- ☞ 知道各级权力机关、各级财政部门、各部门、各单位的预算管理的职权。
- ☞ 熟悉预算收入与预算支出的分类与构成。
- ☞ 能够遵循预算组织程序编制预算、执行预算、调整预算、编制决算。

任务一　预算法律制度应用

一、预算法律制度的构成

知识准备

<table>
<tr><td colspan="2">概念</td><td>预算法律制度是指国家经过法定程序制定的，用以调整国家预算关系的法律、行政法规和相关的规章制度。</td></tr>
<tr><td colspan="2">调整对象</td><td>国家进行预算资金的筹集、分配、使用和管理过程中发生的社会关系，包括预算程序关系和预算实体关系。</td></tr>
<tr><td rowspan="3">构成</td><td colspan="2">我国预算法律制度由《中华人民共和国预算法》、《预算法实施条例》以及有关国家预算管理的其他法规制度构成。</td></tr>
<tr><td>预算法</td><td>现行的《中华人民共和国预算法》（以下简称“《预算法》”）是 1994 年 3 月 22 日通过的，1995 年 1 月 1 日起施行的。
该法是我国第一部财政基本法律，是我国国家预算管理工作的根本性法律以及制定其他预算法规的基本依据。预算法是财政法体系中最主要的部门法，处于核心地位。</td></tr>
<tr><td>预算法实施条例</td><td>为了保证《预算法》的贯彻实施，使之更具有操作性，国务院于 1995 年 11 月 22 日颁布了《预算法实施条例》。</td></tr>
</table>

操作练习

【训1－1·多选题】关于我国的预算法律制度，下列说法不正确的有(　)。

A. 预算法律制度是调整国家进行预算资金的筹集、分配、使用和管理过程中发生的经济关系的法律规范的总称

B.《预算法》在财政法的体系中处于核心地位

C. 现行的预算法为1994年3月22日第八届全国人民代表大会第二次会议通过

D.《预算法实施条例》是国务院制定并由全国人民代表大会审议通过的

【答案】D

【解析】《预算法实施条例》是国务院制定并颁布的。

二、国家预算

(一)国家预算的认知

知识准备

<table>
<tr><td colspan="2">概念</td><td>国家预算是经法定程序批准的具有法律效力的国家年度财政收支计划，是国家为了实现政治经济任务，有计划地集中和分配财政收入的重要工具，反映国家的施政方针和社会经济政策，规定政府活动的范围和方向。
国家预算由预算收入和预算支出组成。我国的预算收入采取税收等形式；我国的预算支出用于经济建设和国防、科教文卫、社会福利等各项事业，其中经济建设支出是预算支出的主要部分。</td></tr>
<tr><td rowspan="5">编制原则</td><td>公开性</td><td>国家预算及其执行情况必须采取一定的形式公之于众，并置于民众的监督之下。</td></tr>
<tr><td>可靠性</td><td>收支项目的数字指标必须运用科学的方法，依据翔实的资料，根据其规律性，进行计算。不得假定、估算，更不能任意编造。</td></tr>
<tr><td>完整性</td><td>应列入国家预算的一切财政收支都要反映在预算中，不得造假账、在预算外另列收支。国家允许的预算外收支，也应在预算中有所反映。</td></tr>
<tr><td>统一性</td><td>无论哪一级政府的预算，都要求设立统一的预算科目，每个科目都要严格按统一的口径、程序计算和填列。</td></tr>
<tr><td>年度性</td><td>预算年度是指预算收支起止的有效期限，通常为一年。政府必须按照法定的预算年度编制国家预算，要反映全年的财政收支活动，不允许将不属于本年度财政收支的内容列入本年度的国家预算中。</td></tr>
<tr><td rowspan="3">作用</td><td>财力保证作用</td><td>国家预算既是保障国家机器运转的物质条件，又是政府实施社会经济政策的有效保证。</td></tr>
<tr><td>调节制约作用</td><td>国家预算是国家财政实行宏观控制的主要依据和手段。国家预算的收支规模可调节社会总供给和总需求的平衡，预算支出的结构可调节国民经济结构，因而国家预算的编制和执行情况对国民经济和社会发展有直接的制约作用。</td></tr>
<tr><td>反映监督作用</td><td>国家预算是国民经济的综合反映，预算收入反映国民经济发展规模和经济效益水平，预算支出反映各项建设事业发展的基本情况。因此通过国家预算的编制和执行便于监督和掌握国民经济的运行状况、发展趋势以及出现的问题，从而采取对策、措施，促进国民经济稳定协调地发展。</td></tr>
</table>

操作练习

【训1－2・多选题】国家预算的原则包括（ ）。

A. 年度性　B. 完整性　C. 统一性　D. 可靠性

【答案】ABCD

【解析】国家预算原则是指国家选择预算形式和体系应遵循的指导思想，也就是制定政府财政收支计划的方针。国家预算原则包括公开性、可靠性、完整性、统一性和年度性。

【训1－3・判断题】国家预算既是保障国家机器运转的物质条件，又是政府实施各项社会经济政策的有效保证，体现的是国家预算的制约作用。（ ）

【答案】×

【解析】国家预算既是保障国家机器运转的物质条件，又是政府实施社会经济政策的有效保证，体现的是国家预算的财力保证作用。

（二）国家预算的级次划分与构成

知识准备

<table>
<tr><td colspan="2">国家预算的级次划分</td><td>我国的国家预算实行一级政府一级预算，共分为五级预算，包括：
（1）中央预算；
（2）省级（省、自治区、直辖市）预算；
（3）地市级（设区的市、自治州）预算；
（4）县市级（县、自治县、不设区的市、市辖区）预算；
（5）乡镇级（乡、民族乡、镇）预算。
除中央预算外，其他四个级次的预算又称为地方预算。
【注意】①对于不具备设立预算条件的乡镇，经省级政府确定，可以暂不设立预算。②县级以上地方政府的派出机关不作为一级预算。</td></tr>
<tr><td>国家预算的构成</td><td>根据政府层级不同分</td><td>（1）中央预算。中央预算是中央政府的财政收支计划，由中央各部门（含直属单位）的部门预算组成，包括地方向中央上解的收入和中央对地方返还或给予补助的数额。其中，中央各部门是指与财政部直接发生预算缴款、拨款关系的国家机关、军队、政党组织和社会团体。直属单位是指与财政部直接发生预算缴款、拨款关系的企业、事业单位。
（2）地方预算。地方预算是地方政府的财政收支计划，是国家预算的有机组成部分。地方预算由各省、自治区、直辖市总预算组成。
地方各级政府预算由本级各部门（含直属单位）的预算组成，包括下级政府向上级政府上解的收入数额和上级政府对下级政府返还或给予补助的数额。其中，本级各部门是指与本级政府财政部门直接发生预算缴款、拨款关系的地方国家机关、政党组织和社会团体；直属单位是指与本级政府财政部门直接发生预算缴款、拨款关系的企业、事业单位。</td></tr>
</table>

续表

	根据预算对象不同分	(1)总预算。总预算由本级政府预算和汇总的下一级政府总预算组成。它一般包括两个部分:①各级政府所属职能部门的单位预算总和，即本级预算;②本级政府的下一级政府的总预算。下一级只有本级预算的，下一级总预算即指下一级的本级预算。没有下一级预算的，总预算即指本级预算。总预算由财政部门负责编制。如北京市财政总预算既包括市属各部门的预算，又包括各区县政府的总预算。 (2)部门单位预算。又分为部门预算和单位预算。 ①部门预算由本部门所属各单位预算组成。是综合性预算，既包括行政单位预算，又包括其下属的事业单位预算;既包括一般预算收支计划，又包括政府基金预算收支计划;既包括正常经费预算，又包括专项支出预算;既包括财政预算内拨款收支计划，又包括财政预算外核拨资金收支计划和部门其他收支计划。它反映各部门内各类预算单位所有的收入和支出。 ②单位预算是指列入部门预算的国家机关、社会团体和其他单位的收支预算。例如，国家税务总局为中央财政一级预算单位，其部门预算由局本级和40多个二级预算单位的预算组成。 部门单位预算是总预算的基础，其预算收支项目比较详细具体，由各预算部门和单位编制。

操作练习

【训1－4·多选题】我国国家预算体系中包括(　　)。

A. 中央预算

B. 省级(省、自治区、直辖市)预算

C. 乡镇级(乡、民族乡、镇)预算

D. 县级以上地方政府的派出机关

【答案】ABC

【解析】我车国家预算共分为五级，包括:(1)中央预算;(2)省级(省、自治区、直辖市)预算;(3)地市级(设区的市、自治州)预算;(4)县市级(县、自治县、不设区的市、市辖区)预算;(5)乡镇级(乡、民族乡、镇)预算。对于不具备设立预算条件的乡、民族乡、镇，经省、自治区、直辖市政府确定，可以暂不设立预算。县级以上地方政府的派出机关，根据本级政府授权进行预算管理活动，但是不作为一级预算。

三、预算管理的职权

知识准备

<table>
<tr><td colspan="2">概念</td><td>预算管理职权是指国家预算方针政策、预算管理法律法规的制定权、解释权和修订权；政府预决算的编制和审批权；预算执行、调整和监督权。</td></tr>
<tr><td rowspan="5">各级人民代表大会及其常委会的职权</td><td>全国人民代表大会职权</td><td>(1)审查中央和地方预算草案及中央和地方预算执行情况的报告；
(2)批准中央预算和中央预算执行情况的报告；
(3)改变或者撤销全国人民代表大会常务委员会关于预算、决算的不适当的决议。</td></tr>
<tr><td>全国人民代表大会常务委员会职权</td><td>(1)监督中央和地方预算的执行；
(2)审查和批准中央预算的调整方案；
(3)审查和批准中央决算；
(4)撤销国务院制定的同宪法、法律相抵触的关于预算、决算的行政法规、决定和命令；
(5)撤销省、自治区、直辖市人民代表大会及其常务委员会制定的同宪法、法律和行政法规相抵触的关于预算、决算的地方性法规和决议。</td></tr>
<tr><td>县级以上地方各级人民代表大会职权</td><td>(1)审查本级总预算草案及本级总预算执行情况的报告；
(2)批准本级预算和本级预算执行情况的报告；
(3)改变或者撤销本级人民代表大会常务委员会关于预算、决算的不适当的决议；
(4)撤销本级政府关于预算、决算的不适当的决定和命令。</td></tr>
<tr><td>县级以上地方各级人民代表大会常务委员会职权</td><td>(1)监督本级总预算的执行；
(2)审查和批准本级预算的调整方案；
(3)审查和批准本级政府决算；
(4)撤销本级政府和下一级人民代表大会及其常务委员会关于预算、决算的不适当的决定、命令和决议。</td></tr>
<tr><td>乡、民族乡、镇的人民代表大会的职权</td><td>(1)审查和批准本级预算和本级预算执行情况的报告；
(2)监督本级预算的执行；
(3)审查和批准本级预算的调整方案；
(4)审查和批准本级决算；
(5)撤销本级政府关于预算、决算的不适当的决定和命令。</td></tr>
</table>

续表

<table>
<tr><td rowspan="2">各级财政部门的职权</td><td>国务院财政部门的职权</td><td>(1)具体编制中央预算、决算草案;
(2)具体组织中央和地方预算的执行;
(3)提出中央预备费动用方案;
(4)具体编制中央预算的调整方案;
(5)定期向国务院报告中央和地方预算执行情况。</td></tr>
<tr><td>地方各级政府财政部门的职权</td><td>(1)具体编制本级预算、决算草案;
(2)具体组织本级总预算的执行;
(3)提出本级预算预备费动用方案;
(4)具体编制本级预算的调整方案;
(5)定期向本级政府和上一级政府财政部门报告本级总预算的执行情况。</td></tr>
<tr><td rowspan="2">各部门、各单位的职权</td><td>各部门的职权</td><td>(1)编制本部门预算、决算草案;
(2)组织和监督本部门预算的执行;
(3)定期向本级政府财政部门报告预算执行情况。</td></tr>
<tr><td>各单位(直属单位)的职权</td><td>(1)编制本单位预算、决算草案;
(2)按照国家规定上缴预算收入,安排预算支出,并接受国家有关部门的监督。</td></tr>
</table>

操作练习

【训1-5·多选题】下列( )属于全国人民代表大会常务委员会的预算管理职权。

A. 监督中央和地方预算的执行

B. 审查和批准中央预算的调整方案

C. 撤销国务院制定的同宪法、法律相抵触的关于预算、决算的行政法规定、决定和命令

D. 撤销省、自治区、直辖市人民代表大会及其常务委员会制定的同宪法、法律和行政法规相抵触的关于预算、决算的地方性法规和决议

【答案】ABCD

【训1-6·多选题】下列关于全国人民代表大会预算职权表述不正确的是( )。

A. 审查中央和地方预算草案及中央和地方预算执行情况的报告

B. 审查和批准中央预算的调整方案

C. 撤销国务院制定的同宪法、法律相抵触的关于预算、决算的行政法规、决定和命令

D. 改变或者撤销全国人民代表大会常务委员会关于预算、决算的不适当的决议

【答案】BC

【解析】全国人民代表大会的职权包括:(1)审查中央和地方预算草案及中央和地方预算执行情况的报告;(2)批准中央预算和中央预算执行情况的报告;(3)改变或者撤销全国人民代表大会常务委员会关于预算、决算的不适当的决议。全国人民代表大会常务委员会负责:(1)监督中央和地方预算的执行;(2)审查和批准中央预算的调整方案;(3)审查和批准中央决

算;(4)撤销国务院制定的同宪法、法律相抵触的关于预算、决算的行政法规、决定和命令;(5)撤销省、自治区、直辖市人民代表及其常务委员会制定的同宪法、法律和行政法规相抵触的关于预算、决算的地方性法规和决议。

【训1-7·单选题】下列有关各部门预算管理职权的表述不正确的是( )。

A. 定期向本级政府和上一级政府财政部门报告本级总预算的执行情况

B. 组织和监督本部门预算的执行

C. 定期向本级政府财政部门报告预算的执行情况

D. 各部门编制本部门预算、决算草案

【答案】A

【解析】各部门的预算职权包括:(1)编制本部门预算、决算草案;(2)组织和监督本部门预算的执行;(3)定期向本级政府财政部门报告预算的执行情况。

【训1-8·单选题】根据我国《预算法》的规定,不属于国务院财政部门预算职权的是( )。

A. 具体编制中央预算、决算草案

B. 具体组织中央和地方预算的执行

C. 审查和批准中央预算的调整方案

D. 具体编制中央预算的调整方案

【答案】C

【解析】全国人民代表大会常务委员会负责审查和批准中央预算的调整方案。

【训1-9·单选题】下列不属于县级以上地方各级人民代表大会的预算管理职权的是( )。

A. 改变或者撤销全国人民代表大会常务委员会关于预算、决算的不适当的决议

B. 撤销本级政府关于预算、决算的不适当的决定和命令

C. 审查本级总预算草案及本级总预算执行情况的报告

D. 批准本级预算和本级预算执行情况的报告

【答案】A

四、预算收入与预算支出

(一)预算收入

知识准备

<table>
<tr><td colspan="3">概念</td><td>预算收入是在预算年度内通过法定的形式和程序，有计划地筹措到的归国家支配的资金。</td></tr>
<tr><td rowspan="7">分类</td><td rowspan="4">按其来源划分</td><td>税收收入</td><td>税收是国家财政收入的主要来源，目前来自税收的收入占全部财政收入的90%以上。在税收收入结构中，流转税和所得税居于主体地位。</td></tr>
<tr><td>依照规定应上缴的国有资产收益</td><td>该收益是指各部门和各单位占有、使用和依法处分境内外国有资产产生的收益，依照国家有关规定应当上缴预算的部分。</td></tr>
<tr><td>专项收入</td><td>专项收入是根据特定需要由国务院批准或经国务院授权由财政部批准，设置、征集和纳入预算管理、有专项用途的收入。如排污费收入。</td></tr>
<tr><td>其他收入</td><td>其他收入是指不属于上述范围的各项收入，包括各种罚没收入、公产收入及杂项收入等。</td></tr>
<tr><td rowspan="3">按分享程度划分</td><td>中央预算收入</td><td>中央预算收入是按照分税制财政管理体制，纳入中央预算、地方不参与分享的收入，包括中央本级收入和地方按照规定向中央上解的收入。</td></tr>
<tr><td>地方预算收入</td><td>地方预算收入是按照分税制财政管理体制，纳入地方预算、中央不参与分享的收入，包括地方本级收入和中央按照规定返还或者补助地方的收入。</td></tr>
<tr><td>中央和地方预算共享收入</td><td>中央和地方预算共享收入是按照分税制财政管理体制，中央预算和地方预算对同一税种的收入，按照一定标准或比例分享的收入。</td></tr>
</table>

操作练习

【训1－10·多选题】我国《预算法》规定的预算收入形式中的专项收入包括(　)。

A. 征收排污费专项收入

B. 铁道专项收入

C. 罚没收入

D. 电力建设基金专项收入

【答案】ABD

【解析】罚没收入不属于“专项收入”，属于“其他收入”。

(二)预算支出

知识准备

<table>
<tr><td colspan="2">概念</td><td>预算支出是国家对集中的预算收入有计划地分配和使用而安排的支出。</td></tr>
<tr><td rowspan="2">分类</td><td>按照内容划分</td><td>(1)经济建设支出。包括用于经济建设的基本建设支出、支持企业的挖潜改造支出、拨付的企业流动资金支出、拨付的生产性贷款贴息支出、专项建设基金支出、支持农业生产支出以及其他经济建设支出;
(2)教育、科学、文化、卫生、体育等事业发展支出。包括公益性基本建设支出、设备购置支出、人员费用支出、业务费用支出以及其他事业发展支出;
(3)国家管理费用支出;
(4)国防支出;
(5)各项补贴支出;
(6)其他支出。</td></tr>
<tr><td>按照主体划分</td><td>(1)中央预算支出是按照分税制财政管理体制,由中央财政承担并列入中央预算的支出,包括中央本级支出和中央返还或补助地方的支出。
(2)地方预算支出是按照分税制财政管理体制,由地方财政承担并列入地方预算的支出,包括地方本级支出和地方按规定上解中央的支出。
中央预算与地方预算有关收入和支出项目的划分、地方向中央上解收入、中央对地方返还或给予补助的具体办法,由国务院规定,报全国人大常委会备案。</td></tr>
</table>

操作练习

【训1-11·多选题】我国《预算法》规定的预算支出形式包括(　　)。

A. 经济建设支出

B. 教育、科学、文化、卫生、体育等事业发展支出

C. 国防支出

D. 国家管理费用支出

【答案】ABCD

五、预算组织程序

(一)预算的编制

知识准备

<table>
<tr><td rowspan="4">预算的编制</td><td colspan="2">国务院应当及时下达关于编制下一年度预算草案的指示。编制预算草案的具体事项由财政部门负责部署。</td></tr>
<tr><td>预算年度</td><td>我国预算年度采取的是公历年制。《预算法》规定:预算年度自公历1月1日起至12月31日止。各预算活动的主体都必须按照国务院规定的时间要求编制预算。</td></tr>
<tr><td>预算草案的编制依据</td><td>预算草案是各级政府、各部门、各单位编制的未经法定程序审批的预算收支计划。
(1)各级政府编制年度预算草案的依据包括:
①法律、法规;
②国民经济和社会发展计划、财政中长期计划以及有关的财政经济政策;
③本级政府的预算管理职权和财政管理体制确定的预算收支范围;
④上一年度预算执行情况和本年度预算收支变化因素;
⑤上级政府对编制本年度预算草案的指示和要求。
(2)各部门、单位编制年度预算草案的依据包括:
①法律、法规;
②本级政府的指示和要求以及本级政府财政部门的部署;
③本部门、本单位的职责、任务和事业发展计划;
④本部门、本单位的定员定额标准;
⑤本部门、本单位上一年度预算执行情况和本年度预算收支变化因素。</td></tr>
<tr><td>预算草案的编制内容</td><td>中央预算和地方预算分为政府公共预算,国有资本经营预算、社会保障预算和其他预算。
(1)中央预算的编制内容包括:
①本级预算收入和支出;
②上一年度结余用于本年度安排的支出;
③返还或者补助地方的支出;
④地方上解的收入。
此外,中央财政本年度举借的国内外债务和还本付息数额应当在本级预算中单独列示。
(2)地方各级政府预算的编制内容包括:
①本级预算收入和支出;
②上一年度结余用于本年度安排的支出;
③上级返还或者补助的收入;
④返还或者补助下级的支出;
⑤上解上级的支出;
⑥下级上解的收入。
中央各部门负责本部门的预算草案,于每年12月10日前报财政部审核。各级预算收入的编制,应当与国民生产总值的增长率相适应。各级政府预算应当按照本级政府预算支出额的1%~3%设置预备费,用于当年预算执行中的自然灾害救灾开支及其他难以预见的特殊开支。</td></tr>
</table>

(二)预算的审批

知识准备

审查和批准	(1)初审:①国务院财政部门在每年全国人大会议举行的一个月前，将中央预算草案的主要内容提交全国人大财政经济委员会进行初审。②省、自治区、直辖市、设区的市、自治州政府财政部门在本级人大会议举行的一个月前，将本级预算草案的主要内容提交本级人大有关的专门委员会或本级人大常委会有关的工作委员会进行初审。③县、不设区的市、市辖区政府财政部门在本级人大会议举行的一个月前，将本级预算草案的主要内容提交本级人大常委会进行初审。 (2)报告:国务院在全国人大举行会议时，向大会作关于中央和地方预算草案的报告。地方各级政府在本级人代会举行会议时，向大会作关于本级总预算草案的报告。 (3)审批:中央预算由全国人大审批;地方预算由本级人大审批。
预算批复	(1)中央预算草案经全国人民代表大会批准后，财政部应自批准之日起30日内，批复中央各部门预算。中央各部门自财政部批复本部门预算之日起15日内，批复所属各单位预算。 (2)地方政府预算草案经本级人代会批准后，县级以上地方政府财政部门自本级人民代表大会批准本级政府预算之日起30日内，批复本级各部门预算。地方各部门自本级财政部门批复本部门预算之日起15日内，批复所属各单位预算。
预算备案	预算备案是指各级政府预算批准后，必须依法向有关国家机关备案，以加强预算监督，预算备案是与预算审批密切相关的一个制度。 国务院和县级以上地方各级政府对下一级政府报送备案的预算，认为有同法律、行政法规相抵触或者有其他不适当之处，需要撤销批准预算的决议的，要提请本级人民代表大会常务委员会审议决定。

操作练习

【训1－12·单选题】地方各级政府预算由(　)审查和批准。

A. 上级人民政府

B. 本级人民政府

C. 本级人民代表大会常委会

D. 本级人民代表大会

【答案】D

【解析】地方各级政府预算由本级人民代表大会审查和批准。

（三）预算的执行

知识准备

概念	预算执行是指经法定程序批准的预算进入具体实施阶段，各级政府、各部门、各预算单位在组织实施本级预算中筹措预算收入、拨付预算支出的活动。
预算执行的主体	各级预算由本级政府组织执行，具体工作由本级政府财政部门负责。 我国预算执行的主体包括：各级政府、各级政府财政部门、预算收入征收部门、国家金库、各有关部门和有关单位。
预算执行的依据	预算经本级人代会批准后，按照批准的预算执行。在预算年度开始后，预算草案批准前，本级政府可先按上一年同期预算安排用于各部门、各单位正常运转的人员经费、业务经费等必需的支出数额安排支出。
预算收入的执行	国家预算由预算收入和预算支出两部分组成，因而预算收入与预算支出的执行均为预算执行的重要内容。 各级财政、税务、海关等预算收入征收部门依法组织预算收入，按照财政管理体制的规定及时将预算收入缴入中央国库和地方国库，不得截留、占用、挪用或拖欠。未经财政部批准，不得将预算收入存入在国库外设立的过渡性账户。各项预算收入的减征、免征或者缓征，必须依法办理，任何单位和个人不得擅自决定。
预算支出的执行	各级政府财政部门应依法、及时、足额地拨付预算支出资金，加强对预算支出的管理和监督。具体包括下列三项原则： (1)按照预算拨款，即按照批准的年度预算和用款计划拨款，不得办理无预算、无用款计划、超预算、超计划的拨款，不得擅自改变支出用途； (2)按照规定的预算级次和程序拨款，即根据用款单位的申请，按照用款单位的预算级次和审定的用款计划，按期核拨，不得越级办理预算拨款； (3)按照进度拨款，即根据各用款单位的实际用款进度和国库库款情况拨付资金。各级政府、各部门、各单位的支出必须按照预算执行，加强对预算支出的管理，不得擅自扩大支出范围、提高开支标准；严格按照预算规定的支出用途使用资金；建立健全财务制度和会计核算体系，按照标准考核、监督，提高资金使用效益。

（四）预算的调整

知识准备

概念	预算的调整是指经全国人大批准的中央预算和经地方各级人大批准的本级预算，在执行中因特殊情况需要增加支出或减少收入，使原批准预算的总支出超过总收入，或使原批准的预算中举借债务数额增加的部分变更。 【注意】在预算执行中，因上级政府返还或者给予补助而引起的预算收支变化，不属于预算调整。接受返还或补助的县级以上地方政府应向本级人大常委会报告有关情况；接受返还或补助的乡、民族乡、镇政府应向本级人代会报告有关情况。
预算调整的审批	各级政府对于必须进行的预算调整，应当编制预算调整方案。中央预算的调整方案必须提请全国人大常委会审批；县级以上地方政府预算的调整方案必须提请本级人大常委会审批；乡、民族乡、镇政府预算的调整方案必须提请本级人民代表大会审批。 未经批准，不得调整预算。未经批准调整预算，各级政府不得作出任何使原批准的收支平衡的预算的总支出超过总收入或使原批准的预算中举借债务的数额增加的决定。对违反规定作出的决定，本级人民代表大会、人大常委会或上级政府应责令其改变或撤销。
预算调整方案的备案	地方各级政府预算的调整方案经批准后，由本级政府报上一级政府备案。
预算调整应注意的几个问题	（1）预算调整方案由政府财政部门负责具体编制，经本级政府审定后，提请本级人大常委会审批； （2）接受上级返还或补助的地方政府，应按照上级政府规定的用途使用款项，不得擅自改变用途； （3）政府有关部门以本级预算安排的资金拨付给下级政府有关部门的专款，必须经本级政府财政部门同意并办理预算划转手续； （4）各部门、各单位的预算支出，必须按本级政府财政部门批复的预算科目和数额执行，不得挪用，确需作出调整的，必须经本级政府财政部门同意； （5）年度预算确定后，企业、事业单位改变隶属关系，引起预算级次和关系变化的，应当在改变财务关系的同时，相应办理预算划转。

操作练习

【训1－13 · 多选题】我国预算执行的主体包括（　）。

A. 各级政府

B. 各级政府财政部门

C. 国家金库

D. 各级政府预算收入征收部门

【答案】ABCD

【解析】我国预算执行的主体包括：各级政府、各级政府财政部门、预算收入征收部门、国家金库、各有关部门和有关单位。

【训1　14 · 单选题】预算法规定，中央预算的调整方案必须提请（　）审查和批准。

A. 全国人民代表大会

B. 国务院

C. 全国人民代表大会常务委员会

D. 财政部

【答案】C

【解析】中央预算的调整方案必须提请全国人大常委会审批；县级以上地方政府预算的调整方案必须提请本级人大常委会审批；乡、民族乡、镇政府预算的调整方案必须提请本级人民代表大会审批。

【训 1－15·多选题】关于预算调整原因的叙述中，正确的有（　）。

A. 原批准的预算在执行中因特殊情况需要增加支出

B. 原批准的预算中举借债务的数额增加的部分变更

C. 原批准的预算在执行中因特殊情况需要减少收入

D. 原批准的收支平衡的预算的总支出超过总收入

【答案】ABCD

【解析】预算调整是指经全国人大批准的中央预算和经地方各级人大批准的本级预算，在执行中因特殊情况需要增加支出或减少收入，使原批准的收支平衡的预算的总支出超过总收入，或者使原批准的预算中举借债务的数额增加的部分的变更。

六、决算

知识准备

<table>
<tr><td colspan="2">概念</td><td>决算是指对年度预算收支执行结果的会计报告，是预算执行的总结，是国家管理预算活动的最后一个环节，是具有监督性质的基础程序，它包括决算报告和文字说明两部分。
决算制度主要包括决算草案的编制和决算草案的审批两个方面的内容。</td></tr>
<tr><td rowspan="2">决算制度内容</td><td>决算草案的编制</td><td>(1)编制主体和时间：决算草案由各级政府、各部门、各单位，在每一预算年度终了后按照国务院规定的时间编制。具体事项由国务院财政部门部署。
(2)编制原则：编制决算草案，必须符合法律、行政法规的规定，做到收支数额准确、内容完整、报送及时。
各部门对所属单位的决算草案，应当审核并汇总编制本部门的决算草案，报本级政府财政部门审核。</td></tr>
<tr><td>决算草案的审查和批准</td><td>(1)国务院财政部门编制中央决算草案，报国务院审定后，由国务院提请全国人大常委会审批。
(2)县级以上地方政府财政部门编制本级决算草案，报本级政府审定，由本级政府提请本级人大常委会审批。
(3)乡、民族乡、镇政府编制本级决算草案，提请本级人民代表大会审批。
(4)各级政府决算经批准后，财政部门应当向本级各部门批复决算。
(5)地方各级政府应当将经批准的决算，报上一级政府备案。
(6)国务院和县级以上地方各级政府对下一级政府报送备案的决算，认为有同法律、行政法规相抵触或有其他不适当之处，需要撤销批准该项决算的决议的，应当提请本级人民代表大会常务委员会审议决定；经审议决定撤销的，该下级人民代表大会常务委员会应当责成本级政府依照本法规定重新编制决算草案，提请本级人民代表大会常务委员会审查和批准。</td></tr>
</table>

操作练习

【训1－16·单选题】下列表述不正确的有(　)。

A. 由国务院财政部门编制的中央决算草案，经国务院审定后，由国务院提请全国人大批准

B. 由国务院财政部门编制的中央决算草案，由国务院提请全国人大常委会审批

C. 由县级以上地方各级政府财政部门编制的本级决算草案，经本级政府审定后，由本级人大常委会审批

D. 由乡级政府编制的决算草案，由本级人大审批

【答案】A

【解析】国务院财政部门编制中央决算草案，报国务院审定后，由国务院提请全国人民代表大会常务委员会审查和批准。另外，乡镇一级不设人大常委会，由乡级政府编制的决算草案，由本级人大审批。

七、预决算的监督

知识准备

各级国家权力机关的监督	全国人大及其常委会对中央和地方预算、决算进行监督； 县级以上地方人民代表大会及其常委会对本级和下级政府预算、决算进行监督； 乡、民族乡、镇人民代表大会对本级预算、决算进行监督。
各级政府部门的监督	各级政府监督下级政府的预算执行； 下级政府严格执行上级政府的决定，根据上级政府的要求，及时提供资料，如实反映情况并及时上报执行结果。
各级政府财政部门的监督	各级政府财政部门负责监督检查本级各部门及其所属各单位预算的执行；并向本级政府和上一级政府财政部门报告预算执行情况。
各级政府审计部门的监督	各级政府审计部门依照《审计法》以及有关法律、行政法规的规定，对本级各部门、各单位和下级政府的预算执行、决算实行审计监督。

操作练习

【训1－17·单选题】对本级各部门、各单位和下级政府的预算执行、决算实施审计监督的部门是(　)。

A. 各级政府财政部门

B. 各级政府

C. 各级政府审计部门

D. 上一级政府财政部门

【答案】C

【解析】各级政府审计部门对本级各部门、各单位和下级政府的预算执行和决算实行审计监督

【训1－18·多选题】下列有关预决算管理的监督表述正确的是(　)。

A. 全国人民代表大会及其常务委员会对中央和地方预算、决算进行监督

B. 县级以上地方各级人民代表大会及其常务委员会对本级和下级政府预算、决算进行监督

C. 乡、民族乡、镇人民代表大会对本级预算、决算进行监督

D. 各级政府审计部门对本级各部门、各单位和下级政府的预算执行、决算实行审计监督

【答案】ABCD

【解析】1. 立法机关的监督包括:(1)全国人大及常委会对中央和地方预算、决算进行监督;(2)县级以上各级人大及常委会对本级和下级政府预算、决算进行监督;2. 政府专门机构的监督包括:各级政府审计部门对本级各部门、各单位和下级政府的预算执行和决算实行审计监督。

任务二　政府采购法律制度应用

实训目标

☞ 熟悉政府采购的概念、原则、功能、执行模式、当事人、方式及其监督检查。

☞ 能主动遵守政府采购的原则，选择适合的政府采购方式进行政府采购。

一、政府采购认知

知识准备

概念	政府采购是指各级国家机关、事业单位和团体组织，使用财政性资金采购依法制定的集中采购目录以内的或者采购限额标准以上的货物、工程和服务的行为。
政府采购的主体范围	政府采购的主体(又称采购人)是指为从事日常的政务活动或为了满足公共服务的目的，依法利用国家财政资产和政府借款购买货物、工程和服务的国家机关、事业单位和社会团体组织。 【注意】国有企业、私营企业、集体企业都不属于政府采购的主体范围。
政府采购的资金范围	政府采购资金来源为财政性资金和由财政偿还的公共借款。财政性资金是指预算内资金、预算外资金，以及与财政资金相配套的单位自筹资金的总和。
政府采购的对象范围	政府采购的对象包括货物、工程和服务。货物是指各种形态和种类的物品;工程是指建设工程;服务是指除货物和工程以外的其他政府采购对象。
政府集中采购目录和政府采购限额标准	政府集中采购目录和采购限额标准由省级以上人民政府确定并公布。 (1)属于中央预算的政府采购项目，其集中采购目录和政府采购限额标准由国务院确定并公布; (2)属于地方预算的政府采购项目，其集中采购目录和政府采购限额标准由省、自治区、直辖市人民政府或者其授权的机构确定并公布。

操作练习

【训2－1・判断题】政府采购资金包括预算内资金、预算外资金，以及与财政资金相配套的单位自筹资金的总和。（ ）

【答案】√

【解析】政府采购资金为财政性资金。按照财政部的现行规定，财政性资金是指预算内资金、预算外资金，以及与财政资金相配套的单位自筹资金的总和。

【训2－2・多选题】下列选项中，不适用《政府采购法》的有（ ）。

A. 某国有独资公司采购生产设备

B. 某外商独资企业采购原材料

C. 某体育局用体育经费拨款购买体育设施

D. 某建筑公司承揽了国家的某项重点工程新建项目而采购建筑材料

【答案】ABD

【解析】B某外商独资企业、A某国有独资公司、D某建筑公司都是公司和企业，而政府采购的主体范围包括：国家机关、事业单位和团体组织。

【训2－3・单选题】中央预算的政府采购项目，其集中采购目录由（ ）确定并公布。

A. 国务院

B. 财政部

C. 全国人民代表大会

D. 全国人民代表大会常务委员会

【答案】A

【解析】属于中央预算的政府采购项目，其集中采购目录和政府采购限额标准由国务院确定并公布。

二、政府采购法律制度的构成

知识准备

政府采购法	2003年1月1日起执行的《政府采购法》是规范我国政府采购活动的根本性法律，是制定其他政府采购法规制度的基本依据。
政府采购部门规章（部长令）	国务院相关部门颁布有关政府采购的部门规章。如《政府采购信息公告管理办法》、《政府采购货物和服务招标投标管理办法》等。
政府采购地方性法规和政府规章	各地政府根据各地的具体情况颁布了规范本行政区域内政府采购活动的地方性法规和政府规章。

三、政府采购的原则

知识准备

公开透明原则	含义	公开透明原则是指有关采购的法律、政策、程序和采购活动等对社会公开，所有相关信息都必须公之于众。
	内容	(1)公开的内容。包括政府采购法规政策，集中采购目录、政府采购限额标准和公开招标数额标准，政府采购招标业务代理机构名录，招标投标信息等。 (2)公开的标准。政府采购公开的信息应当符合内容真实、准确可靠、发布及时、便于查找等标准。 (3)公开的途径。政府采购信息应当在省级以上财政部门指定的政府采购信息发布媒体上公开发布。
公平竞争原则	含义	公平竞争原则要求政府采购活动在确保公平的前提下充分引入竞争机制。包括竞争性原则和公平性原则。
	内容	(1)竞争性原则就是通过引入竞争机制，最大限度地利用供应商之间的激烈竞争，促使政府采购形成对买方有利的竞争局面，从而使政府采购主体采购到优质价廉的商品和服务。政府采购竞争的主要方式是招标投标。 (2)公平性原则的主要内容为：一是机会均等，即政府采购应允许所有想参加投标的供应商参与竞争；二是待遇平等，即政府采购应对所有的参加者一视同仁。
公正原则		公正原则主要指采购人、采购代理机构对于参与竞争的多家供应商，政府采购主管部门对于被监督人，应站在中立、公允的立场上，不偏不倚、平等对待。
诚实信用原则		诚实信用原则一方面要求采购人在项目发标、信息公布、评标审标过程中要真实，不得隐瞒；另一方面也要求供应商在提供物品、服务时履行承诺，保证质量。

操作练习

【训2-4·多选题】我国政府采购的原则包括(　)。

A. 公正原则

B. 公平竞争原则

C. 公开透明原则

D. 经济高效原则

【答案】ABC

【解析】我国政府采购的原则包括：公开透明原则、公平竞争原则、公正原则和诚实信用原则。

【训2-5·多选题】下列体现政府采购中不能“公开透明原则”的有(　)。

A. 政府采购当事人在政府采购活动中，本着诚实、守信的态度履行各自的权利和义务

B. 政府采购要按照事先约定的条件和程序进行，对所有供应商一视同仁

C. 政府采购的招标信息要公开

D. 政府采购的中标结果要公开

【答案】AB

【解析】A 属于诚实信用原则；B 属于公正原则。

四、政府采购的功能

知识准备

节约财政支出，提高采购资金的使用效益	通过扩大采购规模，引入竞争机制可节约财政资金。
强化宏观调控	政府采购作为财政支出的重要组成部分，是实现财政支出政策的重要工具。政府可以通过调整采购规模、采购时间、采购项目、采购规则等方式来实现特定的宏观调控目标。
活跃市场经济	政府采购通过“优胜劣汰”机制，有助于提高供应商的竞争能力，从而带动国内、国际市场经济的繁荣。
推进反腐倡廉	采购人、采购代理机构和供应商之间内部监督和外在监督机制，可以促进反腐倡廉。
保护民族产业	我国《政府采购法》的规定，除极少数法定情形外，政府采购应当采购本国货物、工程和服务。

操作练习

【训 2－6・单选题】政府采购中，通过对采购地区的选择以平衡地区间的经济发展是(　)功能的体现。

A. 强化宏观调控　　B. 活跃市场经济

C. 推进反腐倡廉　　D. 保护民族产业

【答案】A

【解析】政府采购中，通过对采购地区的选择以平衡地区间的经济发展是“宏观调控”的体现。

五、政府采购的执行模式

知识准备

我国采取集中采购和分散采购相结合的模式。 采购人采购纳入集中采购目录的政府采购项目，应当实行集中采购。		
集中采购	概念	集中采购是由一个专门的政府采购机构负责本级政府的全部采购任务。 纳入集中采购目录的政府采购项目，应当实行集中采购。 集中采购必须委托采购机构代理采购。 设区的市、自治州以上的人民政府根据本级政府采购项目组织集中采购的需要设立集中采购机构。
	分类	按集中程度不同又可分为政府集中采购和部门集中采购两类。 (1)政府集中采购是采购单位委托政府集中采购机构(政府采购中心)组织实施的，纳入集中采购目录以内的属于通用性的项目采购活动； (2)部门集中采购是指由采购单位的主管部门统一负责组织实施的，纳入集中采购目录以内的属于本部门或本系统有专业技术等特殊要求的项目采购活动。
	特点	(1)优点:取得规模效益，减低采购成本，争取价格优势和优质服务，保证采购质量，贯彻落实政府采购的政策导向，便于实施统一的管理和监督。 (2)缺点:集中采购周期长、程序复杂难以满足用户多样化的需求，特别是无法满足紧急情况的采购需要。
分散采购	概念	分散采购是指采购单位自行组织或委托采购代理机构实施的，在集中采购目录以外并在采购限额标准以上的项目采购活动。
	要求	根据《政府采购法》的规定，采购未纳入集中采购目录的政府采购项目，可以自行采购，也可以委托集中采购机构在委托的范围内代理采购。
	特点	优点:有利于满足采购及时性和多样性的需求，手续简单。 缺点:失去了规模效益，加大了采购成本，导致资产闲置及资金浪费，不利于国家宏观调控，容易滋生腐败。

操作练习

【训2-7·多选题】下列关于实行分散采购的优点，说法正确的有(　)。

A. 取得规模效益　　B. 降低采购成本

C. 手续简单　　D. 满足采购及时性

【答案】CD

【解析】实行分散采购优点，有利于满足采购及时性和多样性的需求，手续简单。

【训2-8·判断题】政府采购必须委托集中采购机构代理采购。(　)

【答案】×

【解析】按照《政府采购法》的规定，采纳未纳入集中采购目录的政府采购项目，可以自行采购，也可以委托集中采购机构在委托的范围内代理采购。

六、政府采购当事人

知识准备

<table>
<tr><td rowspan="3">采购人</td><td>概念</td><td>采购人是指利用国家财政性资金和政府借款购买货物、工程和服务的国家机关、事业单位、社会团体组织。</td></tr>
<tr><td>采购人的权利</td><td>包括:(1)自行选择采购代理机构;(2)要求采购代理机构遵守委托协议的约定;(3)审查政府采购供应商的资格;(4)依法确定中标供应商;(5)签订采购合同并参与对供应商的履约验收;(6)特殊情况下提出特殊的要求，如对于纳入集中采购目录，属于本单位有特殊要求的项目，经省级以上人民政府批准，可以自行采购。</td></tr>
<tr><td>采购人的义务</td><td>主要包括:(1)遵守政府采购的各项法律、法规和规章制度;(2)接受和配合政府采购监督管理部门的监督检查、审计机关的审计监督以及监察机关的监察;(3)尊重供应商的正当合法权益;(4)遵守采购代理机构的工作秩序;(5)在规定时间内与中标供应商签订政府采购合同;(6)在指定媒体及时发布政府采购信息、招标结果;(7)依法答复供应商的询问和质疑;(8)妥善保存采购文件。</td></tr>
<tr><td rowspan="4">供应商</td><td>概念</td><td>供应商是指向采购人提供货物、工程或服务的法人、其他组织或自然人。</td></tr>
<tr><td>法定条件</td><td>供应商参加政府采购活动应当具备以下条件:(1)具有独立承担民事责任的能力;(2)具有良好的商业信誉和健全的财会制度;(3)具有履行合同所必需的设备和专业技术能力;(4)有依法缴税和社会保障资金的良好记录;(5)参加政府采购活动前三年内，在经营活动中没有重大违法记录;(6)其他条件。</td></tr>
<tr><td>供应商的权利</td><td>主要包括:
(1)平等地取得政府采购供应商资格的权利;
(2)平等地获得政府采购信息的权利;
(3)自主、平等地参加政府采购竞争的权利;
(4)就政府采购活动事项提出询问、质疑和投诉的权利;
(5)自主、平等地签订政府采购合同的权利;
(6)要求采购人或采购代理机构保守其商业秘密的权利;
(7)监督政府采购依法公开、公正进行的权利;
(8)其他合法权利。</td></tr>
<tr><td>供应商的义务</td><td>主要包括:
(1)遵守政府采购的法律、法规和规章制度;
(2)按规定接受供应商资格审查，并在资格审查中客观真实地反映自身情况;
(3)在政府采购活动中，满足采购人或采购代理机构的正当要求;
(4)投标中标后，按规定程序签订政府采购合同并严格履行合同义务;
(5)其他法定义务。</td></tr>
</table>

续表

	采购代理机构	概念	采购代理机构是指具备一定条件，经政府有关部门批准而依法拥有政府采购代理资格的社会中介机构。
		分类	采购代理机构分为一般采购代理机构和集中采购机构。一般采购代理机构的资格由国务院有关部门或省级人民政府有关部门认定，主要负责分散采购的代理业务。集中采购机构是进行政府集中采购的法定代理机构，由设区的市、自治州以上人民政府根据本级政府采购项目组织集中采购的需要设立。
		义务责任	主要包括： (1)依法开展代理采购活动并提供良好服务； (2)依法发布采购信息； (3)依法接受监督管理； (4)不得向采购人行贿或者采取其他不正当手段谋取非法利益； (5)其他法定义务和责任。

操作练习

【训 2－9·多选题】下列各项中，属于政府采购采购人应承担的义务的有(　)。

A. 在指定媒体及时向社会发布政府采购信息、招标结果

B. 依法答复供应商的询问和质疑

C. 妥善保存反映每项采购活动的采购文件

D. 接受和配合政府采购监督管理部门的监督检查

【答案】ABCD

【解析】A 属于公开原则；B 属于公正原则；C、D 也是要承担的责任义务。

【训 2－10·多选题】下列各项中，属于政府采购供应商应具备的条件的有(　)。

A. 具有独立承担民事责任的能力

B. 有依法缴纳税收和社会保障资金的良好记录

C. 具有良好的商业信誉和健全的财务会计制度

D. 具有履行合同所必需的设备和专业技术能力

【答案】ABCD

【解析】A、C、D 是必须要有的条件，B 则说明不能有偷税漏税行为。

七、政府采购方式

(一)公开招标

知识准备

公开招标	概念	公开招标采购，是指通过公开程序，邀请所有有兴趣的供应商参加投标的方式，最能高效率地实现采购目标。
	具体要求	1. 公开招标是政府采购的主要采购方式。 2. 公开招标的具体数额标准，属于中央预算的政府采购项目，由国务院规定；属于地方预算的政府采购项目，由省、自治区、直辖市人民政府规定。 3. 是因特殊情况需要采用公开招标以外的采购方式的，应当在采购活动开始前获得设区的市、自治州以上人民政府采购监督管理部门的批准。 4. 采购人不得将应以公开招标方式采购的货物或服务化整为零或以其他任何方式规避公开招标采购。

操作练习

【训 2－11 · 判断题】公开招标采购是最能高效率地实现采购目标的方式，因此，政府采购只能采用公开招标采购这一种方式。(　)

【答案】×

【解析】政府采购方式包括公开招标、竞争性谈判、单一来源、询价等。

(二)邀请招标

知识准备

概念	也称选择性招标，由采购人根据供应商或承包商的资信和业绩，选择一定数目的法人或其他组织(不少于三家)，向其发出招标邀请书，邀请他们参加投标竞争，从中选定中标的供应商。
适用范围	符合下列情形之一的货物或服务，可以采用邀请招标方式： (1)具有特殊性，只能从有限范围的供应商处采购的； (2)采用公开招标方式的费用占政府采购项目总价值的比例过大的。
程序	采取邀请招标方式的，采购人应从符合条件的供应商中，通过随机方式选择三家以上的供应商，并向其发出投标邀请书。自招标文件发出之日起至投标人提交投标文件截止之日止，不得少于 20 日。 废标出现下列情形之一的，应予废标： (1)符合专业条件的供应商或对招标文件作实质响应的供应商不足三家的； (2)出现影响采购公正的违法、违规行为的； (3)投标人的报价均超过了采购预算，采购人不能支付的； (4)因重大变故，采购任务取消的。 废标后，采购人应当将废标理由通知所有投标人，除采购任务取消情形外，应当重新组织招标；需要采取其他方式的，应在采购活动开始前获得设区的市、自治州以上人民政府采购监督管理部门或政府有关部门批准。

（三）竞争性谈判

知识准备

概念	竞争性谈判是采购人或代理机构通过与多家供应商（不少于三家）进行谈判，从中确定中标供应商的采购方式。
适用范围	可采用竞争性谈判的情形： (1)招标后没有供应商投标或没有合格标的或重新招标未能成立的； (2)技术复杂或性质特殊，不能确定详细规格或者具体要求的； (3)采用招标所需时间不能满足用户紧急需要的； (4)不能事先计算出价格总额的。
竞争性谈判的程序	(1)成立谈判小组。谈判小组由采购人的代表和有关专家共三人以上的单数组成，其中专家的人数不得少于成员总数的2/3。 (2)制定谈判文件。谈判文件应当明确谈判程序、内容、合同条款及评定成交的标准等。 (3)确定邀请参加谈判的供应商名单。谈判小组从符合条件的供应商名单中确定不少于三家供应商参加谈判，并向其提供谈判文件。 (4)谈判。谈判小组所有成员集中与单一供应商分别进行谈判。谈判中，任何一方不得透露其他供应商的技术资料、价格和其他信息。 (5)确定成交供应商。谈判结束后，谈判小组应要求所有参加谈判的供应商在规定时间内进行最后报价，采购人从谈判小组提出的成交候选人中根据符合采购需求、质量和服务相等且报价最低的原则确定成交供应商，并将结果通知所有参加谈判的未成交的供应商。

（四）单一来源采购

知识准备

概念	是指因所购商品来源渠道单一、合同追加、原有采购项目的后续扩充和发生了不可预见的紧急情况不能从其他供应商处采购等情况。采购人向特定的一个供应商采购的一种政府采购方式。
适用范围	(1)只能从唯一供应商处采购的； (2)发生了不可预见的紧急情况，不能从其他供应商处采购的； (3)必须保证原有采购项目的一致性或者服务配套的要求，需要继续从原供应商处添购，且添购资金总额不超过原合同采购金额10%的。

（五）询价

知识准备

概念	询价是指采购人向有关供应商发出询价单让其报价，在报价基础上进行比较并确定最优供应商的一种采购方式。
适用范围	采购的货物规格、标准统一、现货货源充足且价格变化幅度小的政府采购项目。
程序	(1)成立询价小组。询价小组由采购人的代表和有关专家共三人以上的单数组成，其中，专家的人数不得少于成员总数的2/3。询价小组应当对采购项目的价格构成和评定成交的标准等事项作出规定。 (2)确定被询价的供应商名单。询价小组根据采购需求，从符合条件的供应商名单中确定不少于三家的供应商，并向其发出询价通知书。 (3)询价。询价小组要求供应商一次报出不得更改的价格。 (4)确定成交供应商。采购人根据符合采购需求、质量和服务相等且报价最低的原则确定成交供应商，并将结果通知所有被询价的未成交的供应商。

操作练习

【训2－12·单选题】根据《政府采购法》的规定，对于具有特殊性，只能从有限范围的供应商处采购的货物，其适用的政府采购方式是(　)。

A.公开招标方式

B.邀请招标方式

C.竞争性谈判方式

D.单一来源方式

【答案】B

【解析】符合下列情形之一的货物或者服务，可以依照法律采用邀请招标方式采购：具有特殊性，只能从有限范围的供应商处采购的；采用公开招标方式的费用占政府采购项目总价值比例过大的。

【训2－13·单选题】下列各项中，属于邀请招标方式中受邀参与投标的供应商数量不得少于的数量的为(　)家。

A.5　　B.4　　C.3　　D.2

【答案】C

【解析】邀请招标——邀请3家以上供应商。

【训2－14·多选题】符合(　)情形之一的货物或服务，可以采用单一来源方式采购。

A.发生了不可预见的紧急情况不能从其他供应商处采购的

B.只能从唯一供应商处采购的

C.必须保证原有采购项目一致性或者服务配套的要求，需要继续从原供应商处添购，且添购资金总额不超过原合同采购金额百分之十的

D.某供应商在政府采购活动中，　直质优价廉，讲究信誉的

【答案】ABC

【解析】符合下列情形之一的货物或者服务，可以依法采用单一来源方式采购：(1)只能从唯一供应商处采购的；(2)发生了不可预见的紧急情况不能从其他供应商处采购的；(3)必须保证原有采购项目一致性或者服务配套的要求，需要继续从原供应商处添购，且添购资金总额不超过原合同采购金额10%的。

【训2－15·单选题】根据《政府采购法》的有关规定，技术复杂或者性质特殊，不能确定详细规格或者具体要求的货物或者服务，其适用的政府采购方式是(　)。

A. 询价方式

B. 邀请招标方式

C. 竞争性谈判方式

D. 单一来源方式

【答案】C

【解析】符合下列情形之一的货物或者服务，可以依照法律采用竞争性谈判方式采购：(1)招标后没有供应商投标或没有合格标的或重新招标未能成立的；(2)技术复杂或性质特殊，不能确定详细规格或者具体要求的；(3)采用招标所需时间不能满足用户紧急需要的；(4)不能事先计算出价格总额的。

八、政府采购的监督检查

知识准备

政府采购监督管理部门的监督	各级人民政府财政部门是负责政府采购监督管理的部门，依法履行对政府采购活动的监督管理职责。主要内容有： 1. 有关政府采购的法律、行政法规和规章的执行情况； 2. 采购范围、采购方式和采购程序的执行情况； 3. 政府采购人员的职业素质和专业技能。 政府采购监督管理部门不得设置集中采购机构，不得参与政府采购项目的采购活动。采购代理机构与行政机关不得存在隶属关系或其他利益关系。
集中采购机构的内部监督	1. 建立健全内部监督管理制度。采购活动的决策和执行程序应当明确，并相互监督、相互制约。经办采购的人员与负责采购合同审核、验收人员的职责权限应当明确，并相互分离。 2. 提高采购人员的职业素质和专业技能。采购人员应符合政府采购监督管理部门规定的专业岗位任职要求。对工作人员应加强教育和培训；对采购人员的专业水平、工作实绩和职业道德状况定期进行考核。
采购人的内部监督	1. 政府采购项目的采购标准和采购结果应当公开。政府采购项目的采购标准应当公开。采用《政府采购法》规定的采购方式的，在采购活动完成后，应当将采购结果予以公布。 2. 采购人选择采购方式和采购程序应当符合法定要求。采购人必须按照《政府采购法》规定的采购方式和采购程序进行采购。任何单位和个人不得违法要求采购人或采购工作人员向其指定的供应商进行采购。
政府其他有关部门的监督	1. 审计机关的监督。审计机关应当对政府采购进行审计监督。 2. 监察机关的监督。监察机关应当对参与政府采购活动的国家机关及其工作人员实施监察。 3. 其他有关部门的监督。
政府采购活动的社会监督	任何单位和个人对政府采购活动中的违法行为，有权控告和检举，有关部门、机关依照各自职责及时处理。

任务三　国库集中收付制度应用

实训目标

☞ 知道国库单一账户体系构成。

☞ 熟悉财政收入收缴方式和程序、财政支出支付方式和程序，遵循国库集中收付制度的相关规定。

一、国库集中收付制度

知识准备

概念	国库集中收付是指以国库单一账户体系为基础，将所有财政性资金都纳入国库单一账户体系管理，收入直接缴入国库和财政专户，支出通过国库单一账户体系支付到商品和劳务供应者或用款单位，未支用的资金均保留在国库单一账户，由财政部门代表政府进行管理运作的一项国库管理制度。

二、国库单一账户体系

知识准备

国库单一账户体系的概念	国库单一账户体系是指以财政国库存款账户为核心的各类财政性资金账户的集合，所有财政性资金的收入、支付、存储及资金清算活动均在该账户体系中运行。 我国财政国库账户设置为国库单一账户、财政部门零余额账户、预算单位零余额账户、预算外资金财政专户和特设专户五类账户的集合，统称为国库单一账户体系。 财政部是管理国库单一账户体系的职能部门，任何单位不得擅自设立、变更或撤销国库单一账户体系中的各类银行账户。中国人民银行按照有关规定，应加强对国库单一账户和代理银行的管理监督。

续表

<table>
<tr><td rowspan="5">国库单一账户体系的构成</td><td>国库单一账户</td><td>财政部门在中国人民银行开设的国库单一账户，用于记录、核算和反映纳入预算管理的财政收入和财政支出活动，与财政部门在商业银行开设的零余额账户进行清算，实现资金收缴入库和资金支付。</td></tr>
<tr><td>财政部门零余额账户</td><td>财政部门按资金使用性质在商业银行开设的零余额账户，用于财政直接支付和与国库单一账户进行清算。该账户每日发生的支付，于当日营业终了前与国库单一账户清算；营业中每笔支付额5000万元（含5000万元）人民币以上的，应当及时与国库单一账户清算。财政部门的零余额账户在国库会计中使用，行政单位和事业单位会计中不设置该账户。</td></tr>
<tr><td>预算单位零余额账户</td><td>财政部门在商业银行为预算单位开设的零余额账户，在支出管理中，用于财政授权支付和与国库单一账户清算；在收入收缴管理中，财政汇缴专户作为零余额账户，用于非税收入收缴和资金清算。预算单位零余额账户可以办理转账、提取现金等结算业务，可以向本单位按账户管理规定保留的相应账户划拨工会经费、住房公积金及提租补贴，以及经财政部门批准的特殊款项，不得违反规定向本单位其他账户和上级主管单位、所属下级单位账户划拨资金。</td></tr>
<tr><td>预算外资金财政专户</td><td>财政部门在商业银行开设的预算外资金财政专户，用于记录、核算和反映预算外资金的收入支出活动，并用于预算外资金的日常收支清算。</td></tr>
<tr><td>特设专户</td><td>经国务院和省级人民政府批准或授权财政部门批准开设的特殊专户（简称特设专户），用于记录、核算和反映预算单位的特殊专项支出活动，并用于与国库单一账户清算。</td></tr>
</table>

操作练习

【训3－1·单选题】用于财政直接支付和与国库单一账户支出清算的账户是（　）。

A. 一般账户　　　　B. 财政部门零余额账户

C. 特殊专户　　　　D. 预算单位零余额账户

【答案】B

【解析】用于财政直接支付和与国库单一账户支出清算的账户是财政部门零余额账户。

【训3－2·多选题】下列各项关于预算单位使用零余额账户的情形中，不正确的有（　）。

A. 通过零余额账户借款给下级单位

B. 通过零余额账户借款给上级单位

C. 通过零余额账户向上级单位账户划拨资金用于支付上级单位的日常办公支出

D. 通过零余额账户向下级单位账户划拨资金用于支付下级单位的日常办公支出

【答案】ABCD

【解析】不得利用预算单位零余额账户违反规定向本单位其他账户和上级主管单位、所属下级单位账户划拨资金。

三、财政收入收缴方式和程序

知识准备

收缴方式	直接缴库	所谓直接缴库，是指由缴款单位或缴款人按有关法律法规规定，直接将应缴收入缴入国库单一账户或预算外资金财政专户。
	集中汇缴	所谓集中汇缴，是指由征收机关(有关法定单位)按有关法律规定，将所收的应缴收入汇总缴入国库单一账户或预算外资金财政专户。
收缴程序	直接缴库程序	直接缴库的税收收入，由纳税人或税务代理人提出纳税申报，经征收机关审核无误后，由纳税人通过开户银行将税款缴入国库单一账户。直接缴库的其他收入，比照上述程序缴入国库单一账户或预算外资金财政专户。
	集中汇缴程序	小额零散税收和法律另有规定的应缴收入，由征收机关于收缴收入的当日汇总缴入国库单一账户。非税收入中的现金缴款，比照本程序缴入国库单一账户或预算外资金财政专户。

四、财政支出支付方式和程序

知识准备

支付方式	财政直接支付	由财政部门向中国人民银行和代理银行签发支付指令，代理银行根据支付指令通过国库单一账户体系将资金直接支付到收款人或用款单位账户。
	财政授权支付	所谓财政授权支付，是预算单位按照财政部门的授权，自行向代理银行签发支付指令，代理银行根据支付指令，在财政部门批准的预算单位的用款额度内，通过国库单一账户体系将资金支付到收款人账户。
支付程序	财政直接支付程序	预算单位实行财政直接支付的财政性资金包括工资支出、工程采购支出、物品和服务采购支出。 预算单位按照批复的部门预算和资金使用计划，向财政国库支付执行机构(财政国库支付中心)提出支付申请，财政国库支付执行机构根据批复的部门预算和资金使用计划及相关要求对支付申请审核无误后，向代理银行发出支付令，并通知中国人民银行国库部门，通过代理银行进入全国银行清算系统实时清算，财政资金从国库单一账户划拨到收款人的银行账户。
	财政授权支付程序	财政授权支付程序适用于未纳入工资支出、工程采购支出物品、服务采购支出管理的购买支出和零星支出。包括单件物品或单项服务购买额不足10万元人民币的购买支出;年度财政投资不足50万元人民币的工程采购支出，特别紧急的支出和经财政部门批准的其他支出。 预算单位按照批复的部门预算和资金使用计划，向财政国库支付执行机构申请授权支付的月度用款限额，财政国库支付执行机构将批准后的限额通知代理银行和预算单位，并通知中国人民银行国库部门。预算单位在月度用款限额内，自行开具支付令，通过财政国库支付执行机构转由代理银行向收款人付款，并与国库单一账户清算。

【训 3－3·多选题】实行财政直接支付的支出包括(　)。

A. 工资支出

B. 工程采购支出

C. 服务采购支出

D. 零星支出

【答案】ABC

【解析】零星支出属于财政授权支付的支出。

技能训练

一、单选题

1. 我国各级预算都要实行(　)的原则。

A. 收支平衡　　B. 收支差异

C. 收支逆差　　D. 收支顺差

2. 下列有关各部门预算管理职权的表述中，不正确的是(　)。

A. 编制本部门预算、决算草案

B. 组织和监督本部门预算的执行

C. 不定期向上级政府财政部门报告预算的执行情况

D. 定期向本级政府财政部门报告预算的执行情况

3. 任何单位不得擅自设立、变更或撤销国库单一账户体系中的各类银行账户，管理国库单一账户体系的职能部门是(　)。

A. 国家税务总局

B. 财政部

C. 中国人民银行

D. 商务部

4. 财政收入收缴方式中，由征收机关(有关法定单位)按有关法律法规规定，将所收的应缴收入汇总缴入国库单一账户或预算外资金财政专户的方式是(　)。

A. 分次汇缴　　B. 直接缴库

C. 集中汇缴　　D. 汇总缴纳

5. 根据我国《预算法》的规定，不属于全国人民代表大会预算职权的是(　)。

A. 审查中央和地方预算草案及中央和地方预算执行情况的报告

B. 批准中央预算和中央预算执行情况的报告

C. 监督中央和地方预算的执行

D. 改变或者撤销全国人民代表大会常务委员会关于预算、决算的不适当的决议

6. 预算收入、预算支出必须通过国库来举行，各级国库库款的支配权属于(　)。

A. 本级人民政府

B. 本级人民政府财政部门

C. 本级人大常委会

D. 本级人大

7. 财政支出支付方式中，由财政部向中国人民银行和代理银行签发支付指令，代理银行根据支付指令通过国库单一账户体系将资金直接支付到收款人或用款单位账户的方式称为(　)。

A. 财政直接支付　　B. 财政授权支付

C. 财政委托支付　　D. 财政集中支付

8. 用于记录、核算和反映纳入预算管理的财政收入和支出的账户是(　)。

A. 国库单一账户　　B. 财政部门零余额账户

C. 预算外资金账户　　D. 特设账户

9. 根据《政府采购法》的有关规定，招标后没有供应商投标或者没有合格标的或者重新招标未能成立的，其适用的政府采购方式是(　)。

A. 询价方式　　B. 邀请招标方式

C. 公开招标方式　　D. 竞争性谈判方式

10. 政府采购要按照事先约定的条件和程序进行，对所有供应商一视同仁，任何单位和个人无权干预采购活动的正常开展，这体现了(　)。

A. 公开透明原则　　B. 公平竞争原则

C. 公正原则　　D. 诚实信用原则

11. 下列选项中，不属于我国政府采购主体的是(　)。

A. 国家机关

B. 事业单位

C. 从事公共社会活动的团体组织

D. 国有企业

12. 下列选项中，不属于政府采购当事人的是(　)。

A. 采购人　　B. 保证人

C. 供应商　　D. 采购代理机构

13. 每一收支项目的数字指标必须运用科学的方法，依据充分确实的资料，并总结出规律性，进行计算，不得假定、估算，更不能任意编造，体现了国家预算的(　)。

A. 公开性　　B. 年度性

C. 可靠性　　D. 完整性

14. 我国预算法规定，我国的国家预算共分为(　)。

A. 3 级　　B. 2 级　　C. 5 级　　D. 7 级

15. 对本级各部门、各单位和下级政府的预算执行、决算实施审计监督的部门是(　)。

A. 各级政府审计部门

B. 上一级政府财政部门

C. 各级政府财政部门

D. 各级政府

16. 乡级政府编制的决策草案，由(　)审批。

A. 国务院

B. 县级以上人民政府

C. 本级人大

D. 县级人大

17. 根据我国《预算法》的规定，不属于全国人民代表大会常务委员会负责的是(　)。

A. 监督中央和地方预算的执行

B. 审查和批准中央预算的调整方案

C. 审查和批准中央预决算

D. 具体组织中央和地方预算的执行

18. 我国国家预算收入的最主要部分是(　)。

A. 税收收入

B. 依照规定应当上缴的国有资产收益

C. 专项收入

D. 其他收入

19. 按照分享程度划分，我国的预算收入(　)。

A. 仅包括中央预算收入

B. 仅包括中央预算收入和地方预算收入

C. 仅包括中央和地方共享收入

D. 包括中央预算收入、地方预算收入以及中央和地方预算共享收入

20. 根据我国《预算法》的规定，不属于国务院财政部门预算职权的是(　)。

A. 具体编制中央预算、决算草案

B. 具体组织中央和地方预算的执行

C. 审查和批准中央预算的调整方案

D. 具体编制中央预算的调整方案

21. 根据《政府采购法》的规定，A 市人民政府需要采购一批货物，这批货物具有特殊性，只能从有限范围的供应商处采购的货物，那么 A 市人民政府适用的政府采购方式是(　)。

A. 公开招标方式　　B. 邀请招标方式

C. 竞争性谈判方式　　D. 单一来源方式

22. 根据《政府采购法》的规定，对于具有特殊性，只能从有限范围的供应商处采购的货物，其适用的政府采购方式是(　)。

A. 公开招标方式　　B. 邀请招标方式

C. 竞争性谈判方式　　D. 单一来源方式

23. 根据政府采购法律制度的规定，采用邀请招标方式的，采购人应当从符合相应资格条件的供应商中随机邀请(　)以上的供应商，并以投标邀请书的方式，邀请其参加投标。

A. 3 家　　B. 5 家　　C. 10 家　　D. 15 家

24. 下列关于预算体系组成的表述，错误的是(　)。

A. 地方预算由省、自治区、直辖市预算组成

B. 部门单位预算是指部门、单位的收支预算

C. 总预算包括本级预算和本级政府行政隶属的下一级政府的总预算

D. 预算组成不受限制，可随意编制

25. 下列选项中，不属于我国国家预算体系的是(　)。

A. 中央预算

B. 省级(省、自治区、直辖市)预算

C. 县市级(县、自治县、不设区的市、市辖区)预算

D. 县级以上地方政府的派出机关预算

二、多选题

1. 国家预算的原则包括(　)。

A. 公开性　　B. 完整性

C. 统一性　　D. 法律性

2. 下列关于国家预算作用的表述中正确的是(　)。

A. 财力保证作用　　B. 调节制约作用

C. 反映监督作用　　D. 信息公开作用

3. 根据《政府采购法》的规定，政府采购采用的方式包括(　)等。

A. 公开招标　　B. 邀请招标

C. 竞争性谈判　　D. 单一来源

4. 根据政府采购法律制度的规定，下列情形中，采购人可以采用竞争性谈判方式采购的有(　)。

A. 采用招标方式所需时间不能满足用户紧急需要的

B. 不能事先计算出价格总额的

C. 采用公开招标方式的费用占政府采购项目总价值的比例过大的

D. 技术复杂或者性质特殊，不能确定详细规格或者具体要求的

5. 我国国家预算体系中包括(　)。

A. 中央预算

B. 省级(省、自治区、直辖市)预算

C. 乡镇级(乡、民族乡、镇)预算

D. 县级以上地方政府的派出机关

6. 下列有关对地方各级政府预算的表述中正确的是(　)。

A. 本级各部门(含直属单位)的预算

B. 下级政府向上级政府上解的收入数额

C. 上级政府对下级政府返还或者给予补助的数额

D. 地方预算由各省、自治区、直辖市总预算组成

7. 下列选项中，可以作为政府采购当事人中采购人的有(　)。

A. 中华人民共和国商务部

B. 人民教育出版社

C. 中国红十字会

D. 个人独资企业

8. 下列有关各部门预算管理职权的表述中，不正确的是(　)。

A. 编制本部门预算、决算草案

B. 组织和监督本部门预算的执行

C. 定期向上级政府财政部门报告预算的执行情况

D. 不定期向本级政府财政部门报告预算的执行情况

9. 下列关于预算的审批，说法正确的有(　)。

A. 中央预算由全国人民代表大会审查和批准

B. 地方各级政府预算由本级人民代表大会审查和批准

C. 中央预算和地方各级政府预算均由全国人民代表大会审查和批准

D. 中央预算和地方各级政府预算均由本级人民代表大会审查和批准

10. 下列选项中，属于各级政府编制年度预算草案的依据的有(　)。

A. 法律、法规

B. 国民经济和社会发展计划、财政中长期计划以及有关的财政经济政策

C. 上一年度预算执行情况和本年度预算收支变化因素

D. 本级政府的预算管理职权和财政管理体制确定的预算收支范围

11. 我国《预算法》规定的预算支出形式包括(　)。

A. 经济建设支出

B. 教育、科学、文化、卫生、体育等事业发展支出

C. 国家管理费用支出

D. 国防支出

12. 财政授权支付程序适用于(　)。

A. 单件物品或单项服务购买额不足 10 万元人民币的购买支出

B. 单件物品或单项服务购买额不足 50 万元人民币的购买支出

C. 年度财政投资不足 50 万元的工程采购支出

D. 特别紧急的支出

13. 下列账户中，国库单一账户体系中包括(　)。

A. 预算外资金专户

B. 特设专户

C. 国库单一账户

D. 财政部门零余额账户

14. 下列属于全国人民代表大会的职权的有(　)。

A. 批准中央预算执行情况的报告

B. 审查中央预算草案

C. 审查地方预算草案

D. 审查地方预算执行情况的报告

15. 下列关于中央预算的表述中，正确的有(　)。

A. 由中央各部门(含直属单位)的预算组成

B. 中央预算包括地方向中央上解的收入数额

C. 中央预算不包括中央对地方返还或者给予补助的数额

D. 中央预算不包括企业和事业单位的预算

16. 根据我国《预算法》的规定，不属于全国人民代表大会预算职权的是(　)。

A. 批准中央预算和中央预算执行情况的报告

B. 审查和批准中央预算的调整方案

C. 监督中央和地方预算的执行

D. 改变或者撤销全国人民代表大会常务委员会关于预算、决算的不适当的决议

三、判断题

1. 我国实行一级政府一级预算。( )

2. 国务院财政部门编制中央决算草案，报国务院审定后，由国务院提请全国政协常委会审查和批准。( )

3. 每一收支项目的数字指标必须运用科学的方法，依据充分确实的资料，并总结出规律性进行计算，不得假定、估算，更不能任意变造，体现了国家预算的完整性原则。( )

4. 无论乡、民族乡、镇是否有设立预算条件，都一定要设立预算。( )

5. 我国的预算分为中央预算和地方预算，而中央预算是由各地方预算组成的。( )

6. 政府集中采购目录和采购限额标准由县级以上人民政府确定并公布。( )

7. 采购人不得将应当以公开招标方式采购的货物或者服务化整为零来规避公开招标采购。( )

8. 邀请招标应作为政府采购的主要采购方式。( )

9. 单一来源方式，是指采购人向唯一供应商进行采购的方式。( )

答案解析

一、单选题

1.【正确答案】A

【答案解析】平衡原则是指在一定时期内政府的预算收支保持平衡。

2.【正确答案】C

3.【正确答案】B

【答案解析】财政部是管理国库单一账户体系的职能部门，任何单位不得擅自设立、变更或撤销国库单一账户体系中的各类银行账户。

4.【正确答案】C

【答案解析】本题考核财政收入收缴方式。集中汇缴是指由征收机关(有关法定单位)按有关法律法规规定，将所收的应缴收入汇总缴入国库单一账户或预算外资金财政专户。

5.【正确答案】C

【答案解析】《预算法》第十二条规定:全国人民代表大会常务委员会监督中央和地方预算的执行。

6.【正确答案】B

【答案解析】根据《中华人民共和国预算法》及《中华人民共和国国家金库条例》的规定，国库负责办理国家预算资金的收入和支出，各级国库库款的支配权属于本级政府财政部门。除法律、行政法规另有规定外，未经本级政府财政部门同意，任何部门、单位和个人都无权动用国库库款或者以其他方式支配已入国库的库款。

7.【正确答案】A

【答案解析】本题考核财政支付的方式。财政直接支付是指由财政部向中国人民银行和代理银行签发支付指令，代理银行根据支付指令通过国库单一账户体系将资金直接支付到收

款人或用款单位账户。

8.【正确答案】A

【答案解析】本题考核国库单一账户体系。国库单一账户是财政部门在中国人民银行开设的，该账户用于记录、核算和反映纳入预算管理的财政收入和支出。

9.【正确答案】D

【答案解析】本题考核政府采购方式。符合下列情形之一的货物或者服务，可以采用竞争性谈判方式采购：(1)招标后没有供应商投标或者没有合格标的或者重新招标未能成立的；(2)技术复杂或者性质特殊，不能确定详细规格或者具体要求的；(3)采用招标所需时间不能满足用户紧急需要的；(4)不能事先计算出价格总额的。

10.【正确答案】C

【答案解析】本题考核政府采购的原则。

11.【正确答案】D

【答案解析】本题考核政府采购的主体范围。目前，我国国有企业不属于政府采购的主体范围。

12.【正确答案】B

【答案解析】本题考核政府采购当事人。政府采购当事人是指在政府采购活动中享有权利和承担义务的各类主体，包括采购人、供应商和采购代理机构。

13.【正确答案】C

14.【正确答案】C

【答案解析】我国实行“一级政府，一级预算”，一共分为五级。包括中央，省、自治区、直辖市，设区的市、自治州，县、自治县，不设区的市、市辖区，乡、民族乡、镇五级预算。

15.【正确答案】A

【答案解析】本题考核预决算监督的相关规定。各级审计机关应当依照《中华人民共和国审计法》以及有关法律、行政法规的规定，对本级预算执行情况，对本级各部门和下级政府预算的执行情况和决算，进行审计监督。

16.【正确答案】C

【答案解析】本题考核决算草案的审批。乡、民族乡、镇政府编制本级决算草案，提请本级人民代表大会审查和批准。

17.【正确答案】D

【答案解析】本题考核全国人民代表大会常务委员会的预算职权。选项 D 是国务院财政部门的职权之一。

18.【正确答案】A

【答案解析】本题考核预算收入的形式。税收收入是国家预算收入的最主要部分。

19.【正确答案】D

【答案解析】本题考核预算收入。预算收入按照分享程度划分，包括中央预算收入、地方预算收入以及中央和地方预算共享收入。

20.【正确答案】C

【答案解析】本题考核国务院财政部门的预算职权。选项 C 是全国人民代表大会常务委员会的预算职权之一。

21.【正确答案】B

22.【正确答案】B

23.【正确答案】A

【答案解析】本题考核政府采购方式。邀请招标是指采购人依法从符合相应资格条件的供应商中随机邀请3家以上的供应商，并以投标邀请书的方式，邀请其参加投标。

24.【正确答案】D

【答案解析】本题考核预算体系组成。我国的预算组成并非没有限制的，中央预算由中央各部门(含直属单位)的预算组成。地方预算由各省、自治区、直辖市预算组成。

25.【正确答案】D

【答案解析】本题考核国家预算的级次划分。我国国家预算体系包括中央、省(自治区、直辖市)，设区的市(自治州)、县(不设区的市、自治县、市辖区)、乡(民族乡、镇)五级预算。

二、多选题

1.【正确答案】ABC

2.【正确答案】ABC

3.【正确答案】ABCD

【答案解析】本题考核政府采购的方式。本题四个选项均属于政府采购的方式。

4.【正确答案】ABD

【答案解析】本题考核政府采购方式。选项C适用邀请招标方式。

5.【正确答案】ABC

6.【正确答案】ABCD

7.【正确答案】ABC

【答案解析】本题考核政府采购人的范围。根据规定，采购人是指依法进行政府采购的国家机关、事业单位和团体组织。

8.【正确答案】CD

【答案解析】本题考核各部门的预算职权。各部门的预算职权包括:(1)编制本部门预算、决算草案;(2)组织和监督本部门预算的执行;(3)定期向本级政府财政部门报告预算的执行情况。

9.【正确答案】AB

【答案解析】本题考核预算的审批。根据规定，中央预算由全国人民代表大会审查和批准，地方各级政府预算由本级人民代表大会审查和批准。

10.【正确答案】ABCD

【答案解析】本题考核编制年度预算草案的依据。各级政府编制年度预算草案的依据包括:(1)法律、法规;(2)国民经济和社会发展计划、财政中长期计划以及有关的财政经济政策;(3)本级政府的预算管理职权和财政管理体制确定的预算收支范围;(4)上一年度预算执行情况和本年度预算收支变化因素;(5)上级政府对编制本年度预算草案的指示和要求。

11.【正确答案】ABCD

【答案解析】本题考核我国预算支出的形式。我国预算支出包括:(1)经济建设支出;(2)教育、科学、文化、卫生、体育等事业发展支出;(3)国家管理费用支出;(4)国防支出;(5)各项补贴支出;(6)其他支出。

12.【正确答案】ACD

【答案解析】本题考核财政授权支付程序的适用范围。财政授权支付程序适用于未纳入工资支出、工程采购支出，物品、服务采购支出管理的购买支出和零星支出。包括单件物品或单项服务购买额不足10万元人民币的购买支出；投资额不足50万元人民币的工程项目支出，以及特别紧急的支出。

13.【正确答案】ABCD

【答案解析】本题考核国库单一账户体系的范围。本题的四个选项均属于国库单一账户的构成范围。

14.【正确答案】ABCD

【答案解析】本题考核预算管理中全国人民代表大会的职权。全国人民代表大会审查中央和地方预算草案及中央和地方预算执行情况的报告；批准中央预算和中央预算执行情况的报告；改变或者撤销全国人民代表大会常务委员会关于预算、决算的不适当的决议。

15.【正确答案】AB

【答案解析】本题考核中央预算。中央政府预算由中央各部门(含直属单位)的预算组成。中央预算包括地方向中央上解的收入数额和中央对地方返还或者给予补助的数额。其中，中央各部门，是指与财政部直接发生预算缴款、拨款关系的国家机关、军队、政党组织和社会团体；直属单位，是指与财政部直接发生预算缴款、拨款关系的企业和事业单位。

16.【正确答案】BC

【答案解析】本题考核全国人民代表大会的预算职权。选项B、C是全国人民代表大会常务委员会的职权。

三、判断题

1.【正确答案】对

【答案解析】本题考核国家预算的级次划分。题目的表述是正确的。

2.【正确答案】错

【答案解析】本题考核决算的相关规定。根据规定，国务院财政部门编制中央决算草案，报国务院审定后，由国务院提请全国“人大常委会”审查和批准。

3.【正确答案】错

【答案解析】本题考核国家预算原则。每一收支项目的数字指标必须运用科学的方法，依据充分确实的资料，并总结出规律性进行计算，不得假定、估算，更不能任意变造，体现了国家预算的可靠性原则。

4.【正确答案】错

【答案解析】本题考核预算法律制度。根据规定，不具备设立预算条件的乡、民族乡、镇，经省、自治区、直辖市政府确定，可以暂不设立预算。

5.【正确答案】错

【答案解析】本题考核预算的级次划分。我国的预算分为中央预算和地方预算，中央预算是由中央各部门(含直属单位)的预算组成的。

6.【正确答案】错

【答案解析】本题考核政府集中采购目录和采购限额标准的规定。政府集中采购目录和采购限额标准由省级以上人民政府确定并公布。

7.【正确答案】对

【答案解析】本题考核公开招标方式的相关规定。采购人不得将应当以公开招标方式采购的货物或者服务化整为零或者以其他任何方式规避公开招标采购。

8.【正确答案】错

【答案解析】本题考核政府采购方式。公开招标应作为政府采购的主要采购方式。

9.【正确答案】对

【答案解析】本题考核政府采购的方式。题目的表述是正确的。

项目五　会计职业道德法律应用

实训目标

☞ 知道会计职业道德概念。
☞ 能理解会计职业道德的指导、评价和教化功能。
☞ 能理解会计职业道德与会计法律制度的区别与联系。

任务一　会计职业道德认知

一、会计职业道德概念

(一)职业道德的概念与特征

知识准备

概念	广义:从业人员在职业活动中应遵循的行为准则，涵盖了从业人员与服务对象、职业与职工、职业与职业之间的关系。 狭义:在一定职业活动中应遵循的、体现一定职业特征的、调整一定职业关系的职业行为准则和规范。
特征	(1)职业性(行业性)。职业道德的内容与职业实践活动紧密相连，反映着特定职业活动对从业人员行为的道德要求。一定的职业道德规范只适用一定的职业活动领域;有些具体的行业道德规范，只适用本行业，其他行业就不完全适用，或完全不适用。 (2)实践性。职业道德总是和具体的职业活动紧密联系，因而使其具有较强的实践性。 (3)继承性。职业道德具有较强的相对稳定性和历史继承性的特点。例如，教师“诲人不倦”、医生“救死扶伤”、商人“买卖公平”等，就在这些行业中世代相传，并且得到不断丰富和发展。
主要内容	(1)爱岗敬业。爱岗就是热爱自己的工作岗位，热爱本职工作。爱岗是敬业的基础，敬业是爱岗的具体表现，不爱岗就很难做到敬业，不敬业也很难说是真正的爱岗。 (2)诚实守信。诚实，就是忠诚老实，不讲假话。 (3)办事公道。办事公道是指从业人员在办理事情处理问题时，要站在公正的立场上，按照同一标准和同一原则办事的职业道德规范。 (4)服务群众。服务群众就是为人民群众服务，时时刻刻为群众着想，急群众所急，忧群众所忧，乐群众所乐。 (5)奉献社会。奉献社会，就是全心全意为社会作贡献。奉献就是不计较个人得失，兢兢业业，任劳任怨。

(二)会计职业道德的概念与特征

知识准备

概念	会计职业道德是指在会计职业活动中应当遵循的、体现会计职业特征的、调整会计职业关系的职业行为准则和规范。会计职业道德规范的对象，既有单位会计人员，也有注册会计师。
具体含义	(1)是调整会计职业活动利益关系的手段 会计工作的性质决定了在会计职业活动中要处理方方面面的经济关系，包括单位与单位、单位与国家、单位与投资者、单位与债权人、单位与职工之间等经济关系。会计职业道德可以配合国家法律制度，调整职业关系中的经济利益关系，维护正常的经济秩序。 会计职业道德允许个人和各经济主体获取合法的自身利益，但反对通过损害国家和社会公众利益而获取非法利益。 (2)具有相对的稳定性 会计人员在从事会计职业的过程中，必须遵循其内在的客观经济规律和要求。由于人们面对的是共同的客观经济规律，因此，会计职业道德在社会经济关系的变迁中，始终保持自己的相对稳定性。比如诚实守信、客观公正等是对会计人员的普遍要求。在任何社会制度下，会计职业道德的要求是相对一致的。 (3)具有广泛的社会性 会计职业道德的社会性是由会计职业活动所生成的产品决定的。会计服务对象涉及面很广，提供的会计信息是公共产品，所以会计职业道德的优劣将影响国家和社会公众利益。会计信息质量直接影响着社会经济的发展和社会经济秩序的健康运行，会计职业道德必然受社会关注，具有广泛的社会性。
会计职业道德的特征	(1)具有一定的强制性。法律是具有强制性的，它要求人们“必须这样或那样做”，而道德一般不具有强制性，它要求人们“应该这样或那样做”。但在我国，会计职业道德和其他道德不一样，许多内容都直接纳入了会计法律制度，如我国的《会计法》、《会计基础工作规范》等都规定了会计职业道德的内容和要求。因此，会计职业道德是一种“思想立法”，它已经超出“应该怎样做”的界限。 (2)较多关注公众利益。在会计职业活动中，发生道德冲突时要坚持准则，把社会公众利益放在第一位。

操作练习

【训1－1·单选题】下列关于会计职业道德的表述中，错误的有(　)。

A. 会计职业道德是指在会计职业活动中应当遵循的、体现会计职业特征的、调整会计职业关系的职业行为准则和规范

B. 会计职业道德不允许通过损害国家和社会公众利益而获取违法利益，但允许个人和各经济主体获取合法的自身利益

C. 在会计职业活动中，发生道德冲突时要坚持准则，把社会公众利益放在第一位

D. 会计职业道德根本不具有强制性

【答案】D

【解析】会计职业道德具有一定的强制性。

【训1-2·判断题】当单位利益与社会公共利益发生冲突时，会计人员应首先考虑单位利益，然后再考虑社会公众利益。（ ）

【答案】×

【解析】在会计职业活动中，发生道德冲突时要坚持准则，把社会公众利益放在第一位。

二、会计职业道德功能

知识准备

指导功能	会计职业道德通过对会计人员的行为动机提出相应的要求，引导、规范、约束会计人员树立正确的职业观念，遵循职业道德要求，从而达到规范会计行为的目的。职业道德规范指导会计人员自愿选择有利于消除各种矛盾、调整相互关系的会计行为，改善会计领域内个人与国家、个人与单位、个人与个人之间的关系，促使会计人员协调一致，保证会计工作正常、稳定、高效地进行。
评价功能	会计职业道德通过对会计人员的会计行为依照一定的道德标准进行评价，指导和纠正会计人员的行为，激发会计人员内在的积极性和主动性，促进会计人员自我肯定、自我发展、自我完善。这一功能具体可分为褒扬功能和谴责功能。前者通过唤起主体的自豪感和光荣感，对主体的动机和行为起鼓舞、激励的作用；后者通过引起主体的羞愧、内疚等情感，对主体的动机和行为起抑制和纠错的作用。
教化功能	会计职业道德通过评价、命令、指导、示范等方式和途径，运用塑造理想人格和典型榜样等手段，以深刻影响会计人员的职业道德观念和会计行为，培养他们的会计职业道德习惯和道德品质，启迪他们的会计职业道德觉悟，培养他们践行会计职业道德行为的自觉性和主动性。会计职业道德对于会计人员的思想、感情和行为，有一种潜移默化的塑造作用。

操作练习

【训1-3·单选题】会计职业道德的功能不包括（ ）。

A. 指导功能　　B. 规范功能　　C. 评价功能　　D. 教化功能

【答案】B

【解析】本题考核会计职业道德的功能。会计职业道德的功能包括指导功能、评价功能和教化功能。

三、会计职业道德与会计法律制度

知识准备

<table>
<tr><td colspan="2">会计职业道德与会计法律制度的联系</td><td>1. 两者有共同的目标、相同的调整对象、承担着同样的职责。
2. 两者在作用上相互补充。对会计行为的规范，不能完全依赖会计法律制度的强制力而排斥会计职业道德的感召力，对一些重要的会计行为，必须运用会计法律制度加以强制，而对那些不宜由会计法律制度进行规范的行为，可通过会计职业道德加以约束，比如爱岗敬业。
3. 两者在内容上相互渗透、相互重叠。会计法律制度中包含有会计职业道德规范的某些内容，同时，会计职业道德规范中也包含会计法律制度的某些条款。比如诚实守信、客观公正。
4. 两者在地位上相互转化、相互吸收。在制定会计法律制度时吸收了会计职业道德的基本要求，会计法律制度是会计职业道德的最低要求。
5. 两者在实施中相互作用，相互促进。会计职业道德是会计法律制度正常运行的社会和思想基础，会计法律制度是促进会计职业道德规范形成和遵守的重要保障。</td></tr>
<tr><td rowspan="4">会计职业道德与会计法律制度的主要区别</td><td>性质不同</td><td>(1)会计法律制度充分体现统治阶级的愿望和意志，具有统一性。而会计职业道德并不都是统治阶级意志的体现，很多来自于约定俗成的职业习惯。因此，会计职业道德不是唯一的。
(2)会计法律制度通过国家机器强制执行，具有很强的他律性。而会计职业道德主要由会计从业人员自觉遵守，并依靠社会舆论和良心来保障实施，具有很强的自律性。</td></tr>
<tr><td>作用范围不同</td><td>(1)会计法律制度侧重于调整会计人员的外在行为和结果的合法化，而不能规范思想动机，具有较强的客观性。
(2)会计职业道德不仅要调整会计人员的外在行为，还要调整会计人员内在的精神世界，要求其动机应高尚和纯洁，具有较强的主观性。</td></tr>
<tr><td>表现形式不同</td><td>(1)会计法律制度是通过一定的程序由国家制定、颁布和修改的，其表现形式是具体的、明确的、成文的法律文件。
(2)会计职业道德出自会计人员的职业生活和职业实践，是日积月累的职业习惯。其表现形式既有明确的成文的规定，也有不成文的规范，尤其是那些较高层次的会计职业道德，存在于人们的意识和信念之中，并无具体的表现形式，即使成文的会计职业道德，在表现形式上也缺乏具体性和准确性，只是指出人们应当做或不做某种行为的一般原则和要求。</td></tr>
<tr><td>实施保障机制不同</td><td>(1)会计法律制度需要一套实施保障机制，这种保障机制不仅体现在会计法律规范的内容中具有明确的制裁和处罚条款，还体现在设有与之相配合的权威的制裁和审判机关。
(2)对于违反会计职业道德的行为不能给予处罚，同时，当发生会计职业道德争议时，也没有权威机构对其中的是非曲直明确作出裁定。</td></tr>
<tr><td>会计行为的法治与德治</td><td colspan="2">法律和道德相互联系、相互补充。要把法制建设与道德建设有机地结合起来，把依法治国与以德治国紧密结合起来。会计行为的规范化不仅要以会计法律、法规作保证，还要依赖会计人员的道德信念、道德品质来实现。会计职业道德只有转化为人们的内在信念和内在品质，才能在会计行为中真正扎下根，达到治本的目的。为此，既要坚持不懈地加强会计法制建设，依法规范会计行为，同时也要坚持不懈地加强会计职业道德建设，以德治理会计行为。</td></tr>
</table>

操作练习

【训1－4·多选题】以下关于会计职业道德的描述中，不正确的有（　）。

A. 会计职业道德涵盖了人与人、人与社会、人与自然之间的关系

B. 会计职业道德与会计法律制度两者在性质不一样

C. 会计职业道德规范的全部内容归纳起来就是廉洁自律与强化服务

D. 会计职业道德不调整会计人员的外在行为

【答案】ACD

【训1－5·单选题】下列关于会计职业道德和会计法律制度二者关系的观点中，不正确的有（　）。

A. 两者在实施过程中相互作用、相互补充

B. 会计法律制度是会计职业道德的最低要求

C. 违反会计法律制度一定违反会计职业道德

D. 违反会计职业道德也一定违反会计法律制度

【答案】D

任务二　会计职业道德规范的主要内容践行

实训目标

☞ 知道爱岗敬业的含义、基本要求，能在会计从业中做到爱岗敬业。

☞ 知道诚实守信的含义、基本要求，能在会计从业中做到诚实守信。

☞ 知道廉洁自律的含义、基本要求，能在会计从业中做到廉洁自律。

☞ 知道客观公正的含义、基本要求，能在会计从业中做到客观公正。

☞ 知道坚持准则的含义、基本要求，能在会计从业中做到坚持准则。

☞ 知道提高技能的含义、基本要求，能在会计从业中做到提高技能。

☞ 知道参与管理的含义、基本要求，能在会计从业中做到参与管理。

☞ 知道强化服务的含义、基本要求，能在会计从业中做到强化服务。

一、爱岗敬业

知识准备

<table>
<tr><td colspan="2">爱岗敬业的含义</td><td>爱岗敬业要求会计人员热爱本职工作，安心本职岗位，并为做好本职工作锲而不舍、尽职尽责。
爱岗敬业是职业道德的基本要求，爱岗和敬业互为前提，相辅相成。爱岗是敬业的基石，敬业是爱岗的升华。如果不爱岗，就谈不上敬业。如果只有一腔热情，没有勤奋踏实的工作作风，敬业就成为一句空话。</td></tr>
<tr><td rowspan="3">爱岗敬业的基本要求</td><td>热爱会计工作，敬重会计职业</td><td>热爱会计工作是以敬重会计职业为前提的，只有意识到会计工作的重要性，才会产生职业荣誉感，才会有责任感和使命感。在此基础上，才能培养对会计工作的浓厚兴趣。有了对本职工作的热爱，才能激发出自身的敬业精神，不断改进工作，作出不平凡的业绩。
同时，还要安心本职工作，潜下心来“勤学多思，勤问多练”，这样才能真正做到敬业。如果好高骛远，“这山望着那山高”，就不可能成长为优秀的会计人才。</td></tr>
<tr><td>严肃认真，一丝不苟</td><td>从业者对自己本职工作的热爱，必定会体现在对待工作的态度上以及对自己工作成绩的追求上，这就是对工作严肃认真、一丝不苟的精神。会计工作是一项严肃细致的工作，没有严肃认真的工作态度和一丝不苟的工作作风，就可能出现偏差。要将严肃认真、一丝不苟的职业作风贯穿于会计工作的始终。在会计工作中不仅要求数字计算准确，手续清楚完备，而且绝不能有“都是熟人不会错”的麻痹思想和“马马虎虎”的工作作风。</td></tr>
<tr><td>忠于职守，尽职尽责</td><td>忠于职守不仅要求会计人员认真地执行岗位规范，还要求会计人员在各种复杂的情况下，能够抵制各种诱惑，忠实地履行岗位职责。尽职尽责具体表现为会计人员对自己应承担的责任和义务所表现出的一种责任感和义务感，这种责任和义务既有法律上的责任，也有道义上的责任。
会计职业的不同岗位要求承担的责任不尽相同：
(1)单位会计人员不仅要客观真实地记录本单位的经济活动状况，负责资金的有效运作，积极参与经营决策，而且还应抵制不正当的开支，保护财产安全完整。
(2)注册会计师接受委托进行审计、鉴证或咨询，要维护委托人的权益，保守商业秘密，依法出具审计报告。
(3)在对单位(或雇主)的忠诚与国家及社会公众利益发生冲突时，会计人员应该忠实于国家、忠实于社会公众，承担起维护国家和社会公众利益的责任。</td></tr>
</table>

操作练习

【训2－1·判断题】爱岗敬业是会计职业道德的精髓。(　)

【答案】×

【解析】诚实守信是做人的基本准则，也是会计职业道德的精髓。

【训2－2·多选题】下列各项中，体现会计职业道德关于“爱岗敬业”要求的有(　)。

A. 工作尽职尽责　　　　　　　B. 工作一丝不苟
C. 工作精益求精　　　　　　　D. 工作兢兢业业
【答案】ABCD

二、诚实守信

知识准备

诚实守信的含义		诚实是指言行跟内心思想一致，不弄虚作假、不欺上瞒下，做老实人、说老实话、办老实事。守信就是遵守自己所作出的承诺，讲信用，重信用，信守诺言，保守秘密。诚实守信是会计职业道德的精髓。 诚实与守信具有内在的因果联系，一般来说，诚实即为守信，守信就是诚实。
诚实守信的基本要求	做老实人，说老实话，办老实事，不弄虚作假	做老实人，要求会计人员言行一致，表里如一，光明正大。说老实话，要求会计人员说话诚实，如实反映和披露单位经济业务事项。办老实事，要求会计人员工作踏踏实实，不弄虚作假，不欺上瞒下。
	实事求是，如实反映	实事求是就是要求会计人员从实际情况出发，按实际情况办事。如实反映就是要求会计人员客观反映事物的本来面貌，不夸大，不缩小，不隐瞒，如实反映和披露单位经济业务事项。会计人员在工作中，应正确核算，尽量减少和避免各种失误;不得为了个人和小集团利益，伪造账目，弄虚作假，损害国家和社会公众利益。
	保守秘密，不为利益所诱惑	保守秘密是指会计人员在履行自己的职责时，应树立保密观念，保守商业秘密，对机密资料不外传、不外泄，守口如瓶。秘密主要有国家秘密、商业秘密和个人隐私三类。会计人员保守的主要是单位的商业秘密。会计人员因职业特点，会经常接触到单位和客户的商业秘密，因而，会计人员应依法保守单位秘密，除法律规定和单位领导人同意外，不能私自向外界提供或者泄露单位的会计信息。另外，会计人员还要抵制住利益诱惑，绝对不能用商业秘密作为谋利的手段。
	执业谨慎，信誉至上	注册会计师在执业中应始终保持应有的谨慎态度，对客户和社会公众尽职尽责，以维护职业信誉。(1)在选择客户时应当谨慎，不要为追求营业收入，迎合客户的不正当要求。(2)要注意评估自身的业务能力，正确判断能否胜任所承担的委托业务。(3)要严格按照独立审计准则和执业规范、程序实施审计，对审计中发现的违法经济业务事项，应依法在审计报告中予以充分反映。(4)应积极完成所委托的业务，认真履行合同，维护委托人的合法权益。

操作练习

【训2-3·单选题】中国现代会计学之父潘序伦先生倡导:“信以立志，信以守身，信以处事，信以待人，毋忘‘立信’，当必有成。”这句话体现的会计职业道德内容是(　)。
A. 坚持准则　　　　　　　　B. 客观公正

C. 诚实守信　　D. 廉洁自律

【答案】C

三、廉洁自律

知识准备

<table>
<tr><td colspan="2">廉洁自律的含义</td><td>廉洁是指不收受贿赂、不贪污钱财，保持清白。自律是指自我约束、自我控制、自觉地抵制自己的不良欲望。廉洁自律要求会计人员公私分明、不贪不占、遵纪守法、清正廉洁。廉洁是自律的基础，自律是廉洁的保证。自律性不强就很难做到廉洁，不廉洁就谈不上自律。
廉洁自律是会计职业道德的前提和内在要求，是会计职业声誉的“试金石”，也是会计职业道德的灵魂。</td></tr>
<tr><td rowspan="2">廉洁自律的基本要求</td><td>树立正确的人生观和价值观</td><td>廉洁自律，首先要求会计人员必须加强世界观的改造，树立正确的人生观和价值观。这是在会计工作中做到廉洁自律的思想基础。人生观是人们对人生的目的和意义的总的观点和看法。价值观是指人们对于价值的根本观点和看法，它是世界观的一个重要组成部分。只有树立了正确的人生观、价值观，才能自觉抵制享乐主义、个人主义、拜金主义等错误思想的侵蚀。</td></tr>
<tr><td>公私分明，不贪不占</td><td>公私分明是指严格划分公私界限。如果公私分明，就能够廉洁奉公，一尘不染，如果公私不分，就会出现以权谋私的腐败现象，甚至出现违法违纪行为。不贪不占是指会计人员不贪、不沾、不收礼、不同流合污，做到“理万金分文不沾”，“常在河边走，就是不湿鞋”。
廉洁自律的天敌就是“贪”、“欲”。在会计工作中，由于大量的钱财要经过会计人员之手，因此，很容易诱发会计人员的“贪”、“欲”。</td></tr>
</table>

操作练习

【训 2－4・单选题】“宁可清贫自乐，不可浊富多忧”体现在会计工作中的职业道德是（　）。

A. 廉洁自律

B. 客观公正

C. 爱岗敬业

D. 坚持准则

【答案】A

【训 2－5・单选题】“理万金分文不沾”、“常在河边走，就是不湿鞋”，这两句话体现的会计职业道德是（　）。

A. 参与管理

B. 廉洁自律

C. 提高技能

D. 强化服务

【答案】B

四、客观公正

知识准备

<table>
<tr><td colspan="2">客观公正的含义</td><td>客观是指会计人员在处理经济业务时必须以实际发生的交易或事项为依据，如实反映企业的财务状况、经营成果和现金流量情况；公正是指会计人员应该具备正直诚实的品质，不偏不倚地对待有关利益各方。
对于会计职业和会计工作而言，客观主要包括两层含义：一是真实性，即以客观事实为依据，真实地记录和反映实际经济业务事项；二是可靠性，即会计核算要准确，记录要可靠，凭证要合法。
对于会计职业和会计工作而言，公正主要包括三层含义：一是国家的会计准则、制度要公正。从制度上保证每一个主体都能得到公平的待遇。二是执行会计准则、制度的人应公正地开展会计核算和会计监督工作，在履行会计职能时，公平公正，不偏不倚地对待相关利益各方。三是注册会计师在进行审计鉴证时应以超然独立的姿态，进行公平公正的判断和评价，出具客观、适当的审计意见。
客观是公正的基础，公正是客观的反映。公正要求建立在客观的基础上，并在主观上作出公平合理的选择。</td></tr>
<tr><td rowspan="3">客观公正的基本要求</td><td>依法办事</td><td>依法办事是会计工作保证客观公正的前提。当会计人员有了端正的态度和知识技能基础之后，他们在工作过程中还必须遵守各种法律、法规、准则和制度，依照法律规定进行核算，开展会计工作。只有熟练掌握并严格遵守会计法律法规，才能客观公正地处理会计业务。</td></tr>
<tr><td>实事求是，不偏不倚</td><td>要做到“客观公正”，最根本的是要有“实事求是”的科学态度。没有实事求是的严谨态度，主观、片面地看问题，就无法根据客观情况来公正地处理问题。
客观公正应贯穿于会计活动的整个过程：一是会计核算的过程要客观公正，即会计人员在具体业务处理时，或进行职业判断时，应保持客观公正的态度，实事求是、不偏不倚。二是最终处理结果要公正，即会计人员对经济业务的处理结果是公正的。会计核算过程的客观公正和最终结果的客观公正都是十分重要的。</td></tr>
<tr><td>保持独立性</td><td>会计人员对会计业务的处理，对会计政策和会计方法的选择，以及对财务会计报告的编制、披露和评价必须独立进行职业判断，做到客观、公平、理智、诚实。
注册会计师保持其独立性应做到两点：一是应当回避可能影响独立性的审计事项，实现形式上的独立。即注册会计师必须与被审计企业或个人没有任何特殊的利益关系。二是应当恪守职业道德，保持实质上的独立。即注册会计师能在审计过程中始终保持不偏不倚的态度。</td></tr>
</table>

操作练习

【训2－6·多选题】下列有关会计职业道德“客观公正”的表述中，正确的有（　）。

A. 依法律办事是会计工作保证客观公正的前提

B. 扎实的理论功底和较高的专业技能是做到客观公正的重要条件
C. 在会计工作中客观是公正的基础，公正是客观的反映
D. 会计活动的整个过程保持独立
【答案】ABCD

五、坚持准则

知识准备

<table>
<tr><td colspan="2">坚持准则的含义</td><td>坚持准则是指会计人员在处理业务过程中，要严格按照会计法律制度办事，不为主观或他人意志左右。这里所说的准则，不仅指会计准则，而且还包括会计法律、会计行政法规、国家统一的会计制度以及与会计工作相关的法律制度。
会计人员在发生道德冲突时，应坚持准则，以维护国家利益、社会公众利益和正常的经济秩序。</td></tr>
<tr><td rowspan="3">坚持准则的基本要求</td><td>熟悉准则</td><td>熟悉准则是指会计人员应了解和掌握《会计法》和国家统一的会计制度及与会计相关的法律制度，这是遵循准则、坚持准则的前提。只有熟悉准则，才能按准则办事，才能遵纪守法，才能保证会计信息的真实性、完整性。
此外，会计人员还应了解和熟悉与会计相关的法律制度，如税收、金融、证券、票据、合同等法律制度。</td></tr>
<tr><td>遵循准则</td><td>会计人员要自觉遵守各项准则、自律在先，同时也应要求他人遵守准则，将具体的经济业务事项和经济行为与国家统一的会计制度相对照，先做出是否合法合规的判断，对不合法的经济业务不予受理。同时，会计人员不仅要经常学习、掌握准则的最新变化，了解本部门、本单位的实际情况，准确地理解和执行准则，还要在面对经济活动中出现的新情况、新问题以及准则未涉及的经济业务或事项时，通过运用会计专业理论和技能，作出客观的职业判断，加以妥善地处理。</td></tr>
<tr><td>坚持准则</td><td>会计人员应依法履行会计监督职责，在发生道德冲突时，应坚持准则，排除阻力，顶住压力，对法律负责，对国家和社会公众负责，敢于同违反会计法律法规和财务制度的现象作斗争，确保会计信息的真实性和完整性。
会计人员坚持准则，不仅是对法律负责，对国家、社会公众负责，也是对单位和自己负责。</td></tr>
</table>

操作练习

【训2－7·判断题】坚持准则的基本要求包括：熟悉准则、遵循准则和执行准则。（　）
【答案】×
【解析】坚持准则的基本要求包括：熟悉准则、遵循准则和坚持准则。

【训2－8·多选题】会计职业道德的内容中有“坚持准则”一项，这里的“准则”是指（　）。

A. 会计准则

B. 会计法律
C. 会计行政法规
D. 与会计相关的法律制度
【答案】ABCD

六、提高技能

知识准备

提高技能的含义		提高技能是指会计人员通过学习、培训和实践等途径，持续提高会计职业技能，以达到和维持足够的专业胜任能力的活动。会计人员只有具备了一定的会计专业知识和技能，才能胜任会计工作。 会计职业技能包括：(1)专业基础知识；(2)会计理论、专业操作的创新能力；(3)组织协调能力；(4)主动更新知识的能力；(5)提供会计信息的能力。
提高技能的基本要求	要有不断提高会计专业技能的意识和愿望	随着市场经济的发展、全球经济一体化以及科学技术的日新月异，对会计的要求越来越高，会计人才的竞争也越来越激烈。只有具备不断提高会计专业技能的意识和愿望，才能不断进取，才会主动地求职、求学，勤学苦练，精益求精。使自身的专业技能不断提高，使自己的知识不断更新，从而掌握过硬的本领，在会计人才的竞争中立于不败之地。
	要有勤学苦练的精神和科学的学习方法	专业技能的提高和学习不可能是一劳永逸之事，必须持之以恒，不间断地学习、充实和提高，“活到老学到老”。只有具有锲而不舍的“勤学”精神，才能不断提高自己的业务水平、理论水平、操作技能和职业判断能力，才能推动会计工作和会计职业的发展，以适应不断变化的新形势和新情况的需要。同时，还要掌握科学的学习方法，在学中思，在思中学，通过积极参加社会实践活动，在实践中提高职业技能，真正做到学以致用。

操作练习

【训 2-9·单选题】“活到老学到老”是会计职业道德(　)的要求。

A. 坚持准则　　B. 提高技能
C. 参与管理　　D. 廉洁自律

【答案】B

【训 2-10·判断题】就会计职业而言，提高技能不仅包括会计理论水平，会计实务能力等正面技能，还要包括如何避税，如何隐瞒收入的反面技能。(　)

【答案】×

七、参与管理

知识准备

<table>
<tr><td colspan="2">参与管理的含义</td><td>参与管理是要间接地参加管理活动，为管理者当好参谋和助手，为单位管理活动服务。对会计工作来讲，参与管理要求会计人员积极主动地向单位领导反映本单位的财务、经营状况及存在的问题，主动提出合理化建议，积极地参与市场调研和预测，参与决策方案的制订和选择，参与决策的执行、检查和监督，为领导者的经营管理和决策活动，当好助手和参谋。</td></tr>
<tr><td rowspan="2">参与管理的基本要求</td><td>努力钻研业务，熟悉财经法规和相关制度，提高业务技能，为参与管理打下基础</td><td>娴熟的业务、精湛的技能是会计人员参与管理的前提。首先，要求会计人员要有扎实的基本功，使自己的知识和技能适应所从事工作的要求。确保会计信息真实、完整。
其次，要充分利用掌握的大量会计信息，运用各种管理分析方法，对单位的经营管理活动进行分析、预测，找出经营管理中的问题和薄弱环节，提出改进意见和措施，成为决策层的参谋助手。</td></tr>
<tr><td>熟悉服务对象的经营活动和业务流程，使参与管理的决策更具针对性和有效性</td><td>会计人员应当熟悉本单位的生产经营、业务流程和管理情况，掌握单位的生产经营能力、技术设备条件、产品市场及资源状况等情况，结合财会工作的综合信息优势，积极参与预测。根据预测情况，运用专门的财务会计方法，从生产、销售、成本、利润等方面有针对性地拟订可行性方案，参与优化决策。对计划、预算的执行，要充分利用会计工作的优势，积极协助，参与监控，为改善单位内部管理、提高经济效益服务。</td></tr>
</table>

操作练习

【训2－11·判断题】会计人员遵循参与管理的职业道德原则，就是要积极主动参与到企业管理工作中，对企业经营活动作出决策。（ ）

【答案】×

八、强化服务

知识准备

<table>
<tr><td colspan="2">强化服务的含义</td><td>强化服务要求会计人员具有文明的服务态度、强烈的服务意识和优良的服务质量。会计人员不仅要有热情、耐心、诚恳的工作态度，待人平等礼貌，而且遇到问题要以商量的口吻，充分尊重服务对象和其他部门的意见。做到大事讲原则，小事讲风格，沟通讲策略，用语讲准确，建议看场合。强化服务的结果，就是奉献社会。如果说爱岗敬业是职业道德的出发点，那么，强化服务、奉献社会就是职业道德的归宿点。</td></tr>
<tr><td rowspan="2">强化服务的基本要求</td><td>强化服务意识</td><td>会计人员要树立强烈的服务意识，不论是为经济主体服务，还是为社会公众服务，不论服务对象的地位高低，都要摆正自己的工作位置。管钱管账是自己的工作职责，参与管理是自己的义务，只有树立了强烈的服务意识，才能做好会计工作，履行好会计职能，为单位和社会经济发展作出应有的贡献。</td></tr>
<tr><td>提高服务质量</td><td>单位会计人员的服务质量表现在：是否真实地记录单位的经济活动，向有关方面提供可靠的会计信息，是否积极主动地向单位领导反映经营活动情况和存在的问题，提出合理化建议，协助领导决策，参与经营管理活动。
注册会计师的服务质量表现在：是否以客观、公正的态度正确评价委托单位的财务状况、经营成果，出具恰当的审计报告，为社会公众及信息使用者提供优质的服务。</td></tr>
</table>

操作练习

【训2－12·多选题】刘某系某代理记账公司提供专业服务的会计人员，为了遵循会计职业道德强化服务的要求，李某为客户提供的下列服务中，正确的有（ ）。

A. 向委托单位提出改进内部控制的建议和意见

B. 利用专业知识和委托单位提出税收筹划的建议

C. 在委托单位举办财会知识培训班，宣讲会计法律制度，帮助树立依法理财观念

D. 为帮助委托单位负责人完成业绩考核任务，提出将银行借款利息挂账处理建议

【答案】ABC

【训2－13·判断题】在会计工作中一定要提供上乘的服务质量，不管服务主体提供什么样的要求，会计人员都要尽量满足服务主体的需要。（ ）

【答案】×

任务三　会计职业道德教育与修养

实训目标

☞ 了解会计职业道德教育含义、内容和途径。

☞ 知道会计职业道德修养含义，熟悉会计职业道德修养的环节和方法，能不断提高自我职业道德修养。

一、会计职业道德教育

（一）会计职业道德教育的认知

知识准备

会计职业道德教育的含义		会计职业道德教育是指为了促使会计人员正确履行会计职能，而对其施行的有目的、有计划、有组织、有系统的道德教育活动，是一种对会计人员的外在影响和督促，是使外在的会计职业道德规范转化为会计人员内在品质和行为的有效途径。
会计职业道德教育的分类	接受教育	接受教育是指通过学校或培训单位对会计人员进行以职业责任、职业义务为核心内容的正面灌输，从而规范其职业行为，维护国家和社会公众利益的教育。
	自我教育	自我教育是相对于接受教育而言的，是会计人员自我学习、提高自身道德修养的行为活动。
会计职业道德教育的内容	职业道德观念教育	职业道德观念教育就是对会计人员进行会计职业道德基本常识的教育，使广大会计人员懂得什么是会计职业道德，了解会计职业道德对社会经济秩序、会计信息质量的影响，以及违反会计职业道德将受到的惩戒和处罚。同时，利用广播电视、报刊杂志等媒介，表彰先进，督促落后。形成遵守职业道德光荣，违反职业道德可耻的社会氛围，树立会计人员的职业道德观念。
	职业道德规范教育	职业道德规范教育是指对会计人员开展以会计职业道德规范为内容的教育。这是会计职业道德教育的核心内容，通过职业道德规范教育让广大会计人员明确哪些行为是符合道德要求的，哪些行为是违反道德要求的，以达到明辨是非的目的。
	职业道德警示教育	职业道德警示教育是指通过开展对违法会计行为典型案例的讨论，给会计人员以启发和警示。从而增强其辨别是非的能力。

【训3－1·判断题】会计职业道德规范教育是指，对会计人员开展以会计法律制度、会计职业规范为主要内容的教育。（　）

【答案】×

（二）会计职业道德教育途径

知识准备

<table>
<tr><td rowspan="3">岗前职业道德教育</td><td>含义</td><td>岗前职业道德教育是指对将要从事会计职业的人员进行的道德教育，其目的是通过岗前教育使准备进入会计职业的人员，掌握从事该职业所必须掌握的知识。包括会计学历教育中的会计职业道德教育及获取会计从业资格中的职业道德教育。教育的侧重点应放在职业观念、职业情感及职业规范等方面。</td></tr>
<tr><td>会计学历教育中的职业道德教育</td><td>会计学历教育中的职业道德教育，即对大专院校会计专业的在校学生进行会计职业道德教育。大专院校是培养各类专门人才的基地，其会计类专业就读的学生，是会计队伍的预备人员，他们当中大部分将走入会计队伍，从事会计工作。在校学习阶段是他们会计职业情感、道德观念和是非善恶判断标准初步形成的时期，所以会计专业类大专院校是会计职业道德教育的重要阵地，是会计人员岗前道德教育的主要场所，在会计职业道德教育中具有基础性地位。
高等院校应把教书与育人紧密结合起来，不仅传授会计专业知识和业务技能，同时也应把会计职业道德教育渗透到学校教育的各个环节之中。会计学历教育中的职业道德教育有三个方面的目标：
一是使学生了解会计职业道德规范主要内容，树立职业道德观念；二是使学生了解会计职业面临的道德风险，为今后从事会计工作，并在职业活动中保持恰当的价值观与行为模式奠定基础；三是培养学生的会计职业道德情感，提高运用道德标准是非的能力。</td></tr>
<tr><td>获取会计从业资格中的职业道德教育</td><td>获取会计从业资格中的职业道德教育，即对准备从事会计职业的人员进入会计职业前进行的职业道德教育。根据有关规定，从事会计工作必须通过考试取得会计从业资格。为了使希望从事会计职业的人员在进入会计岗位时具备一定的会计职业道德，财政部在会计从业资格考试科目中设置了《财经法规与会计职业道德》。使得报考人员在复习考试的过程中，接受必要的会计职业道德教育，形成良好的职业道德品质，以指引和约束自身的行为。</td></tr>
<tr><td colspan="2">岗位职业道德继续教育</td><td>岗位职业道德教育是对已进入会计职业的会计人员进行的继续教育，是强化会计职业道德教育的有效形式。就现阶段而言，具体包括：
(1)形势教育。重点是要贯彻“以德治国”重要思想和“诚信为本，操守为重，坚持准则，不做假账”的指示精神。
(2)品德教育。重点是引导会计人员自觉地用会计职业道德规范指导和约束自身的行为，最终形成良好的、稳定的道德品行。
(3)法制教育。重点是引导会计人员掌握现行的会计法律、法规及国家统一的会计制度，树立遵纪守法的观念。</td></tr>
</table>

操作练习

【训 3－2・多选题】会计职业道德教育的途径（　　）。

A. 在学历教育中进行职业道德教育　　B. 在会计继续教育中进行职业道德教育

C. 利用国家强力实施会计职业道德教育　　D. 参加会计师职称与考试

【答案】AB

二、会计职业道德修养

知识准备

<table>
<tr><td>会计职业道德修养的含义</td><td colspan="2">会计职业道德修养是人们依照会计职业道德原则进行的自我教育、自我改造、自我锻炼、自我提高的活动。
会计职业道德修养和会计职业道德教育是相辅相成的。职业道德教育具有客观性、外在性、强制性的特点，它以职业义务为核心，并往往以政府行政监管、行业自律性监管和社会舆论监督作为后盾，体现出道德作用的他律性，这种外在的教育和灌输，是职业道德形成的不可逾越的首要阶段。
但是，道德觉悟和道德境界的形成，最终必须通过自我修养和自我改造。教育并不必然使这种外在要求转化为从业人员的内在要求，也难以让他们自觉地产生符合道德要求的道德行为和道德情感。因此，职业道德教育是外因，职业道德修养是内因，职业道德原则和规范转化为会计人员的职业道德品质和行为，是一个内外结合、外因通过内因起作用的过程。职业道德修养的最终目的在于把职业道德原则和规范逐步转化为自己的职业道德品质，将职业实践中对职业道德的意识情感和信念上升为职业道德习惯，使其贯穿于职业活动的始终。</td></tr>
<tr><td rowspan="4">会计职业道德修养的环节</td><td>形成正确的会计职业道德认知</td><td>主要是指对会计职业道德的行为、准则及其意义的理解和掌握。它包含：第一，对会计职业道德规范和概念的掌握；第二，对会计职业道德判断能力的提高。</td></tr>
<tr><td>培养高尚的会计职业道德情感</td><td>会计职业道德情感是会计人员基于一定的道德认识，在职业活动中所产生的情感体验。即职业自豪感、荣誉感、责任感、幸福感等。</td></tr>
<tr><td>树立坚定的会计职业道德信念</td><td>道德信念是在人的意识中根深蒂固的道德观点和道德规范。它使个人对某种道德义务的正确性真诚信服并怀有强烈的责任感。往往以动机的形式使人的道德行为表现为坚定性和一贯性，成为道德品质形成的关键性因素，是职业道德修养的核心内容。</td></tr>
<tr><td>养成良好的会计职业道德行为</td><td>会计职业道德行为是指会计人员在会计职业道德规范的调节下所采取的行为，当这些行为反复持久、习以为常后，就会形成职业习惯。这是道德修养的最终归宿。</td></tr>
<tr><td rowspan="3">会计职业道德修养的方法</td><td>不断地进行内省</td><td>即会计人员通过反思自己的言行，反省自己的缺点，不断摒除杂念，严于自我剖析，敢于做到是非观、价值观、知行观的自我斗争，逐步树立起正确的道德观念，培养高尚的道德品质，提高自己的精神境界。</td></tr>
<tr><td>要提倡“慎独”精神</td><td>会计职业道德修养的最高境界在于“慎独”。慎独就是在单独处事、无人监督的情况下，仍能自觉地按照道德准则办事，不做任何对国家、社会、他人不道德的事情。“慎独”是检验会计人员道德水平高低的试金石。会计人员在履行职责时应自律谨慎，不管财经法规、制度是否有漏洞，也不管是否有人监督，领导管理是否严格，都应自觉按照职业道德的要求去办。</td></tr>
<tr><td>虚心向先进人物学习</td><td>榜样的力量是无穷的。这是因为会计职业道德在榜样身上得到了较为完善的体现。他们具有强大的示范和带动作用。因此，在会计职业道德教育中，要树立榜样，大力宣传先进会计人员的事迹，引导会计人员向先进人物看齐，把会计职业道德观念和标准具体化、人格化，增强其感染力。向先进人物学习，一要了解事迹，二要对照自己找差距，三要落实到自己的具体行动中。</td></tr>
</table>

任务四　会计职业道德建设

实训目标

☞ 了解财政部门组织推动会计职业道德建设的方式。
☞ 了解会计职业组织的行业自律。
☞ 理解会计职业道德建设需要社会各界齐抓共管。

一、财政部门的组织推动与行业自律

知识准备

<table>
<tr><td rowspan="5">政府推动</td><td colspan="2">各级财政部门应把会计职业道德建设作为会计管理工作的一项重要内容，负起组织和推动本地区会计职业道德建设的责任。</td></tr>
<tr><td>会计职业道德建设与会计从业资格证书注册登记管理相结合</td><td>将会计从业资格证书注册登记制度与会计职业道德建设结合起来，有利于强化对会计人员行为的约束，强制引导会计人员遵守会计职业道德。</td></tr>
<tr><td>会计职业道德建设与会计专业技术资格考评、聘用相结合</td><td>1. 根据有关规定，报考初级资格、中级资格的会计人员，应坚持原则，具备良好的职业道德品质。考试管理机构在组织报名时，应对报名的会计人员的职业道德情况进行检查。对有不遵循会计职业道德记录的，应取消其报名资格。
2. 高级会计师资格采取考试和评审相结合的方式，会计职业道德不仅是考试的重要内容，也是评审标准的一个重要内容。
3. 各单位在聘用会计人员时，除考察其专业胜任能力外，更应将遵守职业道德情况作为一项重要的考核内容。</td></tr>
<tr><td>会计职业道德建设与会计法执法检查相结合</td><td>财政部门作为《会计法》的执法主体，可以依法对各单位执行会计法律制度情况及会计信息质量进行检查。通过检查，一方面督促各单位严格执行会计法律法规，另一方面也对各单位遵守会计职业道德的情况进行检查。</td></tr>
<tr><td>会计职业道德建设与会计人员表彰奖励相结合</td><td>对于那些自觉遵守会计职业道德规范的优秀会计人员，应当给予精神的或者物质的奖励。</td></tr>
<tr><td colspan="2">行业自律</td><td>对会计职业道德的建设，除了依靠政府外，行业自律也是一种重要手段。会计行业自律是会计职业组织对会计行为进行自我约束、自我控制的过程。会计职业组织起着联系会员与政府的桥梁作用，在我国，应充分发挥中国会计学会、注册会计师协会等会计职业组织的作用，改革和完善会计职业组织的自律机制，有效发挥会计职业组织自律机制在会计职业道德建设中的促进作用。</td></tr>
</table>

二、社会各界齐抓共管

知识准备

单位负责人的职责	单位负责人要抓好会计职业道德建设。 1. 在任用会计人员时，应当审查其职业记录和诚信档案，选择职业道德好、无不良记录的人员从事会计工作。 2. 在日常工作中，应注意开展对会计人员的道德和纪律教育，并加强检查、督促。 3. 在制度建设上，要重视内部控制制度建设，完善内部约束机制，有效防范舞弊和经营风险。 4. 要做遵纪守法的表率，支持会计人员依法开展工作。
各有关部门和机构要重视会计职业道德建设	有关部门和机构要根据会计职业道德规范要求，结合本系统、本行业（单位）特点，有针对性地制定具体的职业道德规范，开展多种形式的宣传教育，抓好督促落实。
各新闻媒体要加强社会舆论监督，形成良好的社会氛围	要以新闻媒体为阵地，广泛开展会计职业道德的宣传教育，使社会各界了解会计职业道德规范的内容，促进良好的会计职业道德风尚深入人心，形成良好的会计职业道德环境和氛围。

操作练习

【训 4－1 · 多选题】财政部门对会计职业道德监督检查的途径有（　）。
A. 会计法执法检查与会计职业道德检查相结合
B. 会计从业资格证书注册登记管理与会计职业道德检查相结合
C. 会计职业组织的行业自律
D. 社会各界齐抓共管
【答案】AB

【训 4－2 · 多选题】会计职业道德建设的组织与实施应依靠（　）。
A. 财政部门的组织与推动
B. 会计职业组织的行业自律
C. 社会舆论监督形成良好的社会氛围
D. 公安局的监督检查
【答案】ABC

技能训练

一、单项选择题

1. 在坚持准则的基础上尽量满足用户或服务主体的需要，侧重体现的是会计(　)的职业道德。

A. 参与管理　　B. 爱岗敬业
C. 诚实守信　　D. 强化服务

2. 会计工作是一门专业性和技术性很强的工作，因而(　)是做到客观公正、坚持准则的基础和保证。

A. 廉洁自律　　B. 参与管理
C. 提高技能　　D. 爱岗敬业

3. “不贪污钱财，不收受贿赂，保持清白”提现了会计职业道德中的(　)。

A. 爱岗敬业　　B. 廉洁自律
C. 诚实守信　　D. 客观公正

4. “言行跟内心思想一致，遵守自己所作出的承诺，保守秘密”体现了会计职业道德中的(　)。

A. 坚持准则　　B. 强化服务
C. 廉洁自律　　D. 诚实守信

5. 不弄虚作假，( )是人们最基本的道德规范，也是会计职业道德的精髓。

A. 爱岗敬业　　B. 诚实守信
C. 廉洁自律　　D. 客观公正

6. 下面关于会计职业道德和会计法律的说法中不正确的是(　)。

A. 会计法律侧重调整会计人员的外在行为和结果的合法化
B. 会计职业道德调整会计人员内心世界，不管会计人员的外在行为
C. 会计法律具有较强的客观性
D. 受到会计职业道德谴责的，不一定受到会计法律制裁

7. 下列各项中，(　)是保障会计法律制度实施的机构。

A. 财政部门　　B. 会计行业组织
C. 国家执法机关　　D. 金融机构

8. 会计职业组织对发现违反会计职业道德规范的行为进行惩戒的方式中不包括(　)。

A. 通报批评　　B. 参加继续教育
C. 取消会员资格　　D. 处以罚金

9. (　)是会计人员对会计职业的道德义务的强烈的责任感和对会计职业的理想目标的坚定信仰。

A. 会计职业道德信念　　B. 会计职业道德情感
C. 会计职业道德认知　　D. 会计职业道德情操

10. 会计职业道德规范是指在一定社会经济条件下，对会计职业行为及(　)的系统要求或明文规定。

A. 职业活动　　B. 会计从业

C. 会计活动　　D. 会计行业

11. 努力钻研业务，熟悉财经法规和相关制度，提高业务技能，是(　)坚实的基础。

A. 提高技能　　B. 廉洁自律

C. 参与管理　　D. 强化服务

12. 随着市场经济的发展和经济全球化进程的加快，会计专业性和技术性日趋复杂，对会计人员所应具备的职业技能要求也越来越高，这需要会计人员加强的会计职业道德主要是(　)。

A. 廉洁自律　　B. 客观公正

C. 提高技能　　D. 坚持准则

13. 某公司资金紧张，需向银行贷款500万元。公司经理请返聘的张会计对公司提供给银行的会计报表进行技术处理。张会计很清楚公司目前的财务状况和偿债能力，但在张经理的反复开导下，张会计出于经理平时对自己的照顾，于是按照贷款所要求的指标编造了一份经过技术处理后漂亮的会计报表，公司获得了银行的贷款。下列对张会计行为认定中正确的是(　)。

A. 张会计违反了爱岗敬业、客观公正的会计职业道德要求

B. 张会计违反了参与管理、坚持准则的会计职业道德要求

C. 张会计违反了客观公正、坚持准则的会计职业道德要求

D. 张会计违反了强化服务、客观公正的会计职业道德要求

14. 下列关于坚持准则的说法中，正确的是(　)。

A. 坚持准则中的“准则”仅指会计准则

B. 熟悉准则是遵循准则、坚持准则的前提

C. 坚持准则即执行准则

D. 会计人员只需对所在单位负责，对国家和社会公众的不必多事

15. 下列各项中，体现了“客观公正”要求的是(　)。

A. 公私分明　　B. 不贪不占

C. 依法办事　　D. 坚持准则

16. 会计职业道德“爱岗敬业”的“岗”是指(　)。

A. 税务工作岗位　　B. 会计工作岗位

C. 审计工作岗位　　D. 管理工作岗位

17. 会计人员的下列行为中，属于违反会计法律制度的有(　)。

A. 会计人员小王上班经常迟到早退

B. 会计人员李某沉溺于赌博，不爱钻研业务

C. 会计人员张某挪用公款炒股

D. 会计机构负责人赵某满足于记账算账，不利用大量而丰富的会计信息参与本单位经营管理

18. 下列各项中，属于职业道德最高境界的是(　)。

A. 爱岗敬业　　B. 诚实守信

C. 办事公道　　D. 奉献社会

19. 某单位出纳员在报销差旅费时，对于同样是领导批准、主管会计审核无误的差旅费报

销单，对和自己私人关系不错的人是随来随报，但对和自己有矛盾、私人关系较为疏远的人则以账面无款、库存无现金、整理账务等理由无故拖欠。这违反了(　)。

A. 诚实守信　　B. 提高技能

C. 参与管理　　D. 客观公正

20. “做老实人，说老实话，办老实事”，这句话体现的会计职业道德规范内容是(　)。

A. 参与管理　　B. 诚实守信

C. 爱岗敬业　　D. 提高技能

二、多项选择题

1. 财政部门对会计职业道德情况实施检查的途径主要有(　)。

A. 会计职业道德建设与会计法执法检查相结合

B. 会计职业道德建设与会计人员表彰奖励制度相结合

C. 采用多种形式开展会计职业道德宣传教育

D. 会计职业道德建设与会计专业技术资格考评、聘用相结合

2. 会计职业道德教育的内容是(　)。

A. 会计职业道德观念教育

B. 会计职业道德规范教育

C. 会计职业道德运用教育

D. 会计职业道德警示教育

3. 会计职业道德“坚持准则”的基本要求包括(　)。

A. 遵循准则，提高会计人员执行准则能力

B. 熟悉准则，提高会计人员遵守准则能力

C. 宣传准则，提高会计人员推广准则能力

D. 坚持准则，提高会计人员依法理财能力

4. 会计职业道德中诚实守信的基本要求包括(　)。

A. 做老实人，说老实话

B. 办老实事，不搞虚假

C. 保密守信

D. 不为利益所诱惑

5. 会计职业道德规范的主要内容包括(　)。

A. 坚持准则　　B. 提高技能

C. 参与管理　　D. 强化服务

6. 下列关于会计职业道德的说法正确的是(　)。

A. 会计职业道德是调整会计职业活动中各种利益关系的手段

B. 会计职业道德具有相对稳定性

C. 会计职业道德具有广泛的社会性

D. 会计职业道德具有一定的强制性

7. 会计人员岗前职业道德教育的内容具体包括(　)。

A. 会计职业道德信念教育

B. 会计专业学历教育

C. 获取会计从业资格中的职业道德教育

D. 会计职业道德规范教育

8. 坚持准则是会计职业道德的一项重要内容。“坚持准则”的具体要求有(　)。

A. 熟悉准则　　B. 掌握准则

C. 遵循准则　　D. 坚持准则

9. 下列各项中，符合会计职业道德“廉洁自律”要求有(　)。

A. 树立正确的人生观和价值观

B. 严格划分公私界限，公私分明，不贪不占

C. 遵纪守法，不收受贿赂、不贪污钱财，保持清白

D. 自觉抵制拜金主义、个人主义

10. 下列各项中，(　)体现会计职业道德“爱岗敬业”的要求。

A. 工作一丝不苟　　B. 工作尽职尽责

C. 工作精益求精　　D. 工作兢兢业业

11. 会计职业道德与会计法律制度的主要区别有(　)。

A. 性质不同　　B. 作用范围不同

C. 表现形式不同　　D. 实施保障机制不同

12. 会计职业道德具有的基本功能主要有(　)。

A. 指导功能　　B. 评价功能

C. 教化功能　　D. 处罚功能

13. 道德作为一种社会意识形态(　)是其特征。

A. 继承性　　B. 强制性

C. 社会性　　D. 自律性

14. 廉洁自律要求会计人员(　)。

A. 公私分明　　B. 不贪不占

C. 遵纪守法　　D. 清正廉洁

15. 提高技能是会计职业道德的基本要求，也是会计人员胜任本职工作的重要条件。下列各项中，(　)属于会计技能的内容。

A. 会计理论水平

B. 会计实务能力

C. 职业道德判断力

D. 自动更新知识能力

三、判断题

1. 会计职业道德建设需要财政部门的推动，会计职业组织的行业自律以及社会各界齐抓共管。(　)

2. 会计职业道德情感、会计职业道德意志和会计职业道德信念，要通过内在的自我教育才能实现。因此有效开展会计职业道德教育的唯一途径就是依靠自我教育。(　)

3. 自我教育即外在教育，是指通过学校或培训单位对会计从业人员进行以职业责任、职业义务为核心内容的正面灌输。(　)

4. 会计人员在工作中应主动就单位经营管理中存在的问题提出合理化建议，协助领导决

策，这是会计职业道德中的爱岗敬业所要求的。（ ）

5. 会计职业道德中廉洁自律的要求是会计人员清正廉洁、遵纪守法、公私分明、不弄虚作假。（ ）

6. 会计人员在任何情况下都不能向外界提供或者泄露本单位的会计信息。（ ）

7. 会计职业道德是依靠社会舆论、道德教育、传统习俗和道德评价来实现的。（ ）

8. 会计职业道德是调整会计职业活动中的各种利益关系的手段。（ ）

9. 会计职业道德教育是指为了促使会计人员正确履行会计职能，而对其施行的有目的、有计划、有组织、有系统的道德教育。（ ）

10. 岗前职业教育是强化会计职业道德教育的有效形式。（ ）

11. 实事求是，不偏不倚是体现会计职业道德规范的“诚实守信”原则的要求。（ ）

12. 会计职业道德与会计法律制度一样，都是以国家强制力作为实施的保障。（ ）

13. 会计职业道德与会计法律制度有着不同的性质、作用和表现形式，但保障实施机制是相同的。（ ）

14. 会计职业道德其表现形式为明确的成文规定，具有具体性和准确性。（ ）

15. 道德可分为社会公德、家庭美德和职业道德。（ ）

四、案例分析题

1. 2012 年 3 月，某商业银行按照财政部要求，决定在全行系统展开《会计法》执行情况检查。在检查中发现该银行下属支行行长李某、副行长胡某、财会科长罗某利用联行清算系统存在的漏洞，将 C 支行的资金划转到有李某等人控制的 D 企业名下，再从 D 企业的银行账户划转到境外由李某等人控制的公司账户。经查实 C 支行负责清算业务的会计张某早就知道 C 支行几年来在联行系统中存在很不正常的巨额汇差，怀疑与李某等人有关，但考虑到李某是自己的直接领导，摄于李某的地位和权威，认为多一事不如少一事，便没有声张，听之任之，直至案发。

（1）下列关于会计职业道德作用的表述中，正确的有（ ）。

A. 会计职业道德是实现会计目标的重要保证

B. 会计职业道德是规范会计行为的基础

C. 会计职业道德是对会计法律制度的重要补充

D. 会计职业道德是提高会计人员素质的外在要求

（2）会计张某的行为违反下列会计职业道德要求的有（ ）。

A. 张某的行为违背了廉洁自律的会计职业道德要求

B. 张某的行为违背了强化服务的会计职业道德要求

C. 张某的行为违背了坚持准则的会计职业道德要求

D. 张某的行为违背了客观公正的会计职业道德要求

（3）公私分明、不贪不占体现的是（ ）的会计职业道德规范。

A. 客观公正　　B. 坚持准则

C. 廉洁自律　　D. 诚实守信

（4）会计人员运用会计知识理论为单位决策层、政府部门、投资人等提供真实、可靠的会计信息体现的是（ ）的会计职业道德规范。

A. 参与管理　　B. 诚实守信

C. 提高技能　　　　　　　　　　D. 强化服务

(5)下列关于会计职业道德规范的表述中不正确的是(　)。

A. 爱岗敬业是会计职业道德的基础

B. 诚实守信是会计职业道德的内在要求

C. 廉洁自律是会计职业道德的精髓

D. 客观公正是会计职业道德的理想目标

2. 某公司因技术改造，资金周转困难，需要向银行贷款3000万元。公司总经理找来财务主管李某，说："现在公司资金紧张，急需向银行贷款，提供给银行的会计报表一定要漂亮一点，请你负责技术处理一下。"李某开始感到很为难，心想，自己是公司财务总主管，对公司的财务状况和偿债能力十分清楚，做这种"技术"处理是很危险的。在总经理的反复"开导"下，李某认为，公司领导对他十分照顾，自己目前的职位就是总经理提拔的，并加了薪，现在公司有难处，应该知恩图报，况且自己身为会计师，做一些"技术"处理应该不会有太多的难点。于是编制了一份漂亮的会计报告，获得银行汇票贷款3000万元。

根据题意回答下列问题：

(1)会计职业道德观念教育，应包括的内容有(　)。

A. 普及会计职业道德基础知识，是会计职业道德教育的基础

B. 通过宣传教育，使广大会计人员了解会计职业道德知识，树立会计职业道德观念

C. 违反会计职业道德，将受到惩戒和处罚

D. 爱岗敬业、诚实守信、廉洁自律、客观公正、坚持准则、提供技能、参与管强化服务

(2)会计行为的规范化不仅要以会计法律规范作保障，还要依赖会计人员的(　)来实现。

A. 会计法掌握的程度

B. 会计知识的更新能力

C. 会计实务操作能力

D. 道德信念和道德品质

(3)作为会计主管李某，违背了(　)要求。

A. 坚持准则　　　　　　　　　　B. 参与领导

C. 爱岗敬业　　　　　　　　　　D. 诚实守信

(4)诚实守信的基本要求是(　)。

A. 做老实人，说老实话，办老实事

B. 执业谨慎，信誉至上

C. 保密守信，不为利益所诱惑

D. 不偏不倚，保持应有的独立性

(5)坚持准则的基本要求有(　)。

A. 熟悉准则　　　　　　　　　　B. 掌握准则

C. 遵循准则　　　　　　　　　　D. 坚持准则

答案解析

一、单项选择题

1.【正确答案】D

【答案解析】本题考核强化服务。

2.【正确答案】C

【答案解析】本题考核提高技能。

3.【正确答案】B

【答案解析】本题考核廉洁自律。

4.【正确答案】D

【答案解析】本题考核诚实守信的体现。

5.【正确答案】B

【答案解析】本题考核诚实守信。

6.【正确答案】B

【答案解析】会计职业道德不仅要求调整会计人员的外在行为，还要调整会计人员内在的精神世界，其调节的范围远比法律广泛。

7.【正确答案】C

【答案解析】本题考核会计法律制度的保障。

8.【正确答案】D

【答案解析】会计职业组织对发现违反会计职业道德规范的行为进行惩戒的方式是：根据情节轻重程度采取通报批评、罚款、支付费用、取消其会员资格、警告、退回向客户收取的费用、参加继续教育等方式。处以罚金属于刑罚措施。

9.【正确答案】A

【答案解析】本题考核会计职业道德修养环节。

10.【正确答案】A

【答案解析】本题考核会计职业道德规范的概念。

11.【正确答案】C

【答案解析】本题考核参与管理的基本要求。努力钻研业务，熟悉财经法规和相关制度，提高业务技能，为参与管理打下了坚实的基础。

12.【正确答案】C

【答案解析】本题考核提高技能的内容。

13.【正确答案】C

【答案解析】本题考核客观公正、坚持准则的会计职业道德要求。

14.【正确答案】B

【答案解析】本题考核坚持准则的要求。选项 A，坚持准则中的“准则”不仅指会计准则，还包括会计法律、会计行政法规、国家统一的会计制度以及与会计工作相关的法律制度；选项

C，遵循准则即执行准则；选项 D，会计人员应认真执行国家统一的会计制度，依法履行会计监督职责，发生道德冲突时，应坚持准则，对国家和社会公众负责。

15.【正确答案】C

【答案解析】本题考核客观公正的要求。选项 A、B 属于“廉洁自律”，选项 D 属于“坚持准则”。

16.【正确答案】B

【答案解析】本题考核会计职业道德“爱岗敬业”的范围。

17.【正确答案】C

【答案解析】选项 ABD 属于违反会计职业道德的行为但是没有违反会计法律制度。

18.【正确答案】D

【答案解析】奉献社会是职业道德的出发点和归宿，是职业道德中的最高境界。

19.【正确答案】D

【答案解析】本题考核客观公正的基本要求。客观公正要求会计人员依法办事；实事求是，不偏不倚；保持应有的独立性。

20.【正确答案】B

【答案解析】本题考核诚实守信的要求。诚实守信的基本要求包括“做老实人，说老实话，办老实事”。

二、多项选择题

1.【正确答案】AD

【答案解析】财政部门对会计职业道德进行监督检查。检查的途径主要有：将会计法执法检查与会计职业道德检查相结合；将会计从业资格证书注册登记管理与会计职业道德检查相结合；将会计专业技术资格考评、聘用与会计职业道德检查相结合。

2.【正确答案】ABD

【答案解析】会计职业道德教育的内容是：会计职业道德观念教育，会计职业道德规范教育，会计职业道德警示教育。

3.【正确答案】ABD

【答案解析】坚持准则的基本要求：熟悉准则、遵循准则、坚持准则。

4.【正确答案】ABCD

【答案解析】诚实守信的基本要求：做老实人，说老实话，办老实事，不搞虚假；实事求是，如实反映；保密守信，不为利益所诱惑；执业谨慎，信誉至上。

5.【正确答案】ABCD

【答案解析】会计职业道德规范的主要内容包括：爱岗敬业、诚实守信、廉洁自律、客观公正、坚持准则、提高技能、参与管理、强化服务。

6.【正确答案】ABCD

【答案解析】本题考核会计职业道德的特征。

7.【正确答案】BC

【答案解析】本题考核会计职业道德教育的途径。会计人员岗前职业道德教育包括会计专业学历教育及获取会计从业资格中的职业道德教育。

8.【正确答案】ACD

【答案解析】本题考核坚持准则的基本要求。坚持准则的基本要求包括熟悉准则;遵守准则;坚持准则。

9.【正确答案】ABCD

【答案解析】本题考核廉洁自律的要求。

10.【正确答案】ABCD

【答案解析】本题考核爱岗敬业的要求。

11.【正确答案】ABCD

【答案解析】本题考核会计职业道德与会计法律制度的主要区别。

12.【正确答案】ABC

【答案解析】本题考核会计职业道德具有的基本功能。会计职业道德的功能包括指导功能、评价功能、和教化功能。

13.【正确答案】ACD

【答案解析】选项 B，法律才具有强制性。

14.【正确答案】ABCD

【答案解析】本题考核廉洁自律的要求。

15.【正确答案】ABCD

【答案解析】会计职业包括会计理论水平，会计实务能力，职业判断能力，自动更新知识能力，提供会计信息的能力，沟通交流能力以及职业经验等。

三、判断题

1.【正确答案】对

【答案解析】本题考核社会各界齐抓共管内容。

2.【正确答案】错

【答案解析】会计职业道德教育途径应该包括三种:岗前职业道德教育，岗位职业道德继续教育和会计职业道德教育的自我教育和修养。

3.【正确答案】错

【答案解析】接受教育即外在教育，是指通过学校或培训单位对会计人员进行以职业责任、职业义务为核心内容的正面灌输，以规范其职业行为，维护国家和社会公众利益的教育。自我教育是相对于接受教育而言的，是一种自我学习、自身道德修养的行为活动。

4.【正确答案】错

【答案解析】会计人员在工作中应主动就单位经营管理中存在的问题提出合理化建议，协助领导决策，这是会计职业道德中的参与管理所要求的。

5.【正确答案】错

【答案解析】不弄虚作假是诚实守信的内容。

6.【正确答案】错

【答案解析】会计人员应当保守本单位的商业秘密，除法律规定和单位领导人同意外，不能私自向外界提供或者泄露单位的会计信息。

7.【正确答案】对

【答案解析】会计职业道德依靠社会舆论、道德教育、传统习俗和道德评价来实现。

8.【正确答案】对

【答案解析】本题考核会计职业道德的功能。

9.【正确答案】对

【答案解析】本题考核会计职业道德的作用。

10.【正确答案】错

【答案解析】继续教育是强化会计职业道德教育的有效形式。

11.【正确答案】错

【答案解析】实事求是，不偏不倚是体现会计职业道德规范的“客观公正”原则的要求。

12.【正确答案】错

【答案解析】会计法律制度通过国家机器强制执行，具有很强的他律性。会计职业道德主要依靠会计从业人员的自觉性，具有很强的自律性。会计法律制度是由国家强制力保障实施的。

13.【正确答案】错

【答案解析】本题考核会计职业道德与会计法律制度的区别。会计职业道德与会计法律制度的区别包括:性质不同;作用范围不同;表现形式不同;实施保障机制不同。

14.【正确答案】错

【答案解析】会计职业道德，其表现形式既有明确的成文规定，也有不成文的规范，尤其是那些较高层次的会计职业道德，存在于人们的意识和信念之中，并无具体的表现形式。

15.【正确答案】对

【答案解析】本题考核道德的领域。

四、案例分析题

1.(1)【正确答案】ABC

【答案解析】本题考核会计职业道德的作用。会计职业道德的作用有:是实现会计目标的重要保证;是规范会计行为的基础;是对会计法律制度的重要补充;是会计人员提高素质的内在要求。

(2)【正确答案】CD

【答案解析】本题考核会计职业道德规范的主要内容。张某没有实事求是，依法办事，违背了客观公正、坚持准则的原则。

(3)【正确答案】C

【答案解析】本题考核廉洁自律。

(4)【正确答案】D

【答案解析】本题考核强化服务。

(5)【正确答案】BC

【答案解析】本题考核会计职业道德。诚实守信是会计职业道德的精髓，廉洁自律是会计职业道德的内在要求。

2.(1)【正确答案】ABC

【答案解析】本题考核会计职业道德观念教育。

(2)【正确答案】D

【答案解析】本题考核会计职业道德。

(3)【正确答案】AD

【答案解析】本题考核会计职业道德规范的主要内容。会计主管李某听从公司领导的要求，编制虚假财务会计报表，违反了会计职业道德规范中坚持准则和诚实守信的要求。

(4)【正确答案】ABC

【答案解析】本题考核诚实守信的基本要求。除了 A、B、C 三项的基本要求外，还包括实事求是，如实反映。

(5)【正确答案】ACD

【答案解析】本题考核坚持准则。

读者反馈意见

亲爱的读者：

感谢您对《财经法规与会计职业道德实训教程》的支持和热爱，为了今后为您提供更好的服务，请您抽出宝贵的时间来填写下面的意见反馈表，以便我们更好地对本教材做进一步改进，同时如果您在使用本教材的过程中遇到了什么问题，或者有什么好的建议，也请您来信、来电告诉我们。

地址：北京市丰台区科学城南极星大厦 108 室

电话：010 - 83794590/83794403

电子邮箱：caikai6223@263. net　QQ：649319527　QQ：1694299827

网址：WWW. KFHWH. CN

教材名称：《财经法规与会计职业道德实训教程》

个人资料：

姓名：________ 年龄：________ 所在院校/专业________

文化程度：________ 通讯地址：________

联系电话：________ 电子信箱：________

您使用本书是作为：□指定教材□选用教材□辅导教材

您对封面设计的满意度：

□很满意□满意□一般□不满意□改进建议________

您对本书印刷质量的满意度：

□很满意□满意□一般□不满意□改进建议________

您对本书的总体满意度：

从语言质量角度看□很满意□满意□一般□不满意□

从科技含量角度看□很满意□满意□一般□不满意□

本书最令您满意的是：

□指导明确□内容充实□讲解详尽□实例丰富

您认为本书在哪些地方应进行修改？（可附页）

____

____

您希望本书在哪些方面可进行改进？（可附页）

____

____